KB198786

Advanced Kotlin with exercises

코틀린 아카데미
고급편

코틀린 아카데미: 고급편

초판 1쇄 발행 2025년 1월 24일 **지은이** 마르친 모스카와 **옮긴이** 신성열 **펴낸이** 한기성 **펴낸곳** (주)도서출판인사이트 **편집** 백주옥 **영업마케팅** 김진불 **제작·관리** 이유현 **용지** 월드페이퍼 **인쇄·제본** 천광인쇄사 **등록번호** 제2002-000049호 **등록일자** 2002년 2월 19일 **주소** 서울특별시 마포구 연남로5길 19-5 **전화** 02-322-5143 **팩스** 02-3143-5579 **이메일** insight@insightbook.co.kr **ISBN** 978-89-6626-445-2 책값은 뒤표지에 있습니다. 잘못 만들어진 책은 바꾸어 드립니다. 이 책의 정오표는 https://blog.insightbook.co.kr에서 확인하실 수 있습니다.

프로그래밍 인사이트

Kt. Academy

코틀린 아카데미
고급편

마르친 모스카와 지음 | 신성열 옮김

인사이트

차례

1부 코틀린의 고급 기능   1

1장 제네릭 변성 제어자   3

2장 인터페이스 위임   35

7장   자바스크립트 상호운용성   **169**

3부   메타프로그래밍   **193**

8장   리플렉션   **195**

9장   애너테이션 처리   **245**

10장   코틀린 심벌 처리   **265**

11장   코틀린 컴파일러 플러그인   **291**

옮긴이의 글

마르친 모스카와의 'Kotlin for Developers' 시리즈 중 《Advanced Kotlin》까지 번역할 수 있게 되어 너무나 기쁩니다. 개발자들이 코틀린이라는 언어를 쉽게 이해하고 응용할 수 있게 도와주는 '코틀린 아카데미' 시리즈의 세 번째 책까지 번역을 마치게 되어 홀가분한 마음도 있지만, 한편으로는 번역을 더 잘할 수 있었을 텐데 하는 아쉬움이 듭니다. 특히 이 책 《코틀린 아카데미: 고급편》은 고급 개발자들을 위한 책이라 기존에 한글로 잘 사용되지 않았던 용어들이 많아 어려움을 겪었습니다. '리플렉션'과 같은 몇몇 용어들의 경우 영어로 그대로 적는 편이 나은 경우도 많았고, '변성(variance)'처럼 번역하는 것이 나은지 영어로 그대로 적는 것이 나은지 오랫동안 고민이 필요한 경우도 많았습니다. 혹시 책을 읽으면서 부족한 점이 있다면 언제든지 지적해 주시면 보완하고 수정하도록 하겠습니다.

《코틀린 아카데미: 고급편》은 코틀린 개발에 어느 정도 경험이 있는 개발자들이 읽기에 적합한 책입니다. 자바에는 없는 제네릭 변성 제어자를 사용하여 타입 안정성을 더할 수도 있고, 위임을 통해 클래스의 역할을 다른 클래스에 위임할 수도 있습니다. 코틀린을 자바 또는 자바스크립트와 상호운용해야 하는 분들에게도 이 책은 많은 도움이 될 것입니다. 라이브러리 제작자들은 코틀린이 제공하는 다양한 리플렉션 기능을 통해 라이브러리를 쉽게 구현할 수 있습니다. 더 나아가 애너테이션 처리기, KSP, 컴파일러 플러그인 등 다양한 고급 기능을 익히면 기존에는 생각지도 못했던 기능을 추가할 수 있을 것입니다. 이 책을 통해 코틀린의 고급 기능을 깊이 이해하고 활용할 수 있기를 바랍니다.

이 책을 번역하면서 많은 분의 도움을 받았습니다. 《코틀린 아카데미: 핵심편》과 《코틀린 아카데미: 함수형 프로그래밍》에 이어 오역을 확인하고 깔끔한 문장으로 다듬어 주는 등 부족한 번역문을 교정하느라 애쓰신 이복연 님, '코틀린 아카데미' 시리즈의 세 번째 번역 작업까지 저를 믿고 맡겨주신 백주옥 님께 감사의 말씀을 드리고 싶습니다. 그리고 저를 항상 응원해 주고 아껴주는 아내 효재, 자주 찾아뵙지 못하지만 언제나 저를 사랑해 주시는 부모님, 그리고 사랑하는 동생 부부와 얼마 전에 태어난 조카 민균이에게도 고마움을 전합니다.

2024년 11월

신성열

지은이의 글

이 책에서 다루는 주제를 이해하지 못하더라도 개발자가 될 수 있습니다. 심지어 실력 있는 개발자가 될 수도 있습니다. 하지만 때로는 고급 기술이 필요한 경우가 있을 것입니다. 여러분은 이 책에 나오는 기능으로 만들어진 도구를 매일 같이 사용하고 있을 겁니다. 예를 들어, 애너테이션 처리나 컴파일러 플러그인을 활용한 라이브러리, 변성 제어자를 사용하는 클래스, 컨트랙트가 있는 함수, 프로퍼티 위임 등이 있습니다. 그런데 여러분은 이 기능을 이해하고 있나요? 직접 비슷한 도구를 구현할 수 있나요? 이 기능을 분석하고 디버깅할 수 있나요? 이 책을 읽고 나면 이 모든 것이 가능해집니다. 이 책은 시니어 개발자들도 잘 이해하지 못하는 코틀린의 고급 기능을 다룹니다. 여러분이 필요한 기술을 갖추게 하며, 이전에는 상상할 수 없던 것을 가능하게 합니다. 제가 이 책을 쓰며 느낀 즐거움을 여러분도 느꼈으면 합니다.

대상 독자

이 책은 경험 많은 코틀린 개발자를 대상으로 합니다. 독자들이 함수 타입과 람다 표현식, 컬렉션 처리, DSL의 생성과 사용법, Any?와 Nothing 같은 필수 코틀린 타입을 알고 있다고 가정합니다. 코틀린 개발 경험이 많지 않다면 '코틀린 아카데미' 시리즈의 이전 책인 《코틀린 아카데미: 핵심편》과 《코틀린 아카데미: 함수형 프로그래밍》을 읽어 보길 권장합니다.

책의 구조

이 책은 세 부로 나뉘어 있습니다.

- 1부: 코틀린의 고급 기능 — 제네릭 변성 제어자, 위임, 컨트랙트 등 코틀린의 고급 기능을 다룹니다.
- 2부: 다양한 플랫폼에서의 코틀린 — 자바, 자바스크립트와의 상호운용성 및 멀티플랫폼 라이브러리를 비롯한 멀티플랫폼 프로그래밍을 다룹니다.
- 3부: 메타프로그래밍 — 리플렉션, 애너테이션 처리, 코틀린 심벌 처리 및 코틀린 컴파일러 플러그인을 포함한 코틀린 메타프로그래밍 기능을 다룹니다.

다루는 내용

각 장의 제목에서 이 책이 다루는 내용을 알 수 있지만, 조금 더 자세하게 설명하면 다음과 같습니다.

- 제네릭 변성 제어자
- 공변 Nothing 객체 패턴
- 제네릭 변성 제어자 제한
- 인터페이스 위임
- 커스텀 프로퍼티 위임 구현
- 코틀린 표준 라이브러리의 프로퍼티 위임
- 코틀린 컨트랙트
- 코틀린과 자바 타입 매핑
- 코틀린과 자바 상호운용을 위한 애너테이션
- 멀티플랫폼 개발 구조, 개념, 가능성
- 멀티플랫폼 라이브러리 구현
- 공유 모듈로 안드로이드와 iOS 애플리케이션 구현
- 코틀린/JS의 필수 원리
- 코틀린 요소의 리플렉션
- 코틀린 타입의 리플렉션
- 커스텀 애너테이션 처리기 구현
- 커스텀 코틀린 심벌 처리기 구현
- KSP 증분 컴파일과 멀티 라운드 처리

- 컴파일러 플러그인 정의
- 정적 분석의 핵심 개념
- 코틀린 정적 분석 도구 개요
- 커스텀 디텍트 규칙 정의

다음은 책에서 만들어 볼 예제 프로젝트 목록입니다.

- 공변 Nothing 객체 패턴을 사용하며, 타입 안전한 작업 갱신 클래스(1장 '제네릭 변성 제어자')
- 프로퍼티 위임 로깅(3장 '프로퍼티 위임')
- 객체 직렬화기(8장 '리플렉션')
- 제네릭 타입에서 사용되는 랜덤값 생성기(8장 '리플렉션')
- 클래스의 인터페이스를 생성하는 애너테이션 처리기(9장 '애너테이션 처리')
- 클래스의 인터페이스를 생성하는 코틀린 심벌 처리기(10장 '코틀린 심벌 처리')
- System.out.println 사용처를 찾는 디텍트 규칙(12장 '정적 분석 도구')

'Kotlin for Developers' 시리즈[1]

이 책은 코틀린 아카데미(Kt. Academy)의 'Kotlin for Developers' 시리즈 중 하나입니다. 'Kotlin for Developers' 시리즈는 다음 책들로 구성되어 있습니다.

- 《Kotlin Essentials(코틀린 아카데미: 핵심편)》: 코틀린의 핵심 기능을 다룹니다.
- 《Functional Kotlin(코틀린 아카데미: 함수형 프로그래밍)》: 함수 타입, 람다 표현식, 컬렉션 처리, 도메인 특화 언어(DSL), 스코프 함수를 포함한 함수형 코틀린의 특징을 다룹니다.
- 《Kotlin Coroutines(코틀린 코루틴)》: 코루틴을 사용하고 테스트하는 방법, 플로우 사용법, 코루틴의 모범 사례, 코루틴을 사용할 때 저지르는 가장 흔한 실수와 같은 코루틴의 모든 특징을 다룹니다.

---

1 이 시리즈 도서들은 모두 (주)도서출판인사이트에서 번역 출간되었으며, 번역서 제목은 괄호 안에 표기되어 있습니다.

- 《Advanced Kotlin(코틀린 아카데미: 고급편)》: 제네릭 변성 제어자, 위임, 멀티플랫폼 프로그래밍, 애너테이션 처리, 코틀린 심벌 처리(KSP), 컴파일러 플러그인과 같은 코틀린의 고급 기능을 다룹니다.
- 《Effective Kotlin(코틀린 아카데미: 이펙티브 코틀린)》: 코틀린 프로그래밍의 모범 사례를 다룹니다.

이 책을 이해하기 위해 시리즈의 이전 책들을 읽을 필요는 없습니다. 하지만 코틀린에 대해 더 자세히 알고 싶다면 이 시리즈의 다른 책들도 읽어보기 바랍니다.

코드 표기법

이 책에 소개된 코드 대부분은 import 문 없이 실행 가능합니다. 참고로 코틀린 아카데미(Kt. Academy) 홈페이지[2]에 올라가 있는 이 책의 온라인 버전에서 예제 코드 대부분을 곧바로 실행할 수 있습니다. 마음껏 수정하고 연습해 보기 바랍니다.

코드 결과는 println 함수를 사용해 확인합니다. 결괏값은 출력하는 문장 바로 뒤 주석으로 표시했습니다.

```
import kotlin.reflect.KType
import kotlin.reflect.typeOf

fun main() {
    val t1: KType = typeOf<Int?>()
    println(t1)  // kotlin.Int?
    val t2: KType = typeOf<List<Int?>>()
    println(t2)  // kotlin.collections.List<kotlin.Int?>
    val t3: KType = typeOf<() -> Map<Int, Char?>>()
    println(t3)
    // () -> kotlin.collections.Map<kotlin.Int, kotlin.Char?>
}
```

결괏값이 출력되는 또 다른 방식은 코드 뒤에 주석으로 표기하는 것입니다.

---

2 코틀린 아카데미 홈페이지: *https://kt.academy/*

```
fun main() {
    (1..3).forEach(::println)
}
// 1
// 2
// 3
```

가끔 일부 코드나 결괏값을 ...로 줄여서 표기했습니다. 이런 경우 '코드가 더 있지만, 저자가 생략하기로 결정했다'라고 이해하면 됩니다.

```
class A {
    val b by lazy { B() }
    val c by lazy { C() }
    val d by lazy { D() }
    // ...
}
```

일부 코드는 포맷이 어색할 수 있습니다. 책에서는 한 줄에 표시할 수 있는 글자 수가 한정되어 있어 페이지 너비에 맞추기 위해 포맷을 조정했기 때문입니다.

소스 코드 깃허브 저장소

이 책에 소개된 대부분의 코드는 실행 가능하므로, 코틀린 파일로 '복사-붙여넣기'하여 실행할 수 있습니다. 소개된 소스 코드는 다음 깃허브 저장소에서 확인할 수 있습니다.

https://github.com/MarcinMoskala/advanced_kotlin_sources

한편, 각 장에서 제공하는 연습문제를 풀어보기 위한 시작 코드, 사용 예시, 단위 테스트를 다음의 깃허브 저장소에 올려 두었습니다.

https://github.com/MarcinMoskala/kotlin-exercises

이 저장소에는 시리즈 도서 모두의 연습문제가 포함되어 있습니다. 도서별 연습문제의 디렉터리 위치는 다음과 같습니다.

```
/src
    /main
        /kotlin
            /advanced      ← 《Advanced Kotlin》
            /coroutines    ← 《Kotlin Coroutines》
            /effective     ← 《Effective Kotlin, 2/E》
            /essentials    ← 《Kotlin Essentials》
            /functional    ← 《Functional Kotlin》
```

감사의 말

오웬 그리피스(Owen Griffiths)는 1990년대 중반부터 소프트웨어 개발을 시작했으며, 클리퍼와 볼랜드 델파이 같은 언어의 놀라운 생산성을 잊지 않고 있습니다. 2001년 이후로 웹, 서버 기반의 자바, 오픈 소스 혁명에 참여하였으며, 실무에서의 자바 경험을 쌓은 후, 2015년 초에 코틀린을 배우기 시작했습니다. 클로저와 스칼라도 잠깐 경험했지만, 코틀린이 가장 훌륭하고 재미있는 언어라고 생각하고 있으며, 코틀린 개발자가 성공할 수 있도록 열정적으로 돕고 있습니다.

니콜라 코르티(Nicola Corti)는 코틀린 분야의 GDE(Google Developer Expert)입니다. 버전 1.0 이전부터 코틀린을 사용해 왔으며, 모바일 개발자들이 주로 사용하는 디텍트(detekt), Chucker, AppIntro와 같은 오픈 소스 라이브러리와 도구를 관리하고 있습니다. 지금은 메타(Meta)의 리액트 네이티브 코어 팀에서 가장 인기 있는 크로스 플랫폼 프레임워크를 개발하는 데 일조하고 있습니다. 개발자 모임에도 활발하게 참여하고 있습니다. 국제 컨퍼런스에서 연사로 강연을 하거나 논문 모집 위원회의 위원이 되기도 하였으며 유럽의 개발자 모임을 지원하는 등 다방면에서 활동하고 있습니다. 여가 시간에는 빵을 굽거나, 팟캐스트를 하거나, 달리기를 합니다.

마티아스 셍크(Matthias Schenk)는 10년 전에 자바로 개발자 경력을 시작했으며, 스프링/스프링 부트 생태계에서 주로 활동했습니다. 18개월 전에 코틀린으로 전환했으며, 코인, 케이터, 익스포즈드와 같은 코틀린의 네이티브 프레임워크

로 일하는 것을 좋아합니다.

자체크 코토로비츠(Jacek Kotorowicz)는 폴란드에서 UMCS를 졸업하였으며, 루블린(Lublin)에서 안드로이드 개발자로 일하고 있습니다. '빔(Vim)과 레이텍 (LaTeX)에서의 C++'를 주제로 석사 논문을 완성했습니다. 이후에 JVM 언어들 및 안드로이드 플랫폼과 애증의 관계를 가지게 되었습니다. 코틀린은 1.0 버전 이 나오기 전부터 사용했습니다. '완벽주의자가 되지 않는 법'과 '공부와 취미 생활을 위한 시간을 내는 법'을 배우고 있습니다.

엔드레 딕(Endre Deak)은 리걸 테크(legal tech)[3]의 선두 주자인 디스코(Disco) 에서 AI 기반 기술을 설계하는 소프트웨어 아키텍트입니다. 확장 가능한 분산 시스템을 설계하는 데 15년을 바쳤으며, 코틀린을 최고의 프로그래밍 언어 중 하나라고 생각하고 있습니다.

마지막으로 코틀린 리뷰어이며, 이 책의 전반에서 수정할 부분을 정확하게 짚어 준 **마이클 팀버레이크(Michael Timberlake)**에게도 감사를 표합니다.

---

3 (옮긴이) 리걸 테크란 법과 기술의 합성어로, 법률과 기술의 결합으로 새롭게 탄생한 서비스를 말합 니다.

1부

코틀린의
고급 기능

경험 많은 개발자들조차도 제대로 이해하지 못하는 코틀린 기능들이 있습니다. 많은 개발자가 프로퍼티 위임의 작동 방식을 이해하지 못한 채 lazy 또는 observable과 같은 프로퍼티 위임을 사용하거나, 자신들이 사용하고 있다는 사실조차 인지하지 못한 채 변성 제어자 또는 코틀린 컨트랙트의 이점을 누리고 있습니다. 여러분이 이러한 개발자 중 한 명이라면 이 장을 통해 코틀린의 고급 기능이 작동하는 방식을 자세히 이해하게 될 것입니다.

1장

제네릭 변성 제어자

Puppy가 Dog의 서브타입이고, 두 타입 모두를 지정할 수 있는 제네릭 클래스인 Box가 있다고 합시다. 그러면 Box<Puppy>와 Box<Dog> 타입의 관계는 어떻게 될까요? 다른 말로 표현하면, Box<Dog>가 필요한 곳에 Box<Puppy>를, 또는 반대로 사용할 수 있을까요? 이 질문에 답하기 위해서는 클래스 타입 매개변수의 변성 제어자(variance modifier)가 무엇인지 알아야 합니다.[1]

타입 매개변수에 변성 제어자(out과 in)가 없으면 **불공변**(invariant)이라 부르며, 정확히 일치하는 타입만 인수로 받을 수 있습니다. 따라서 클래스를 class Box<T>로 정의하면 Box<Puppy>와 Box<Dog>에는 아무런 관계도 성립하지 않습니다(전혀 다른 타입으로 취급됩니다).

```kotlin
class Box<T>
open class Dog
class Puppy : Dog()

fun main() {
    val d: Dog = Puppy()  // Puppy는 Dog의 서브타입입니다.
```

---

1 이 장에서는 여러분이 타입이 무엇인지 알고, 제네릭 클래스와 함수의 기본에 대해 이해하고 있다고 가정합니다. 기억을 떠올려 보면, class Box<T>나 fun a<T> {}의 T와 같은 타입 매개변수는 타입의 자리표시자(placeholder)입니다. 그리고 Box<Int>()나 a<Int>()의 Int와 같은 타입 인수는 클래스가 생성되거나 함수가 호출될 때 사용되는 실제 타입입니다. 타입은 클래스와 다릅니다. User 클래스에는 User와 User?라는 최소 두 개의 타입이 있습니다. 제네릭 클래스에는 Box<Int>와 Box<String>처럼 수많은 타입이 존재합니다.

```
    val bd: Box<Dog> = Box<Puppy>()     // 에러: 타입 불일치
    val bp: Box<Puppy> = Box<Dog>()     // 에러: 타입 불일치
    val bn: Box<Number> = Box<Int>()    // 에러: 타입 불일치
    val bi: Box<Int> = Box<Number>()    // 에러: 타입 불일치
}
```

변성 제어자는 Box<Puppy>와 Box<Dog> 사이의 관계를 설정해 줍니다. out 제
어자는 공변(covariant) 타입 매개변수를 만듭니다. Sub가 Super의 서브타입
이고 Box의 타입 매개변수를 공변(out 제어자)으로 정의하면, Box<Sub>는 Box
<Super>의 서브타입이 됩니다. 따라서 다음 예의 class Box<out T>에서 Box
<Puppy>는 Box<Dog>의 서브타입이 됩니다.

```
class Box<out T>
open class Dog
class Puppy : Dog()

fun main() {
    val d: Dog = Puppy()  // Puppy는 Dog의 서브타입입니다.
    val bd: Box<Dog> = Box<Puppy>()     // 허용됩니다.
    val bp: Box<Puppy> = Box<Dog>()     // 에러: 타입 불일치
    val bn: Box<Number> = Box<Int>()    // 허용됩니다.
    val bi: Box<Int> = Box<Number>()    // 에러: 타입 불일치
}
```

한편, in 제어자는 반공변(contravariant) 타입 매개변수를 만듭니다. 그래서
Box의 타입 매개변수가 반공변(in 제어자)이라면, 반대로 Box<Super>는 Box
<Sub>의 서브타입이 됩니다. 따라서 다음 예의 class Box<in T>에서 Box<Dog>
은 Box<Puppy>의 서브타입이 됩니다(앞의 예와 반대입니다).

```
class Box<in T>
open class Dog
class Puppy : Dog()

fun main() {
    val d: Dog = Puppy()  // Puppy는 Dog의 서브타입입니다.
    val bd: Box<Dog> = Box<Puppy>()     // 에러: 타입 불일치
    val bp: Box<Puppy> = Box<Dog>()     // 허용됩니다.
    val bn: Box<Number> = Box<Int>()    // 에러: 타입 불일치
    val bi: Box<Int> = Box<Number>()    // 허용됩니다.
}
```

이처럼 타입 매개변수에 붙은 변성 제어자는 제네릭 타입의 관계에 큰 영향을 줍니다.

- 불공변: 타입의 상속 관계가 제네릭에서는 아무 의미가 없음
- 공변: 타입의 상속 관계가 제네릭에서도 '자연스럽게' 유지
- 반공변: 타입의 상속 관계가 제네릭에서는 '반대로' 적용

이를 그림으로 정리하면 다음과 같습니다.

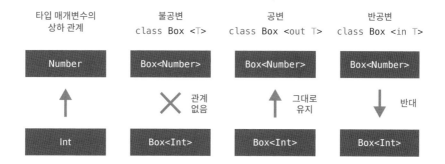

이쯤 되면 지금까지 본 변성 제어자가 어떻게 활용되는지 궁금할 것입니다. 특히 반공변 개념은 이상하게 보일 수 있으므로, 예시를 통해 사용법을 알려 드리겠습니다.

리스트의 변성

Animal 타입과 서브타입인 Cat이 있다고 합시다. 여러분이 귀가한 뒤 '모든 동물(List<Animal>)'을 쓰다듬어 주는 petAnimals 함수도 있습니다. 그렇다면 petAnimals 함수의 인수로 고양이 리스트(List<Cat>)를 사용할 수 있을까요?

```
interface Animal {
    fun pet()
}

class Cat(val name: String) : Animal {
    override fun pet() {
```

```
        println("$name says Meow")
    }
}

fun petAnimals(animals: List<Animal>) {
    for (animal in animals) {
        animal.pet()
    }
}

fun main() {
    val cats: List<Cat> = listOf(Cat("Mruczek"), Cat("Puszek"))
    petAnimals(cats)   // 이렇게 사용할 수 있을까요?
}
```

정답은 '그렇다'입니다. 코틀린에서 리스트 인터페이스의 타입 매개변수는 out 제어자가 붙은 공변입니다. 즉, 타입의 상속 관계가 그대로 유지되므로 List \<Animal>이 필요한 곳에 List<Cat>을 사용할 수 있습니다.

```
A generic ordered collection of elements. Methods in this interface support only read-o
list; read/write access is supported through the MutableList interface.
Params: E - the type of elements contained in the list. The list is covariant in its elemen
public interface List<out E> : Collection<E> {
    // Query Operations

    override val size: Int
    override fun isEmpty(): Boolean
```

List는 읽기만 가능하므로 공변(out)은 적절한 변성 제어자입니다. 변경 가능한 데이터 구조에서는 공변을 적용할 수 없습니다. 즉, MutableList 인터페이스의 타입 매개변수는 불공변이므로 변성 제어자가 없습니다.

```
A generic ordered collection of elements that supports adding and removing elements.
Params: E - the type of elements contained in the list. The mutable list is invariant in its
public interface MutableList<E> : List<E>, Mutable(
    // Modification Operations

    Adds the specified element to the end of this list.
    Returns: true because the list is always modified as the result of this operation.
    override fun add(element: E): Boolean
```

따라서 MutableList<Animal>이 필요한 곳에 MutableList<Cat>을 사용할 수 없습니다. 왜 이렇게 하는 것이 좋은지는 나중에 변성 제어자의 안전성을 알아볼 때 설명하겠습니다. 대신 지금은 MutableList가 공변이면 문제가 되는 예를 하나 보여 드리겠습니다. MutableList<Animal>이 필요한 곳에 MutableList<Cat>이 사용되면, 다음 코드처럼 고양이 리스트에 Dog를 추가할 수 있습니다. 고양이를 기대하던 누군가는 강아지가 섞여 있는 것을 보고 깜짝 놀랄 것입니다.

```kotlin
interface Animal
class Cat(val name: String) : Animal
class Dog(val name: String) : Animal

// 동물 목록에 강아지를 추가하는 함수
fun addAnimal(animals: MutableList<Animal>) {
    animals.add(Dog("Cookie"))
}

fun main() {
    val cats: MutableList<Cat> =
        mutableListOf(Cat("Mruczek"), Cat("Puszek"))
    addAnimal(cats)  // 컴파일 에러!!

    // 코드가 컴파일된다면 다음 코드에서 문제가 생깁니다.
    val cat: Cat = cats.last()
}
```

out이라는 이름에서 알 수 있듯, 공변은 내부 객체를 외부로 제공하지만 외부 객체를 받아들이지는 않는 타입에 적합합니다. 따라서 공변은 변경 불가능한 타입에서 사용해야 합니다.

소비자의 변성

특정 타입의 메시지를 전송하는 인터페이스가 있다고 합시다.

```kotlin
interface Sender<T : Message> {
    fun send(message: T)
}

interface Message
```

```
interface OrderManagerMessage : Message
class AddOrder(val order: Order) : OrderManagerMessage
class CancelOrder(val orderId: String) : OrderManagerMessage

interface InvoiceManagerMessage : Message
class MakeInvoice(val order: Order) : OrderManagerMessage
```

이제 어떤 메시지든 보낼 수 있는 GeneralSender 클래스를 만들겠습니다. 그렇
다면 특정 타입의 메시지만 보내는 클래스가 필요한 곳에 GeneralSender를 사
용할 수 있을까요? 당연히 가능해야 합니다! GeneralSender가 모든 메시지를
보낼 수 있다면, 지정된 특정 타입 또한 보낼 수 있어야 합니다.

```
class GeneralSender(
    serviceUrl: String
) : Sender<Message> {
    private val connection = makeConnection(serviceUrl)

    override fun send(message: Message) {
        connection.send(message.toApi())
    }
}

val orderManagerSender: Sender<OrderManagerMessage> =
    GeneralSender(ORDER_MANAGER_URL)

val invoiceManagerSender: Sender<InvoiceManagerMessage> =
    GeneralSender(INVOICE_MANAGER_URL)
```

어떤 메시지든 보낼 수 있는 송신자(슈퍼타입)가 특정 메시지 타입을 보내는
송신자(서브타입)가 되려면(즉, 서브타입이 필요한 곳에 슈퍼타입을 이용할 수
있으려면) 송신자의 타입 매개변수가 반공변이어야 하므로 in 제어자가 필요
합니다.

```
interface Sender<in T : Message> {
    fun send(message: T)
}
```

이 원칙을 일반화하여 특정 타입의 객체를 소비하는 클래스를 생각해 봅시다.
Number 타입의 객체를 소비하도록 선언된 클래스는 Int와 Float 타입의 객체도

소비할 수 있다고 생각하는 게 일반적입니다. 마찬가지로 어떤 것이든(Any) 소비할 수 있는 클래스라면 문자열(String)과 문자(Char)도 소비할 수 있어야 합니다. 따라서 소비자 클래스가 소비하는 타입을 뜻하는 타입 매개변수는 in 제어자를 붙여 반공변으로 만들어야 합니다.

```kotlin
class Consumer<in T> {
    fun consume(value: T) {
        println("Consuming $value")
    }
}

fun main() {
    // Number 소비자
    val numberConsumer: Consumer<Number> = Consumer()
    numberConsumer.consume(2.71)  // Consuming 2.71

    // Number 소비자를 Int 소비자로 이용
    val intConsumer: Consumer<Int> = numberConsumer
    intConsumer.consume(42)        // Consuming 42

    // Number 소비자를 Float 소비자로 이용
    val floatConsumer: Consumer<Float> = numberConsumer
    floatConsumer.consume(3.14F)  // Consuming 3.14

    // Any 소비자
    val anyConsumer: Consumer<Any> = Consumer()
    anyConsumer.consume(123456789L)  // Consuming 123456789

    // Any 소비자를 String 소비자로 이용
    val stringConsumer: Consumer<String> = anyConsumer
    stringConsumer.consume("ABC")    // Consuming ABC

    // Any 소비자를 Char 소비자로 이용
    val charConsumer: Consumer<Char> = anyConsumer
    charConsumer.consume('M')        // Consuming M
}
```

지금까지 본 것처럼 송신자나 소비자가 다루는 값은 모두 반공변을 사용하기에 적합합니다. 둘 모두 타입 매개변수를 인수의 타입으로만, 즉 in-위치(정보를 받아들이는 위치)에서만 사용하기 때문입니다. 따라서 반공변 타입 값은 소비만 됩니다.

이쯤에서 정리하자면, out 제어자는 out-위치(정보를 내보내는 위치)의 타입 매개변수에만 적합합니다. 그래서 결과 타입이나 읽기 전용 프로퍼티의 타입에 쓰입니다. 반면 in 제어자는 정보를 받아들이는 위치(in-위치)에만 적합합니다. 그래서 입력 매개변수 타입에 쓰입니다.

함수 타입

매개변수 타입과 결과 타입이 서로 다른 함수 타입들 사이에도 관계가 있습니다. 'Int를 받고 Any를 반환하는 함수'를 인수로 받는 함수를 떠올려 봅시다.

```
fun printProcessedNumber(transformation: (Int) -> Any) {
    println(transformation(42))
}
```

정의에 따라 이러한 함수는 (Int) -> Any 타입의 함수를 받을 수 있지만, 타입이 (Int) -> Number, (Number) -> Any, (Number) -> Number, (Any) -> Number, (Number) -> Int 등인 함수도 받을 수 있습니다.

```
val intToDouble: (Int) -> Number = { it.toDouble() }
printProcessedNumber(intToDouble)   // 허용

val numberAsText: (Number) -> String = { it.toString() }
printProcessedNumber(numberAsText)  // 허용

val identity: (Number) -> Number = { it }
printProcessedNumber(identity)      // 허용

val numberToInt: (Number) -> Int = { it.toInt() }
printProcessedNumber(numberToInt)   // 허용

val numberHash: (Any) -> Number = { it.hashCode() }
printProcessedNumber(numberHash)    // 허용
```

이렇게 사용할 수 있는 이유는 함수 타입 사이에 다음 그림과 같은 관계가 있기 때문입니다.

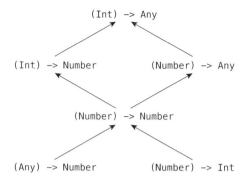

그림의 계층구조에서 아래로 내려감에 따라, 매개변수 타입은 타입 계층구조의 위로 향하며(Int → Number → Any), 반환 타입은 아래로 향함을(Any → Number → Int) 알 수 있습니다.

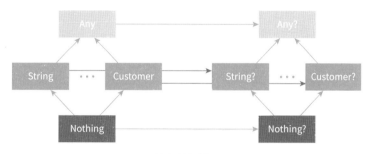

코틀린 타입 계층구조

함수 타입이 이러한 계층 구조를 가지는 것에는 이유가 있습니다. in 변성 제어자의 이름에서 알 수 있는 것처럼 코틀린 함수 타입의 모든 '입력' 매개변수 타입은 반공변입니다. 마찬가지로 out 변성 제어자의 이름에서 알 수 있는 것처럼 코틀린 함수 타입의 모든 '반환' 타입은 공변입니다.

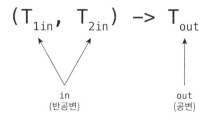

변성 제어자를 모르더라도 함수 타입의 계층 관계를 이해하고 사용할 수 있습니다. 사용하고 싶은 함수를 그냥 쓰면 됩니다. 다른 언어에는 코틀린이 제공하는 함수 관계가 없기 때문에 이와 같은 계층 구조를 사용하는 데 익숙치 않을 것입니다. 변성 제어자를 이해하면 함수 관계를 사용할 수 있을 뿐 아니라 더 훌륭한 프로그램을 설계하는 데도 도움이 될 것입니다. 변성 제어자를 이해하지 않고 그저 사용하기만 한다면 그저 코틀린이나 다른 라이브러리가 사용하기 편해졌다고 생각할 뿐입니다. 라이브러리 제작자들은 변성 제어자를 사용하여 라이브러리를 사용하는 개발자들에게 편의를 제공할 수 있습니다.

변성 제어자를 사용하는 일반적인 규칙은 정말 간단합니다. public이며 정보를 내보내는 위치(out-위치)에서만 사용할 수 있는 타입 매개변수(함수의 결과 타입과 읽기만 가능한 프로퍼티 타입)는 공변이어야 하므로 out 제어자를 붙여야 합니다. public이며 정보를 받아들이는 위치(in-위치)에서만 사용할 수 있는 타입 매개변수(함수의 입력 매개변수 타입)는 반공변이어야 하므로 in 제어자를 붙여야 합니다.

공변 Nothing 객체

컬렉션 타입인 연결 리스트 데이터 구조를 정의한다고 해 봅시다. 연결 리스트는 다음과 같이 원소가 있을 때와 없을 때를 구분하여 별도의 타입으로 표현할 수 있습니다.

- Node: 최소 하나의 원소를 가진 연결 리스트를 나타내며, 첫 번째 원소에 대한 참조(head)와 나머지 원소의 참조(tail)로 구성됩니다.
- Empty: 비어 있는 연결 리스트를 나타냅니다.

코틀린에서는 이러한 데이터 구조를 봉인된 클래스로 나타냅니다.

```
sealed class LinkedList<T>   // 연결 리스트

// 원소가 담겨 있는 연결 리스트
data class Node<T>(
    val head: T,              // 첫 번째 원소
```

```
    val tail: LinkedList<T>  // 나머지 원소들
) : LinkedList<T>()

// 빈 연결 리스트
class Empty<T> : LinkedList<T>()

fun main() {
    val strs = Node("A", Node("B", Empty()))
    val ints = Node(1, Node(2, Empty()))
    val empty: LinkedList<Char> = Empty()
}
```

하지만 한 가지 문제가 있습니다. 모든 연결 리스트에는 빈 리스트를 나타낼 객체가 하나씩 필요합니다. 그런데 Empty()를 호출할 때마다 새로운 인스턴스가 만들어지니 낭비가 심합니다. 이럴 때는 인스턴스를 단 하나만 준비해 두고 빈 리스트가 필요한 모든 곳에서 공유하는 편이 낫습니다. 객체 선언을 사용하면 되지만, 안타깝게도 객체 선인에서는 타입 매개변수를 사용할 수 없습니다.

```
sealed class LinkedList<T>
data class Node<T>(
    val head: T,
    val tail: LinkedList<T>
) : LinkedList<T>()
object Empty<T> : LinkedList<T>()  // 에러
```

이 문제를 해결할 방법이 있습니다. LinkedList의 타입 매개변수를 (out 제어자를 추가하여) 공변으로 만드는 것입니다. 불변 클래스의 타입 매개변수들처럼 반환만 되는 타입이라면 out 제어자를 추가하는 건 아무런 문제가 없습니다. 그런 다음 Empty 객체가 LinkedList<Nothing>을 상속하게 만들어야 합니다. Nothing은 모든 타입의 서브타입입니다. 따라서 LinkedList의 타입 매개변수가 공변이면 LinkedList<Nothing>은 모든 연결 리스트의 서브타입이 됩니다.

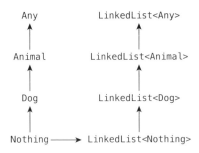

```
sealed class LinkedList<out T>          // 타입 매개변수에 out 추가
data class Node<T>(
    val head: T,
    val tail: LinkedList<T>
) : LinkedList<T>()
object Empty : LinkedList<Nothing>()    // 타입 매개변수 대신 Nothing 사용

fun main() {
    val strs = Node("A", Node("B", Empty))
    val ints = Node(1, Node(2, Empty))
    val empty: LinkedList<Char> = Empty
}
```

공변 Nothing 객체는 코틀린 표준 라이브러리를 포함해 다양한 곳에서 활용됩니다. 앞에서 본 것처럼 코틀린의 List는 읽기 전용이기 때문에 공변입니다. 그리고 인수를 받지 않는 listOf나 emptyList 함수로 리스트를 생성하면 둘 모두 같은 객체인 EmptyList를 반환합니다. 이 EmptyList가 바로 List<Nothing>을 구현한, 모든 리스트의 서브타입입니다.

```
// ...
public fun <T> emptyList(): List<T> = EmptyList

// ...
public inline fun <T> listOf(): List<T> = emptyList()

internal object EmptyList : List<Nothing>, Serializable, RandomAccess {
    private const val serialVersionUID: Long = -7390468764508069838L

    override fun equals(other: Any?): Boolean = other is List<*> && other.isEmpty()
    override fun hashCode(): Int = 1
    override fun toString(): String = "[]"

    override val size: Int get() = 0
    override fun isEmpty(): Boolean = true
    override fun contains(element: Nothing): Boolean = false
    override fun containsAll(elements: Collection<Nothing>): Boolean = elements.isEmpty()
```

코틀린 표준 라이브러리의 listOf와 emptyList 함수로 생성한 빈 리스트들은 실제로는 모두 같은 객체입니다.

```
fun main() {
    val empty: List<Nothing> = emptyList()
    val strs: List<String> = empty   // List<Nothing>은 모든 리스트의 서브타입
    val ints: List<Int> = empty      // List<Nothing>은 모든 리스트의 서브타입

    val other: List<Char> = emptyList()  // 항상 같은 객체(싱글턴) 반환
    println(empty === other)              // true

    val oneMore: List<Any> = listOf()  // listOf()도 같은 객체(싱글턴) 반환
    println(empty === oneMore)            // true
}
```

이 패턴을 다양한 곳에서 찾을 수 있습니다. 예를 들어 제네릭 메시지를 정의한다고 해 봅시다. 이때 아무런 매개변수도 받지 않는 메시지들이 있다면, 그 메시지들은 별도의 객체로 만들어야 합니다.

```
// 작업 상태 변경 추적용 메시지들 정의 예시
sealed interface ChangesTrackerMessage<out T>
data class Change<T>(val newValue: T) : ChangesTrackerMessage<T>
data object Reset : ChangesTrackerMessage<Nothing>
data object UndoChange : ChangesTrackerMessage<Nothing>
```

```
// 작업 스케줄러용 메시지들 정의 예시
sealed interface SchedulerMessage<out T>
data class Schedule<T>(val task: Task<T>) : SchedulerMessage<T>
data class Delete(val taskId: String) : SchedulerMessage<Nothing>
data object StartScheduled : SchedulerMessage<Nothing>
data object Reset : SchedulerMessage<Nothing>
```

코틀린 프로젝트에서 제네릭 타입에 Nothing을 지정하여 객체를 만드는 경우는 많지만, 이 패턴의 공식 이름은 아직 없습니다. 그래서 지금부터 이 책에서는 '공변 Nothing 객체'라고 하겠습니다. 이 또한 정확한 이름은 아닙니다. 정확하게 정의하려면 '제네릭 클래스 또는 인터페이스의 공변 타입 인수 위치에 Nothing 타입 인수를 넣어 구현한 객체 선언 패턴'일 테지만, 너무 깁니다. '공변 Nothing 객체' 정도가 깔끔하고 기억하기 쉬울 것입니다.

공변 Nothing 객체의 예를 더 준비했습니다. 바로 저희 팀이 만든 라이브러리로, 마이크로서비스 환경에서 작업을 스케줄링할 때 사용합니다. 작업은 다음과 같이 간단하게 모델링되어 있습니다.

```
class Task<T>(
    val id: String,
    val scheduleAt: Instant,
    val data: T,
    val priority: Int,
    val maxRetries: Int? = null
)
```

스케줄링된 작업을 변경하는 구조도 필요합니다. 변경 사항은 전달하기 편리하게 표현해야 합니다. 이럴 때 사용하는 전통적인 방법이 있습니다. 다음의 TaskUpdate 클래스처럼 모든 프로퍼티의 기본값을 null로 설정해 두고, 변경할 프로퍼티의 값만 새로 설정하는 것입니다. 그러면 값이 여전히 null인 프로퍼티의 의미는 자연스럽게 '변경하지 말아야 할 프로퍼티'가 됩니다.

```
class TaskUpdate<T>(
    val id: String? = null,
    val scheduleAt: Instant? = null,
    val data: T? = null,
    val priority: Int? = null,
    val maxRetries: Int? = null
)
```

이 방법은 매우 제한적으로 사용할 수 있습니다. null 값은 '이 프로퍼티를 바꾸지 마세요'라고 해석되므로, 그 외 특정한 값을 null로 표현할 방법이 사라집니다. 그래서 이번 예시에서는 null 대신 '공변 Nothing 객체'를 이용하여 프로퍼티 값의 변경 여부를 나타내겠습니다. 각 프로퍼티는 변하지 않은 상태로 유지되거나 새로운 값으로 바뀝니다. 이러한 두 가지 옵션은 봉인된 계층구조로 표현할 수 있으며, 제네릭 타입을 이용하여 특정 타입의 값만 받을 수 있습니다.

```
// 변경 여부를 표현하는 봉인된 계층구조
sealed interface TaskPropertyUpdate<out T>
object Keep : TaskPropertyUpdate<Nothing>  // 공변 Nothing 객체
class ChangeTo<T>(val newValue: T) : TaskPropertyUpdate<T>

// null 대신 공변 Nothing 객체인 Keep으로 변경 여부 표현
class TaskUpdate<T>(
    val id: TaskPropertyUpdate<String> = Keep,
```

```
    val scheduleAt: TaskPropertyUpdate<Instant> = Keep,
    val data: TaskPropertyUpdate<T> = Keep,
    val priority: TaskPropertyUpdate<Int> = Keep,
    val maxRetries: TaskPropertyUpdate<Int?> = Keep
)

val update = TaskUpdate<String>(
    id = ChangeTo("456"),
    maxRetries = ChangeTo(null),  // 값을 null로 변경할 수 있습니다.

    data = ChangeTo(123),         // 컴파일 에러!!
    // String을 받아야 하므로 타입 불일치가 발생합니다.

    priority = ChangeTo(null),    // 컴파일 에러!!
    // 프로퍼티가 널 가능하지 않으므로 타입 불일치가 발생합니다.
)
```

이 방식을 적용하면 작업 변경을 타입에 안전하고 의미 있게 표현할 수 있습니다. 게다가 공변 Nothing 객체 패턴으로 다른 종류의 변경도 쉽게 구현할 수 있습니다. 예를 들어, 기본값이나 이전 값으로 복원하는 기능을 지원한다면 각각의 기능마다 새로운 객체를 추가하여 구현할 수 있습니다.

```
sealed interface TaskPropertyUpdate<out T>
object Keep : TaskPropertyUpdate<Nothing>                // 현재 값 유지
class ChangeTo<T>(val newValue: T) : TaskPropertyUpdate<T>
object RestorePrevious : TaskPropertyUpdate<Nothing>  // 이전 값으로 복원
object RestoreDefault : TaskPropertyUpdate<Nothing>   // 기본값으로 복원

class TaskUpdate<T>(
    val id: TaskPropertyUpdate<String> = Keep,
    val scheduleAt: TaskPropertyUpdate<Instant> = Keep,
    val data: TaskPropertyUpdate<T> = Keep,
    val priority: TaskPropertyUpdate<Int> = Keep,
    val maxRetries: TaskPropertyUpdate<Int?> = Keep
)

val update = TaskUpdate<String>(
    data = ChangeTo("ABC"),
    maxRetries = RestorePrevious,  // 이전 값으로 복원
    priority = RestoreDefault,     // 기본값으로 복원
)
```

공변 Nothing 클래스

Nothing 타입 인수로 공변 타입 매개변수로 사용하는 클래스나 인터페이스를 구현할 때가 있습니다. 저는 이런 패턴을 공변 Nothing 클래스라고 부릅니다. 예를 들어, 다음과 같이 Left 또는 Right가 될 수 있는 Either 클래스가 있다고 해봅시다. 이 클래스는 Left일 때 사용할 데이터 타입과 Right일 때 사용할 데이터 타입을 별개로, '총 2개'의 타입 매개변수를 받아야 합니다. 그런데 Left와 Right는 모두 자신이 이용할 타입을 지정하는 매개변수를 '하나'만 받습니다. 이런 경우에 비어 있는 나머지 한 타입을 Nothing으로 채우면 됩니다.

```
sealed class Either<out L, out R>
class Left<out L>(val value: L) : Either<L, Nothing>()
class Right<out R>(val value: R) : Either<Nothing, R>()
```

이와 같은 방법으로 정의하면 타입 인수를 지정하지 않고도 Left와 Right를 생성할 수 있습니다.

```
val left = Left(Error())
val right = Right("ABC")
```

Left와 Right는 가지고 있는 값의 타입보다 상위 계층의 값을 갖는 Left와 Right로 업캐스팅할 수 있습니다.

```
val leftError: Left<Error> = Left(Error())
val leftThrowable: Left<Throwable> = leftError
val leftAny: Left<Any> = leftThrowable

val rightInt = Right(123)
val rightNumber: Right<Number> = rightInt
val rightAny: Right<Any> = rightNumber
```

위와 같은 구조는 결괏값으로 Left와 Right 중 적절한 하나를 반환해야 하는 모든 곳에 활용할 수 있습니다.

　다음은 애로우(Arrow) 라이브러리에서 Either를 구현한 방식을 단순화해 구현한 코드입니다.

```
val leftError: Left<Error> = Left(Error())
val rightInt = Right(123)

val el: Either<Error, Int> = leftError
val er: Either<Error, Int> = rightInt

val etnl: Either<Throwable, Number> = leftError
val etnr: Either<Throwable, Number> = rightInt
```

변성 제어자의 제한

자바에서 배열은 구체화되고(reified) 공변입니다. 어떤 문헌에서는 자바에서 이런 결정을 내린 이유는 모든 타입의 배열에서 제네릭 연산을 수행하는 Arrays::sort와 같은 함수를 만들기 위함이라고 설명합니다.

```
Integer[] numbers= {1, 4, 2, 3};
Arrays.sort(numbers);  // 정수를 정렬합니다.

String[] lettrs= {"B", "C", "A"};
Arrays.sort(lettrs);   // 문자를 정렬합니다.
```

하지만 자바 배열의 이러한 특징 때문에 생기는 큰 문제가 하나 있습니다. 어떤 문제인지 살펴보기 위해 다음의 자바 연산을 분석해 봅시다. 문제가 있다는 것을 컴파일 타임에 미리 인지하지 못하고 런타임에 와서야 예외를 던지는 예입니다.

```
// 자바
Integer[] numbers= {1, 4, 2, 3};
Object[] objects = numbers;
objects[2] = "B";  // 런타임 에러: ArrayStoreException
```

이 코드처럼 numbers를 Object[]로 캐스팅하더라도 객체의 '실제 타입'이 달라지는 건 아닙니다. 그래서 String 타입의 값을 배열에 할당하려고 시도하면 에러가 납니다. 자바의 명백한 결함이라고 할 수 있습니다. 한편 코틀린에서는 (IntArray, CharArray 등을 포함하는) 모든 Array가 불공변이기 때문에 이런 문제가 생기지 않습니다. 즉, Array<Int>를 Array<Any>로 업캐스팅하는 건 불가능합니다.

앞의 코드에서 잘못된 점을 파악하려면 in-위치와 out-위치의 특성을 이해해야 합니다.

in-위치에서 사용되는 타입은 입력 매개변수의 타입입니다. 다음 코드의 takeDog 함수에서 Dog 타입이 in-위치에 쓰였습니다. 참고로 모든 객체 타입은 업캐스팅될 수 있습니다. 따라서 Dog가 필요한 곳에 Puppy 또는 Hound 같은 Dog의 서브타입을 넣을 수 있습니다.

```
open class Dog
class Puppy : Dog()
class Hound : Dog()

fun takeDog(dog: Dog) {}  // Dog가 in-위치에 쓰임

takeDog(Dog())
takeDog(Puppy())  // 서브타입 허용
takeDog(Hound())  // 서브타입 허용
```

in-위치는 in 제어자가 붙은 반공변 타입과 잘 어울립니다. Dog 대신 Puppy나 Hound처럼 계층이 낮은 타입도 허용하기 때문입니다. 클래스의 용도만 제한하기 때문에, 즉 객체를 받은 곳(takeDog 내부)에서는 슈퍼클래스(Dog)에 정의된 기능만 이용할 수 있기 때문에 이 변환은 안전합니다.

```
open class Dog
class Puppy : Dog()
class Hound : Dog()

class Box<in T> {  // 반공변으로 정의
    private var value: T? = null

    // in-위치에서 사용
    fun put(value: T) {
        this.value = value
    }
}
```

```
fun main() {
    val dogBox = Box<Dog>()
    dogBox.put(Dog())
    dogBox.put(Puppy())  // 서브타입 허용
    dogBox.put(Hound())  // 서브타입 허용

    val puppyBox: Box<Puppy> = dogBox  // 반공변 관계 성립
    puppyBox.put(Puppy())

    val houndBox: Box<Hound> = dogBox  // 반공변 관계 성립
    houndBox.put(Hound())
}
```

public인 in-위치는 out 제어자가 있는 공변으로 설정할 수 없습니다. Box<Dog>를 Box<Any?>로 업캐스팅하면 어떻게 될지 생각해 보세요. put 메서드에 말 그대로 어떤 객체든 넣을 수 있습니다. 무슨 문제가 생길지 그려지죠? 이것이 코틀린에서 public인 in-위치에 공변 타입(out) 사용을 금지하는 이유입니다.

```
class Box<out T> {  // 공변으로 정의
    private var value: T? = null

    // public인 in-위치에서 사용 불가
    fun set(value: T) {  // 컴파일 에러
        this.value = value
    }

    // out-위치에서는 가능
    fun get(): T = value ?: error("Value not set")
}

val dogHouse = Box<Dog>()
val box: Box<Any> = dogHouse
// 만약 이 코드가 컴파일된다면 다음 줄에서 런타임 에러가 발생합니다.
box.set("Some string")
```

자바 배열은 이 문제를 고스란히 안고 있습니다. 내부 상태를 변경하는 set 같은 메서드가 있기 때문에 자바 배열은 공변이면 안 되었습니다.

한편, 공변 타입 매개변수라도 private인 in-위치에서는 안전하게 사용할 수 있습니다.

```
class Box<out T> {  // 공변으로 정의
    private var value: T? = null

    // in-위치더라도 private이므로 가능
    private fun set(value: T) {
        this.value = value
    }

    fun get(): T = value ?: error("Value not set")
}
```

공변(out)은 public인 out-위치에서는 완벽하게 안전하므로, 아무런 제한 없이 사용할 수 있습니다. 따라서 객체를 생성해 반환하거나 데이터를 노출만 되는 타입에서는 공변을 사용합니다. 즉, 생산자나 불변 데이터를 담은 클래스에서는 out 제어자를 흔히 사용합니다. 이런 이유로, 불변인 List의 타입 매개변수는 공변이지만 MutableList의 타입 매개변수는 불공변입니다.

　반공변과 out-위치에서도 비슷한 문제가 발생합니다(똑같은 문제라고 말하는 사람도 있습니다). out-위치의 예로는 '함수의 결과'와 '읽기 전용 프로퍼티'가 있습니다. out-위치의 타입들도 상위 계층의 타입으로 업캐스팅할 수 있습니다. 하지만 이번에는 객체에 무언가를 건네주는 쪽이 아니라 받는 쪽에 있기 때문에 반환되리라 기대되는 타입보다 더 상위 타입으로 받을 수 있습니다. 다음 코드에서 Amphibious(수륙 양용) 클래스는 out-위치에 쓰였습니다. 따라서 반환 타입이 Amphibious라면 상위 타입인 Car나 Boat로도 받을 수 있습니다.

```
open class Car
interface Boat
class Amphibious : Car(), Boat

fun getAmphibious(): Amphibious = Amphibious()

val amphibious: Amphibious = getAmphibious()
val car: Car = getAmphibious()
val boat: Boat = getAmphibious()
```

out-위치는 out 제어자가 붙은 공변과 잘 어울립니다. Producer<Amphibious>를 Producer<Car>나 Producer<Boat>로 업캐스팅하면 produce 메서드가 반환하는 타입이 제한되지만, 결과는 여전히 유효합니다.

```kotlin
open class Car
interface Boat
class Amphibious : Car(), Boat

// 함수의 반환 타입(out-위치)을 공변(out)으로 정의
class Producer<out T>(val factory: () -> T) {
    fun produce(): T = factory()
}

fun main() {
    val producer: Producer<Amphibious> =
        Producer { Amphibious() }
    val amphibious: Amphibious = producer.produce()
    val boat: Boat = producer.produce()
    val car: Car = producer.produce()

    val boatProducer: Producer<Boat> = producer
    val boat1: Boat = boatProducer.produce()

    val carProducer: Producer<Car> = producer
    val car2: Car = carProducer.produce()
}
```

한편, out-위치는 반공변 타입 매개변수(in)와 어울리지 않습니다. Producer 타입 매개변수가 반공변이면 Producer<Amphibious>를 Producer<Nothing>으로 업캐스팅할 수 있습니다. 이렇게 되면 produce가 말 그대로 어떤 것이든 생성하기를 기대하게 되지만, 불가능한 일입니다. 반공변 타입 매개변수를 public out-위치에서 사용할 수 없는 이유입니다.

```kotlin
open class Car
interface Boat
class Amphibious : Car(), Boat

// 함수의 반환 타입(out-위치)을 반공변(in)으로 정의
class Producer<in T>(val factory: () -> T) {
    fun produce(): T = factory()  // 컴파일 에러
}

fun main() {
    val carProducer = Producer<Amphibious> { Car() }
    val amphibiousProducer: Producer<Amphibious> = carProducer
```

```
    // 컴파일 에러가 발생하지 않았다면 다음 줄에서 런타임 에러가 발생했을 것입니다.
    val amphibious = amphibiousProducer.produce()

    val producer = Producer<Amphibious> { Amphibious() }
    val nothingProducer: Producer<Nothing> = producer
    // 컴파일 에러가 발생하지 않았다면 다음 줄에서 런타임 에러가 발생했을 것입니다.
    val str: String = nothingProducer.produce()
}
```

같은 이유로, 반공변 타입 매개변수(in)는 함수 결과나 읽기 전용 프로퍼티와 같은 public out-위치에 사용할 수 없습니다.

```
class Box<in T>(
    val value: T  // 컴파일 에러
) {
    fun get(): T = value  // 컴파일 에러
        ?: error("Value not set")
}
```

공변 때와 마찬가지로, 이 요소들이 private이라면 반공변으로 정의할 수 있습니다.

```
class Box<in T>(
    private val value: T
) {
    private fun get(): T = value
        ?: error("Value not set")
}
```

따라서 반공변(in)은 소비되거나 받는 타입 매개변수에서만 사용합니다. 잘 알려진 예로 kotlin.coroutine.Continuation이 있습니다.

```
public interface Continuation<in T> {
    public val context: CoroutineContext
    public fun resumeWith(result: Result<T>)
}
```

읽기-쓰기가 가능한 프로퍼티 타입은 불공변이므로, 공변과 반공변 모두 지원하지 않습니다.

```
class Box<in T1, out T2> {
    var v1: T1   // 컴파일 에러
    var v2: T2   // 컴파일 에러
}
```

@UnsafeVariance 애너테이션

아무리 좋은 규칙이라도 예외는 있는 법입니다. 일반적으로 public in-위치에서 공변 타입 매개변수(out)를 사용하는 건 안전하지 않다고 생각되므로 컴파일되지 않습니다. 하지만 안전하게 처리할 수 있다고 판단하여 이를 허용해야 할 상황이 있을 수 있습니다. List가 바로 그 예입니다.

이미 설명한 것처럼, List 인터페이스의 타입 매개변수는 공변(out)이며 읽기 전용 인터페이스이므로 개념적으로는 정확합니다. 하지만 타입 매개변수를 public in-위치에서 사용할 때가 있습니다. contains와 indexOf 메서드를 떠올려 보세요. public in-위치에서 공변 타입 매개변수를 사용하는데, 방금 설명한 규칙을 위반하는 행위입니다.

```
fun main() {
    val l: List<String> = listOf("A", "B", "C")
    l.
}   ⊛ size                                          Int
    ⊛ contains(element: String)                   Boolean
    ⊛ get(index: Int)                              String
    ⊛ [](index: Int)                               String
    ⊛ indexOf(element: String)                        Int
    ⊛ lastIndexOf(element: String)                    Int
```

어떻게 이게 가능할까요? 앞 절의 규칙에 따르면 이런 행위는 금지되어야 합니다. 이 규칙을 피해 갈 수 있는 이유는 @UnsafeVariance 애너테이션 덕분입니다. 이 애너테이션은 마치 "안전하지 않은 건 알지만, 지금 무슨 일을 하는지 정확하게 알고 있고 해당 타입을 안전하게 사용할 거야"라고 말하는 것과 동일합니다.

```
public interface List<out E> : Collection<E> {
    // Query Operations

    override val size: Int
    override fun isEmpty(): Boolean
    override fun contains(element: @UnsafeVariance E): Boolean
    override fun iterator(): Iterator<E>

    // Bulk Operations
    override fun containsAll(elements: Collection<@UnsafeVariance E>): Boolean

    // Positional Access Operations
      Returns the element at the specified index in the list.
    public operator fun get(index: Int): E

    // Search Operations
      Returns the index of the first occurrence of the specified element in the list, or -1 if the specified
      element is not contained in the list.
    public fun indexOf(element: @UnsafeVariance E): Int

      Returns the index of the last occurrence of the specified element in the list, or -1 if the specified
      element is not contained in the list.
    public fun lastIndexOf(element: @UnsafeVariance E): Int
```

contains와 indexOf 같은 메서드는 매개변수를 비교 용도로만 쓰고, 값을 설정하거나 public 함수로 반환하는 곳이 없으므로 @UnsafeVariance를 사용해도 괜찮습니다. 애너테이션 대신 Any? 타입을 사용하고 매개변수의 타입을 사용자가 명시하도록 설계할 수도 있었습니다. 하지만 @UnsafeVariance로 타입을 명시하면 메서드 사용자들이 어떤 타입의 값을 인수로 사용해야 하는지 알 수 있습니다.

변성 제어자의 위치

변성 제어자를 사용할 수 있는 위치는 두 곳입니다.[2] 첫 번째는 선언-위치 변성(declaration-site variance)입니다. 클래스나 인터페이스 선언 시 쓰이는 제어자를 말하며, 더 흔하게 볼 수 있는 위치입니다. 선언에 명시된 제어자는 대상 타입이 사용되는 모든 곳에 영향을 줍니다.

// 선언-위치 변성 제어자

---

2 혼합-위치 변성(mixed-site variance)이라 부릅니다. (옮긴이) 탄생 배경과 자세한 설명 등이 궁금하면 다음 논문을 참고하세요. *https://rosstate.org/publications/mixedsite/*

```kotlin
class Box<out T>(val value: T)

val boxStr: Box<String> = Box("Str")
val boxAny: Box<Any> = boxStr
```

두 번째는 사용-위치 변성(use-site variance)으로, 특정 변수의 변성 제어자를 말합니다.

```kotlin
class Box<T>(val value: T)

val boxStr: Box<String> = Box("Str")
// 사용-위치 변성 제어자
val boxAny: Box<out Any> = boxStr
```

어떠한 이유로 클래스나 인터페이스가 생성하는 '모든 타입에 적합한' 변성 제어자를 제공하지는 못하지만, '특정 타입에' 변성이 필요할 때 사용-위치 변성을 사용합니다. 예를 들어, MutableList는 메서드의 결과 타입으로 실제 원소 타입이 아니라 Any?를 반환할 수 있기 때문에 선언할 때는 in 제어자를 사용할 수 없습니다. 하지만 다음의 예처럼 매개변수 타입으로 쓰일 때는 반공변(in)으로 만들어 해당 타입을 허용하는 모든 컬렉션을 받을 수 있습니다.

```kotlin
interface Dog
interface Pet
data class Puppy(val name: String) : Dog, Pet
data class Wolf(val name: String) : Dog
data class Cat(val name: String) : Pet

fun fillWithPuppies(list: MutableList<in Puppy>) {  // 사용-위치 변성
    list.add(Puppy("Jim"))
    list.add(Puppy("Beam"))
}

fun main() {
    val dogs = mutableListOf<Dog>(Wolf("Pluto"))
    fillWithPuppies(dogs)
    println(dogs)
    // [Wolf(name=Pluto), Puppy(name=Jim), Puppy(name=Beam)]

    val pets = mutableListOf<Pet>(Cat("Felix"))
    fillWithPuppies(pets)
    println(pets)
```

```
    // [Cat(name=Felix), Puppy(name=Jim), Puppy(name=Beam)]
}
```

참고로, 변성 제어자를 사용할 때 일부 위치는 제한이 됩니다.

예를 들어, 타입을 MutableList<out T>로 선언했다면 get 메서드는 사용할 수 있습니다. get을 호출하면 타입이 T인 인스턴스를 반환할 것입니다. 하지만 set 메서드는 사용할 수 없습니다. set에 Nothing 타입의 인수도 추가할 수 있다고 선언한 꼴이 되기 때문입니다. out은 공변을 뜻하므로 MutableList<out T>는 T의 서브타입이라면 모두 받는 리스트라는 뜻이 됩니다. 그렇다면 모든 타입의 서브타입인 Nothing도 받을 수 있어야 하지만, Nothing 타입의 인스턴스란 존재할 수 없습니다.

한편, MutalbeList<in T>라고 선언하면 get과 set을 모두 사용할 수 있습니다. 그런데 get의 반환 타입은 Any?가 됩니다. 이 선언은 T의 어떠한 슈퍼타입도 담을 수 있는 리스트를 뜻합니다. Any?는 모든 타입의 슈퍼타입이기 때문입니다.

따라서 제네릭 객체에서 값을 읽을 때만 out을, 제네릭 객체의 값을 변경할 때만 in을 자유롭게 사용할 수 있습니다.

스타 프로젝션(*)

사용-위치에서 타입 인수 대신에 별(*)을 사용하여 아무 타입이나 될 수 있음을 표시할 수 있습니다. 이를 **스타 프로젝션**(star projection)이라고 합니다.

```
if (value is List<*>) {
    ...
}
```

스타 프로젝션을 Any? 타입과 혼동해서는 안 됩니다. List<*>가 실제로 List<Any?>처럼 동작하지만, 그 이유는 List의 타입 매개변수가 공변이기 때문입니다. Consumer의 타입 매개변수가 반공변이면 Consumer<*>는 Consumer<Nothing>처럼 동작합니다. 하지만 Consumer<*>는 Consumer<Any?>와 다르게 동작하고, List<*>는 List<Nothing>과 다르게 동작합니다. 가장 재미있는 경우는 Mutable

List입니다. MutableList<Any?>는 get과 removeAt 메서드의 결과로 Any?를 반환하며, add와 set 메서드의 인수로도 Any?를 받습니다. 반면에 MutableList<*>는 get과 removeAt 메서드가 Any?를 반환하지만, add와 set 메서드는 인수로 Nothing을 받습니다. MutableList<*>는 무엇이든 반환할 수 있지만 (말 그대로) 아무것도 받지 않는다는 뜻입니다.

호출부 타입	in-위치 타입	out-위치 타입
T	T	T
out T	Nothing	T
in T	T	Any?
*	Nothing	Any?

요약

모든 코틀린 타입 매개변수에는 변성이 있습니다.

- 타입 매개변수의 기본 변성은 불공변(invariance)입니다. Box<T>에서 타입 매개변수 T는 불공변이며 A가 B의 서브타입일 때, Box<A>와 Box<B> 사이에는 아무 관계가 없습니다.
- out 제어자는 타입 매개변수를 공변(covariance)으로 만듭니다. Box<out T>에서 타입 매개변수 T는 공변이며, A가 B의 서브타입일 때 Box<A>는 Box<B>의 서브타입입니다. public out-위치에서 공변 타입을 사용할 수 있습니다.
- in 제어자는 타입 매개변수를 반공변(contravariance)으로 만듭니다. Box<in T>에서 타입 매개변수 T는 반공변이며, A가 B의 서브타입일 때 Box<B>는 Box<A>의 서브타입입니다. public in-위치에서 반공변 타입을 사용할 수 있습니다.

다음 내용도 알아 두면 좋습니다.

- List와 Set의 타입 매개변수는 공변입니다(out 제어자). 따라서 List<Any>가 필요한 곳에 모든 타입의 리스트를 전달할 수 있습니다. Map의 값을 나

타내는 타입 매개변수 또한 공변입니다(out 제어자). Array, MutableList, MutableSet, MutableMap의 타입 매개변수는 불공변입니다(변성 제어자 없음).

- 함수 타입에서 매개변수 타입은 반공변이며(in 제어자), 결과 타입은 공변 입니다(out 제어자).
- 정보를 내보내는(생성 또는 노출하는) 타입에서만 공변을 사용합니다(out 제어자).
- 정보를 받아들이는(소비 또는 설정하는) 타입에서만 반공변을 사용합니다 (in 제어자).

연습문제: 제네릭 타입 사용

다음 코드는 타입이 일치하지 않기 때문에 컴파일되지 않습니다. 컴파일 에러 가 발생하는 위치를 모두 찾아보세요.

```
fun takeIntList(list: List<Int>) {}
takeIntList(listOf<Any>())
takeIntList(listOf<Nothing>())

fun takeIntMutableList(list: MutableList<Int>) {}
takeIntMutableList(mutableListOf<Any>())
takeIntMutableList(mutableListOf<Nothing>())

fun takeAnyList(list: List<Any>) {}
takeAnyList(listOf<Int>())
takeAnyList(listOf<Nothing>())

class BoxOut<out T>
fun takeBoxOutInt(box: BoxOut<Int>) {}
takeBoxOutInt(BoxOut<Int>())
takeBoxOutInt(BoxOut<Number>())
takeBoxOutInt(BoxOut<Nothing>())

fun takeBoxOutNumber(box: BoxOut<Number>) {}
takeBoxOutNumber(BoxOut<Int>())
takeBoxOutNumber(BoxOut<Number>())
takeBoxOutNumber(BoxOut<Nothing>())
```

```
fun takeBoxOutNothing(box: BoxOut<Nothing>) {}
takeBoxOutNothing(BoxOut<Int>())
takeBoxOutNothing(BoxOut<Number>())
takeBoxOutNothing(BoxOut<Nothing>())

fun takeBoxOutStar(box: BoxOut<*>) {}
takeBoxOutStar(BoxOut<Int>())
takeBoxOutStar(BoxOut<Number>())
takeBoxOutStar(BoxOut<Nothing>())

class BoxIn<in T>
fun takeBoxInInt(box: BoxIn<Int>) {}
takeBoxInInt(BoxIn<Int>())
takeBoxInInt(BoxIn<Number>())
takeBoxInInt(BoxIn<Nothing>())
takeBoxInInt(BoxIn<Any>())
```

정답은 책 뒤편의 '연습문제 해답'에서 확인할 수 있습니다.

연습문제: 제네릭 응답

제네릭 타입의 데이터를 담을 수 있으며, 성공 또는 실패를 표현할 수 있는 '서버 응답'을 모델링해야 합니다. 그래서 다음처럼 모델링했습니다.

```
sealed class Response<R, E>
class Success<R, E>(val value: R) : Response<R, E>()
class Failure<R, E>(val error: E) : Response<R, E>()
```

하지만 이 구현 방식에 문제가 있음을 발견했습니다. Success 객체를 생성하려면 두 개의 제네릭 타입을 제공해야 하지만, 실제로 쓰이는 타입은 그중 하나뿐입니다. Failure 객체도 마찬가지입니다. 이번 과제는 이 문제를 해결하는 것입니다.

```
val rs1 = Success(1)        // 컴파일 에러
val rs2 = Success("ABC")    // 컴파일 에러
val re1 = Failure(Error())  // 컴파일 에러
val re2 = Failure("Error")  // 컴파일 에러
```

제네릭 타입 인수 하나만으로 생성할 수 있는 Success와 Failure를 정의해야 합니다. Success(1) 또는 Failure("Error")처럼 제네릭 타입을 명시하지 않고

도 Sucess와 Failure를 사용할 수 있어야 합니다.

또한 Success\<Int>를 Success\<Number>나 Success\<Any>로, Failure\<Error>를 Failure\<Throwable>이나 Failure\<Any>로 업캐스팅될 수 있게 해야 합니다. Success\<Int>를 Response\<Int, Throwable>로 사용할 수도 있어야 합니다.

```
val rs1 = Success(1)
val rs2 = Success("ABC")
val re1 = Failure(Error())
val re2 = Failure("Error")

val rs3: Success<Number> = rs1
val rs4: Success<Any> = rs1
val re3: Failure<Throwable> = re1
val re4: Failure<Any> = re1

val r1: Response<Int, Throwable> = rs1
val r2: Response<Int, Throwable> = re1
```

연습문제 깃허브 저장소의 advanced/generics/Response.kt 파일에서 시작 코드와 사용 예시를 확인할 수 있습니다. 프로젝트를 로컬 환경으로 클론하여 문제를 풀어 보세요.

정답은 책 뒤편의 '연습문제 해답'에서 확인할 수 있습니다.

연습문제: 제네릭 컨슈머

여러분이 맡고 있는 프로젝트에서 특정 타입의 소비자를 표현하는 추상 클래스가 있다고 합시다. 이 클래스를 구현하는 클래스는 Printer와 Sender, 두 개입니다. Number를 받는 프린터 클래스는 Int와 Double도 허용해야 합니다. Int를 받는 송신기 클래스는 Number와 Any도 허용해야 합니다. S가 T의 서브타입이라면, 일반적으로 T를 받는 소비자는 S도 허용해야 합니다. Consumer, Printer, Sender 클래스를 갱신하여 이러한 요구 조건을 모두 만족시켜 보세요.

```
abstract class Consumer<T> {
    abstract fun consume(elem: T)
}
```

```
class Printer<T> : Consumer<T>() {
    override fun consume(elem: T) {
        // ...
    }
}

class Sender<T> : Consumer<T>() {
    override fun consume(elem: T) {
        // ...
    }
}
```

다음은 사용 예시입니다.

```
val p1 = Printer<Number>()
val p2: Printer<Int> = p1
val p3: Printer<Double> = p1

val s1 = Sender<Any>()
val s2: Sender<Int> = s1
val s3: Sender<String> = s1

val c1: Consumer<Number> = p1
val c2: Consumer<Int> = p1
val c3: Consumer<Double> = p1
```

연습문제 깃허브 저장소의 advanced/generics/Consumer.kt 파일에서 시작 코드와 사용 예시를 확인할 수 있습니다. 프로젝트를 로컬 환경으로 클론하여 문제를 풀어 보세요.

정답은 책 뒤편의 '연습문제 해답'에서 확인할 수 있습니다.

2장

인터페이스 위임

코틀린에는 **인터페이스 위임**(interface delegation)이라는 기능이 있습니다. 위임 패턴을 지원하는 특별한 기능이므로, 위임 패턴을 먼저 보도록 합시다.

위임 패턴

다음 코드의 GenericCreature 클래스는 Creature 인터페이스를 구현했습니다. 이제 GenericCreature와 비슷하게 동작하는 Goblin이라는 클래스가 필요해졌습니다. 그래서 GenericCreature의 인스턴스를 만들어서 프로퍼티로 저장해 두고, 이 인스턴스의 메서드를 활용하는 방식으로 조합(composition)하여 Goblin 클래스를 완성했습니다. Goblin 클래스 또한 Creature 인터페이스를 구현합니다.

```
interface Creature {
    val attackPower: Int
    val defensePower: Int
    fun attack()
}

class GenericCreature(
    override val attackPower: Int,
    override val defensePower: Int,
) : Creature {
```

```kotlin
    override fun attack() {
        println("Attacking with $attackPower")
    }
}

class Goblin : Creature {
    private val delegate = GenericCreature(2, 1)
    override val attackPower: Int = delegate.attackPower
    override val defensePower: Int = delegate.defensePower

    override fun attack() {
        delegate.attack()
    }
    // ...
}

fun main() {
    val goblin = Goblin()
    println(goblin.defensePower)  // 1
    goblin.attack()               // Attacking with 2
}
```

이 코드는 위임 패턴의 전형적인 예입니다. Goblin 클래스는 Creature 인터페이스로 정의된 메서드를 GenericCreature 타입의 객체에 위임합니다. 지금의 예에서는 delegate 프로퍼티가 위임자이며, attack 메서드와 attackPower, defensePower 프로퍼티가 위임되었습니다.

　동일한 메서드 구현을 재사용할 목적이라면, 다른 타입의 객체를 프로퍼티로 설정해 두고 자신의 메서드에서 그 객체를 사용하는 방식의 컴포지션(composition)으로 충분합니다. 위임 패턴은 위임하는 클래스와 똑같은 인터페이스를 구현하는 형태로 다형성(polymorphism)을 제공합니다. 앞의 예에서도 GenericCreature와 Goblin 클래스 모두 Creature 인터페이스를 구현하므로, 상황에 따라 상호 교환하여 사용할 수 있습니다.

위임과 상속

위임은 오래된 패턴이며, 항상 상속을 대체하는 방법으로 소개되었습니다. 위임 패턴을 대체할 수도 있습니다. GenericCreature를 open으로 만들고 Goblin이 상속하게만 하면 위임 패턴과 비슷하게 동작합니다.

```kotlin
interface Creature {
    val attackPower: Int
    val defensePower: Int
    fun attack()
}

open class GenericCreature(
    override val attackPower: Int,
    override val defensePower: Int,
) : Creature {
    override fun attack() {
        println("Attacking with $attackPower")
    }
}

class Goblin : GenericCreature(2, 1) {
    // ...
}

fun main() {
    val goblin = Goblin()
    println(goblin.defensePower)  // 1
    goblin.attack()               // Attacking with 2
}
```

이처럼 상속을 활용하는 편이 더 쉬워 보입니다. 하지만 위임을 선택할 수밖에 없는 단점과 한계가 있습니다.

- 상속은 단 하나의 클래스만 가능하지만, 위임은 여러 객체로 할 수 있습니다.
- 상속은 원치 않게 아주 강한 의존성을 가지게 됩니다. Goblin이 항상 GenericCreature처럼 행동하리라는 보장이 없다면 Goblin을 GenericCreature로 만들고 싶지 '않을' 것입니다.
- 대부분의 클래스는 상속할 수 없는 닫힌(closed) 클래스이거나, 상속하면 안 되는 이유가 있어서 상속을 대비한 설계를 갖추지 않았습니다.
- 상속은 캡슐화 원칙을 깨트리므로 안전성 문제를 일으킵니다.[1]

---

1 《코틀린 아카데미: 이펙티브 코틀린》(인사이트, 2025)의 '아이템 36: 상속보다 합성을 선호하라'를 참고하세요.

종합하면, 이러한 이유들로 상속 대신 위임을 선호하는 경우가 많습니다. 그리고 다행히도 코틀린 창시자들은 위임을 지원하는 특별한 방식을 도입하였습니다.

코틀린의 인터페이스 위임 지원

코틀린은 상속만큼 쉬우면서도 인터페이스 위임 패턴을 지원하는 특별한 방식을 도입하였습니다. 클래스가 구현할 인터페이스를 지정한 다음, by 키워드를 써서 위임자로 사용할 객체를 덧붙입니다. 이렇게 하면 '코드를 추가로 작성'하는 비용이 사라집니다. 앞의 Goblin 예에 적용하면 코드가 다음처럼 변합니다.

```
interface Creature {
    val attackPower: Int
    val defensePower: Int
    fun attack()
}

class GenericCreature(
    override val attackPower: Int,
    override val defensePower: Int,
) : Creature {
    override fun attack() {
        println("Attacking with $attackPower")
    }
}

class Goblin : Creature by GenericCreature(2, 1) {  // 위임자 지정
    // ...
}

fun main() {
    val goblin = Goblin()
    println(goblin.defensePower)  // 1
    goblin.attack()               // Attacking with 2
}
```

by 키워드 다음에 위임자로 사용할 GenericCreature 인스턴스를 만드는 생성자를 호출합니다. 내부적으로 위임자는 프로퍼티에 저장되며, Creature 인터페이스의 모든 메서드가 위임자의 적절한 메서드를 호출하도록 구현됩니다.

```
public final class Goblin implements Creature {
    // $FF: synthetic field
    private final GenericCreature $$delegate_0 = new GenericCreature( attackPower: 2,   defencePower: 1);

    public int getAttackPower() { return this.$$delegate_0.getAttackPower(); }

    public int getDefencePower() { return this.$$delegate_0.getDefencePower(); }

    public void attack() { this.$$delegate_0.attack(); }
}
```

위임자를 만드는 방식이 몇 가지 더 있습니다. 예를 들어, 주 생성자의 매개변수를 위임자의 생성자로 전달하거나, 주 생성자의 매개변수로 받은 객체를 위임자로 설정할 수 있습니다. 또는 외부 스코프에 존재하는 변수를 위임자로 지정할 수도 있습니다.

```
class Goblin : Creature by GenericCreature(2, 1)

// 또는 (주 생성자의 매개변수를 위임자의 생성자로 전달)
class Goblin(
    att: Int,
    def: Int
) : Creature by GenericCreature(att, def)

// 또는 (주 생성자의 매개변수로 받은 객체를 위임자로 지정)
class Goblin(
    creature: Creature
) : Creature by creature

// 또는 (프로퍼티의 값을 위임자로 지정)
class Goblin(
    val creature: Creature = GenericCreature(2, 1)
) : Creature by creature

// 또는 (외부의 변수를 위임자로 지정)
val creature = GenericCreature(2, 1)
class Goblin : Creature by creature
```

하나의 클래스에서 인터페이스 위임을 여러 번 사용할 수도 있습니다.

```
class Goblin : Attack by Dagger(), Defense by LeatherArmour()

class Amphibious : Car by SimpleCar(), Boat by MotorBoat()
```

인터페이스 위임을 사용하면서 일부 메서드만 오버라이딩할 수도 있습니다. 이런 경우, 오버라이딩한 메서드는 자동으로 생성되지 않으며, 따라서 위임자를 직접 호출하지 않습니다.

```kotlin
interface Creature {
    val attackPower: Int
    val defensePower: Int
    fun attack()
}

class GenericCreature(
    override val attackPower: Int,
    override val defensePower: Int,
) : Creature {
    override fun attack() {
        println("Attacking with $attackPower")
    }
}

class Goblin : Creature by GenericCreature(2, 1) {
    override fun attack() {  // 직접 오버라이딩
        println("Special Goblin attack $attackPower")
    }
}

fun main() {
    val goblin = Goblin()
    println(goblin.defensePower)  // 1
    goblin.attack()                // Special Goblin attack 2
}
```

위임자를 가리키는 암묵적 프로퍼티를 참조할 방법이 여전히 없다는 점은 문제가 됩니다. 위임자를 참조하려면, 위임자로 사용할 객체를 주 생성자 프로퍼티로 만들어 두고, 만들어 둔 프로퍼티를 사용하면 됩니다.

```kotlin
interface Creature {
    val attackPower: Int
    val defensePower: Int
    fun attack()
}

class GenericCreature(
```

```
    override val attackPower: Int,
    override val defensePower: Int,
) : Creature {
    override fun attack() {
        println("Attacking with $attackPower")
    }
}

class Goblin(
    // 위임자로 사용할 객체를 프로퍼티에 저장
    private val creature: Creature = GenericCreature(2, 1)
) : Creature by creature {  // creature 프로퍼티를 위임자로 지정
    override fun attack() {
        println("It will be special Goblin attack!")
        creature.attack()
    }
}

fun main() {
    val goblin = Goblin()
    goblin.attack()
    // It will be a special Goblin attack!
    // Attacking with 2
}
```

래퍼 클래스

인터페이스 위임의 흥미로운 점은 인터페이스의 래퍼를 만들어 다른 방법으로
는 추가할 수 없는 무언가를 추가하는 데 있습니다. 메서드를 추가한다는 뜻이
아닙니다. 메서드는 확장 함수로도 추가할 수 있습니다. 메서드가 아니라 특정
라이브러리가 요구하는 애너테이션을 추가할 수 있다는 뜻입니다. 예를 들어,
젯팩 컴포즈(Jetpack Compose)에서 사용하려면 @Immutable과 @Keep 애너테이
션이 있는 객체가 필요합니다. 그런데 List 인터페이스를 사용하고 싶은 상황
을 떠올려 봅시다. List 인터페이스는 읽기 전용이라서 불변(immutable)이라
는 특성은 만족하지만 @Immutable 애너테이션은 달려 있지 않습니다. 이럴 때
가장 쉬운 방법은 인터페이스 위임을 사용하여 List의 간단한 래퍼를 만드는
것입니다. 이 방법을 사용하면 List에서 실행할 수 있는 모든 메서드를 래퍼에
서도 실행할 수 있습니다.

```
// 래퍼 클래스를 만들어 필요한 애너테이션들을 추가
@Keep
@Immutable
data class ComposeImmutableList<T>(
    val innerList: List<T>
) : List<T> by innerList
```

몇몇 멀티플랫폼 모바일 코틀린 프로젝트에서도 래퍼 클래스를 활용합니다. 그중 하나인 뷰 모델(View Model) 클래스가 노출하는 observable 프로퍼티에는 문제가 하나 있습니다. 안드로이드에서 쉽게 관찰할 수 있지만 iOS에서는 그렇지 않다는 것입니다. 이때 iOS에서도 관찰하기 쉽게 만들기 위해, 다음 코드와 같이 스위프트(Swift)에서 사용하기 쉬운 collect 메서드를 명시한 래퍼를 정의하곤 합니다. 6장 '코틀린 멀티플랫폼 사용하기'에서 자세히 설명합니다.

```
class StateFlow<T>(
    source: StateFlow<T>,
    private val scope: CoroutineScope
) : StateFlow<T> by source {
    fun collect(onEach: (T) -> Unit) {
        scope.launch {
            collect { onEach(it) }
        }
    }
}
```

데코레이터 패턴

간단한 래퍼 외에 데코레이터 패턴(decorator pattern)도 있습니다. 데코레이터 패턴이란 다른 클래스를 장식하여 새로운 기능을 추가하면서, 여전히 같은 인터페이스를 구현하는 (또는 같은 클래스를 확장하는) 클래스를 만드는 방식을 말합니다. 예를 들어, 파일을 읽을 때 사용하는 FileInputStream을 BufferedInputStream으로 장식하여 버퍼링 기능을 추가하고, 이어서 ZipInputStream으로 다시 장식하여 압축 해제 기능을 추가한 뒤, 마지막으로 ObjectInputStream으로 장식하여 객체를 읽는 입력 스트림을 만들 수 있습니다.

```kotlin
var fis: InputStream = FileInputStream("/someFile.gz")
var bis: InputStream = BufferedInputStream(fis)  // 버퍼링 추가
var gis: InputStream = ZipInputStream(bis)       // 압축 해제 추가
var ois = ObjectInputStream(gis)                 // 객체 읽기 추가
var someObject = ois.readObject() as SomeObject
```

수많은 라이브러리에서 데코레이터 패턴을 활용합니다. 시퀀스나 플로우 처리
가 동작하는 방식을 떠올려 보세요. 각각의 변환 함수는 이전 시퀀스나 플로우
를 새로운 연산으로 장식합니다.

```kotlin
fun <T> Sequence<T>.filter(
    predicate: (T) -> Boolean
): Sequence<T> {
    return FilteringSequence(this, true, predicate)
}
```

데코레이터 패턴은 위임을 사용합니다. 각 데코레이터 클래스는 내부의 객체
(장식할 대상)를 위임자로 사용하면서 일부 메서드에 새로운 동작을 추가합
니다.

```kotlin
interface AdFilter {  // 광고 필터 인터페이스
    fun showToPerson(user: User): Boolean
    fun showOnPage(page: Page): Boolean
    fun showOnArticle(article: Article): Boolean
}

class ShowOnPerson(
    val authorKey: String,
    val prevFilter: AdFilter = ShowAds  // 장식할 대상(위임자)
) : AdFilter {
    override fun showToPerson(user: User): Boolean =
        prevFilter.showToPerson(user)

    override fun showOnPage(page: Page) =
        page is ProfilePage &&  // 필터링 조건 추가
            page.userKey == authorKey &&
            prevFilter.showOnPage(page)

    override fun showOnArticle(article: Article) =
        article.authorKey == authorKey &&  // 필터링 조건 추가
            prevFilter.showOnArticle(article)
}
```

```
class ShowToLoggedIn(
    val prevFilter: AdFilter = ShowAds  // 장식할 대상(위임자)
) : AdFilter {
    override fun showToPerson(user: User): Boolean =
        user.isLoggedIn  // 필터링 조건 변경

    override fun showOnPage(page: Page) =
        prevFilter.showOnPage(page)

    override fun showOnArticle(article: Article) =
        prevFilter.showOnArticle(article)
}

object ShowAds : AdFilter {
    override fun showToPerson(user: User): Boolean = true
    override fun showOnPage(page: Page): Boolean = true
    override fun showOnArticle(article: Article): Boolean = true
}

fun createWorkshopAdFilter(workshop: Workshop) =
    ShowOnPerson(workshop.trainerKey)
        .let(::ShowToLoggedIn)
```

한편, 같은 형태를 인터페이스 위임으로 구현하면 동작에 변화를 줄 메서드만
구현하면 됩니다. 코드가 명확해지고 읽는 사람은 필수적인 내용에만 집중할
수 있습니다.

```
class Page
class Article(val authorKey: String)
class User(val isLoggedIn: Boolean)

interface AdFilter {
    fun showToPerson(user: User): Boolean
    fun showOnPage(page: Page): Boolean
    fun showOnArticle(article: Article): Boolean
}

class ShowOnPerson(
    val authorKey: String,
    val prevFilter: AdFilter = ShowAds
) : AdFilter by prevFilter {
    override fun showOnPage(page: Page) =
        page is ProfilePage &&
```

```
            page.userKey == authorKey &&
            prevFilter.showOnPage(page)

    override fun showOnArticle(article: Article) =
        article.authorKey == authorKey &&
        prevFilter.showOnArticle(article)
}

class ShowToLoggedIn(
    val prevFilter: AdFilter = ShowAds
) : AdFilter by prevFilter {
    override fun showToPerson(user: User): Boolean =
        user.isLoggedIn
}

object ShowAds : AdFilter {
    override fun showToPerson(user: User): Boolean = true
    override fun showOnPage(page: Page): Boolean = true
    override fun showOnArticle(article: Article): Boolean =
        true
}

fun createWorkshopAdFilter(workshop: Workshop) =
    ShowOnPerson(workshop.trainerKey)
        .let(::ShowToLoggedIn)
```

인터섹션 타입

인터페이스 위임을 같은 클래스에서 여러 번 사용할 수 있다는 것은 중요한 사실입니다. 따라서 클래스 하나가 두 가지 인터페이스를 구현하고, 각 인터페이스를 각기 다른 위임자로 위임할 수 있습니다. 이렇게 만들어진 클래스는 여러 가지 클래스의 타입과 동작을 합칠 수 있기 때문에 '인터섹션 타입(intersection type)'을 표현한다고 말합니다. 대표적인 예로, 애로우 라이브러리에는 Effect Scope와 CoroutineScope의 데코레이터인 ScopedRaise 클래스가 있습니다.

```
public class ScopedRaise<E>(
    raise: EffectScope<E>,
    scope: CoroutineScope
) : CoroutineScope by scope, EffectScope<E> by raise
```

ScopedRaise 클래스는 자신이 구현한 두 인터페이스를 동시에 표현할 수 있으므로, 리시버로 사용하면 EffectScope와 CoroutineScope의 메서드 모두를 암묵적으로 사용할 수 있습니다.

```
public suspend fun <E, A, B> Iterable<A>.parMapOrAccumulate(
    context: CoroutineContext = EmptyCoroutineContext,
    transform: suspend ScopedRaise<E>.(A) -> B
): Either<NonEmptyList<E>, List<B>> =
    coroutineScope {
        map {
            async(context) {
                either {
                    val scope = this@coroutineScope
                    transform(ScopedRaise(this, scope), it)
                }
            }
        }.awaitAll().flattenOrAccumulate()
    }

suspend fun test() {
    listOf("A", "B", "C")
        .parMapOrAccumulate { v ->
            this.launch { }  // 리시버가 CoroutineContext이기 때문에 가능합니다.

            this.ensure(v in 'A'..'Z') { error("Not letter") }
            // 리시버가 EffectScope이기 때문에 가능합니다.
        }
}
```

케이터(Ktor) 프레임워크의 통합 테스트에서도 인터섹션 타입의 예를 찾을 수 있습니다. 케이터 프레임워크에서는 테스트용 서버 구동을 도와주는 test Application 함수를 이용할 수 있습니다. 이 함수는 TestApplicationBuilder를 확장하고 ClientProvider를 구현하는 ApplicationTestBuilder 리시버를 제공합니다. 제 프로젝트의 통합 테스트에서는 이와 비슷하지만 프로퍼티가 몇 개 추가된 리시버가 필요하여 저만의 클래스를 정의했습니다. 여러 클래스나 인터페이스의 메서드를 합친 리시버뿐 아니라 백그라운드 스코프나 생성된 테스트 애플리케이션 참조와 같은 유용한 프로퍼티가 필요했습니다. 저는 이럴 때 인터페이스 위임을 사용하여 새로운 리시버 클래스를 정의하곤 합니다.

```
class IntegrationTestScope(
    applicationTestBuilder: ApplicationTestBuilder,  // 위임자
    val application: Application,                    // 새로운 프로퍼티
    val backgroundScope: CoroutineScope,             // 새로운 프로퍼티
) : TestApplicationBuilder(),
    ClientProvider by applicationTestBuilder
```

한계

인터페이스 위임 패턴의 가장 큰 한계점은 위임자로 지정하려는 객체가 인터페이스를 구현해야 하며, 그 인터페이스에 정의된 메서드만 위임할 수 있다는 것입니다. 상속을 사용할 때와 달리 this 참조의 의미가 변하지 않는다는 사실도 알아야 합니다.

```
interface Creature {
    fun attack()
}

class GenericCreature : Creature {
    override fun attack() {
        // this.javaClass.name은 항상 GenericCreature가 됩니다.
        println("${this::class.simpleName} attacks")
    }

    fun walk() {}
}

class Goblin : Creature by GenericCreature()

open class WildAnimal : Creature {
    override fun attack() {
        // this.javaClass.name은 실제 클래스에 의존합니다.
        println("${this::class.simpleName} attacks")
    }
}

class Wolf : WildAnimal()

fun main() {
    GenericCreature().attack()  // GenericCreature attacks
    Goblin().attack()           // GenericCreature attacks
    WildAnimal().attack()       // WildAnimal attacks
```

```
    Wolf().attack()              // Wolf attacks
    // Goblin 메서드에는 walk 메서드가 없으므로
    // '컴파일 에러'가 발생합니다.
}
```

부모 사이의 요소 충돌

인터페이스 위임으로 사용하는 두 인터페이스가 같은 메서드나 프로퍼티를 정의하는 경우가 있습니다. 이럴 때는 클래스에서 해당 요소를 오버라이딩하여 충돌을 해결해야 합니다. 다음 코드에서 Attack과 Defense 인터페이스 모두 defense라는 프로퍼티를 정의합니다. 그래서 둘 모두를 구현하는 Goblin 클래스에서는 이 프로퍼티를 오버라이딩하여 어떻게 동작할지를 '반드시' 지정해야 합니다.

```
interface Attack {
    val attack: Int
    val defense: Int
}

interface Defense {
    val defense: Int
}

class Dagger : Attack {
    override val attack: Int = 1
    override val defense: Int = -1
}

class LeatherArmour : Defense {
    override val defense: Int = 2
}

class Goblin(
    private val attackDelegate: Attack = Dagger(),
    private val defenseDelegate: Defense = LeatherArmour(),
) : Attack by attackDelegate, Defense by defenseDelegate {
    // defense 프로퍼티를 반드시 오버라이딩해야 합니다.
    override val defense: Int =
        defenseDelegate.defense + attackDelegate.defense
}
```

요약

인터페이스 위임은 그다지 많이 사용되는 코틀린 기능은 아니지만, 보일러플레이트 코드를 반복하지 않도록 도와주는 경우가 있습니다. 코틀린은 인터페이스에서 정의된 메서드와 프로퍼티를 암묵적으로 생성하고, 위임자 객체의 해당 메서드를 호출하도록 자동으로 구현해 줍니다. 이 덕분에 인터페이스 위임을 활용하면 코드가 깔끔하고 명확해집니다. 인터페이스의 간단한 래퍼를 만들거나, 데코레이터 패턴을 구현하거나, 두 인터페이스의 메서드를 합치는 클래스(인터섹션 타입)를 만들 때도 인터페이스 위임을 활용할 수 있습니다. 인터페이스 위임의 가장 큰 한계는 위임자로 지정하려는 객체가 인터페이스를 구현해야 하며, 그 인터페이스에 정의된 메서드만 위임할 수 있다는 점입니다.

연습문제: ApplicationScope

CoroutineScope, ApplicationControlScope, LoggingScope 인터페이스를 구현하는 ApplicationScope 클래스를 만들어야 합니다. 세 인터페이스와 각각 타입이 같은 프로퍼티 3개를 주 생성자에서 정의해야 하며, 이 프로퍼티들을 위임자로 사용해야 합니다. 인터페이스 위임을 사용해 구현하세요.

```
interface ApplicationControlScope {
    val application: Application
    fun start()
    fun stop()
    fun isRunning(): Boolean
}

data class Application(val name: String)

interface LoggingScope {
    fun logInfo(message: String)
    fun logWarning(message: String)
    fun logError(message: String)
}
```

연습문제 깃허브 저장소의 advanced/delegates/ApplicationScope.kt 파일에서
시작 코드와 단위 테스트를 확인할 수 있습니다. 프로젝트를 로컬 환경으로 클
론하여 문제를 풀어 보세요.

정답은 책 뒤편의 '연습문제 해답'에서 확인할 수 있습니다.

3장

A d v a n c e d   K o t l i n

프로퍼티 위임

프로그래밍 세계에는 지연 프로퍼티(Lazy Property), 프로퍼티 값 주입(Property Value Injection), 프로퍼티 바인딩(Property Binding)과 같이 프로퍼티를 이용하는 다양한 패턴이 있습니다. 대부분의 언어에서 이러한 패턴을 뽑아내는 건 쉽지 않기 때문에, 개발자들은 비슷한 코드를 반복하거나 복잡한 라이브러리에 의존하는 경향을 보입니다. 코틀린에서는 프로퍼티 위임(Property Delegation)이라는, (현재까지는) 다른 언어에서 볼 수 없는 기능을 사용해 반복되는 프로퍼티 패턴을 추출할 수 있습니다. 이 기능의 핵심은 프로퍼티 정의와 위임자 명시 사이에 들어가는 by 키워드입니다. 다음 코드에서는 코틀린 표준 라이브러리의 몇 가지 함수와 프로퍼티 위임을 사용해 지연 프로퍼티와 관찰 가능한 프로퍼티를 구현하고 있습니다.

```kotlin
val value by lazy { createValue() }  // 지연 프로퍼티

var items: List<Item> by              // 관찰 가능한 프로퍼티
    Delegates.observable(listOf()) { _, _, _ ->
        notifyDataSetChanged()
    }

var key: String? by                   // 관찰 가능한 프로퍼티
    Delegates.observable(null) { _, old, new ->
        Log.e("key changed from $old to $new")
    }
```

위임자로 쓰인 lazy와 observable 함수에 대해서는 조금 뒤에 자세히 살펴볼 것입니다. 지금은 이 위임자들이 코틀린 키워드가 아니라 그저 '함수'라는 사실만 이해하면 됩니다(스칼라나 스위프트의 lazy는 키워드입니다). 지연 함수는 단지 몇 줄의 코드만으로도 구현할 수 있습니다. 다른 코틀린 라이브러리처럼 프로퍼티 위임을 직접 구현할 수도 있습니다. 뷰와 리소스 바인딩(View and Resource Binding), 의존성 주입(Dependency Injection)[1], 데이터 바인딩(Data Binding)이 좋은 예입니다.

```
// 안드로이드에서 뷰와 리소스 바인딩
private val button: Button by bindView(R.id.button)
private val textSize by bindDimension(R.dimen.font_size)
private val doctor: Doctor by argExtra(DOCTOR_ARG)

// 코인을 사용한 의존성 주입
private val presenter: MainPresenter by inject()
private val repository: NetworkRepository by inject()
private val viewModel: MainViewModel by viewModel()

// 데이터 바인딩
private val port by bindConfiguration("port")
private val token: String by preferences.bind(TOKEN_KEY)
```

프로퍼티 위임의 원리

프로퍼티 위임을 사용해 공통적인 동작을 추출하는 원리를 알아봅시다. 정말 간단한 프로퍼티 위임부터 시작하겠습니다. 값의 변화를 출력하는 커스텀 게터와 세터가 있는 프로퍼티를 정의해야 하는 상황입니다.[2]

```
var token: String? = null
    get() {
        println("token getter returned $field")
        return field
    }
```

---

1 다음 코드 중 코인(Koin)을 사용한 예는 공식적으로는 의존성 주입이 아니라 서비스 로케이터(Service Locator)입니다.
2 여러분이 커스텀 게터와 세터를 이미 알고 있다고 가정합니다. 자세한 설명은 《코틀린 아카데미: 핵심편》의 9장 '클래스'를 참고하세요.

```kotlin
    set(value) {
        println("token changed from $field to $value")
        field = value
    }

var attempts: Int = 0
    get() {
        println("attempts getter returned $field")
        return field
    }
    set(value) {
        println("attempts changed from $field to $value")
        field = value
    }

fun main() {
    token = "AAA"    // token changed from null to AAA
    val res = token  // token getter returned AAA
    println(res)     // AAA
    attempts++
    // attempts getter returned 0
    // attempts changed from 0 to 1
}
```

token과 attempts는 다른 타입이지만, 하는 동작은 거의 같기 때문에 프로퍼티 위임으로 추출할 수 있습니다.

　val 프로퍼티에는 게터가 존재하고, var 프로퍼티에는 게터와 세터가 존재합니다. 프로퍼티 위임은 이처럼 프로퍼티가 접근자로 정의된다는 사실에서 출발합니다. 이 접근자들을 각각 다른 객체의 함수로 위임하는 것입니다. 예를 들어 게터는 다른 객체의 getValue 함수로, 세터는 setValue 함수로 위임할 수 있습니다. 위임할 함수들을 갖춘 객체를 생성한 다음 by 키워드를 써서 위임자로 지정합니다. 프로퍼티가 지금의 예와 같은 방식으로 동작하게 하려면 위임자를 다음 코드처럼 생성하면 됩니다.

```kotlin
import kotlin.reflect.KProperty

// 위임자로 쓸 클래스
private class LoggingProperty<T>(var value: T) {
    operator fun getValue(
        thisRef: Any?,
        prop: KProperty<*>
```

```
    ): T {
        println("${prop.name} getter returned $value")
        return value
    }

    operator fun setValue(
        thisRef: Any?,
        prop: KProperty<*>,
        newValue: T
    ) {
        val name = prop.name
        println("$name changed from $value to $newValue")
        value = newValue
    }
}

// 각 프로퍼티에 위임자 지정
var token: String? by LoggingProperty(null)
var attempts: Int by LoggingProperty(0)

fun main() {
    token = "AAA"    // token changed from null to AAA
    val res = token  // token getter returned AAA
    println(res)     // AAA
    attempts++
    // attempts getter returned 0
    // attempts changed from 0 to 1
}
```

프로퍼티 위임이 작동하는 방식을 전부 이해하려면 by가 컴파일된 결과를 봐
야 합니다. 앞의 token 프로퍼티는 컴파일되어 다음 코드와 비슷한 결과를 만
듭니다.

```
// 코틀린 코드:
var token: String? by LoggingProperty(null)

// 프로퍼티가 최상위일 때 컴파일된 결과
@JvmField
private val `token$delegate` = LoggingProperty<String?>(null)
var token: String?
    get() = `token$delegate`.getValue(null, ::token)
    set(value) {
        `token$delegate`.setValue(null, ::token, value)
    }
```

```
// 클래스의 프로퍼티일 때 컴파일된 결과
@JvmField
private val `token$delegate` = LoggingProperty<String?>(null)
var token: String?
    get() = `token$delegate`.getValue(this, this::token)
    set(value) {
        `token$delegate`.setValue(this, this::token, value)
    }
```

정확하게 이해하기 위해 프로퍼티 위임을 사용하는 코드는 어떻게 컴파일되는 지까지 살펴봅시다.

```
// 코틀린 코드:
var token: String? by LoggingProperty(null)

fun main() {
    token = "AAA"    // token changed from null to AAA
    val res = token  // token getter returned AAA
    println(res)     // AAA
}
```

```
// 자바로 구현한 코드
@Nullable
private static final LoggingProperty token$delegate =
    new LoggingProperty((Object)null);

@Nullable
public static final String getToken() {
    // ❹ 위임: 위임자의 getValue 함수 호출
    return (String)token$delegate
        .getValue((Object)null, $$delegatedProperties[0]);
}

public static final void setToken(@Nullable String var0) {
    // ❷ 위임: 위임자의 setValue 함수 호출
    token$delegate
        .setValue((Object)null, $$delegatedProperties[0], var0);
}

public static final void main() {
    setToken("AAA");            // ❶ 프로퍼티 세터 호출
    String res = getToken();    // ❸ 프로퍼티 게터 호출
    System.out.println(res);
}
```

단계별로 분석해 봅시다. 프로퍼티 값을 설정할 때는 ❶ 프로퍼티의 세터를 호출합니다. 그러면 프로퍼티 세터는 ❷ 위임자의 setValue 함수를 호출합니다. 마찬가지로 프로퍼티 값을 얻기 위해 ❸ 프로퍼티의 게터를 호출하면 ❹ 게터에서 위임자의 getValue 함수를 호출합니다. 이런 식으로 각각의 위임이 프로퍼티의 동작을 완벽하게 통제할 수 있는 것입니다.

getValue와 setValue의 다른 매개변수들

getValue와 setValue 메서드가 컨텍스트(this)와 프로퍼티의 한정적 참조(bounded reference)도 받고 있음을 눈치챘을 것입니다. 프로퍼티의 참조는 프로퍼티의 이름을 얻을 때 가장 많이 사용되지만 애너테이션 정보를 얻을 때도 사용됩니다. 리시버를 참조하는 매개변수는 함수가 어디서 쓰이고 누가 사용할 수 있는지에 대한 정보를 전달합니다.

 다음 코드에 등장하는 KProperty 타입은 8장 '리플렉션'에서 자세히 설명합니다.

```kotlin
import kotlin.reflect.KProperty

private class LoggingProperty<T>(
    var value: T
) {
    operator fun getValue(
        thisRef: Any?,      // 리시버 참조
        prop: KProperty<*>  // 프로퍼티 한정적 참조
    ): T {
        println(
            "${prop.name} in $thisRef " +
                "getter returned $value"
        )
        return value
    }

    operator fun setValue(
        thisRef: Any?,       // 리시버 참조
        prop: KProperty<*>,  // 프로퍼티 한정적 참조
        newValue: T          // 프로퍼티에 설정한 새로운 값
    ) {
        println(
```

```
                "${prop.name} in $thisRef " +
                    "changed from $value to $newValue"
            )
            value = newValue
        }
    }
}

var token: String? by LoggingProperty(null)

object AttemptsCounter {
    var attempts: Int by LoggingProperty(0)
}

fun main() {
    token = "AAA"     // token in null changed from null to AAA
    val res = token  // token in null getter returned AAA
    println(res)      // AAA

    AttemptsCounter.attempts = 1
    // attempts in AttemptsCounter@XYZ changed from 0 to 1
    val res2 = AttemptsCounter.attempts
    // attempts in AttemptsCounter@XYZ getter returned 1
    println(res2)   // 1
}
```

컨텍스트 타입이 서로 다른 getValue와 setValue 메서드가 여러 개 있다면, 같은 이름의 메서드 중 상황에 맞는 하나를 선택하게 됩니다. 이 원리를 창의적으로 사용할 수 있습니다. 예를 들어 여러 가지 뷰에서 사용할 수 있는 위임자가 하나 있고, 컨텍스트에서 제공하는 정보에 따라 다르게 동작해야 할 때가 있습니다.

```
// 위임자용 클래스 정의
class SwipeRefreshBinderDelegate(val id: Int) {
    private var cache: SwipeRefreshLayout? = null

    // 컨텍스트에서 Activity 제공 시 호출
    operator fun getValue(
        activity: Activity,
        prop: KProperty<*>
    ): SwipeRefreshLayout {
        return cache ?: activity
            .findViewById<SwipeRefreshLayout>(id)
```

```
            .also { cache = it }
    }

    // 컨텍스트에서 Fragment 제공 시 호출
    operator fun getValue(
        fragment: Fragment,
        prop: KProperty<*>
    ): SwipeRefreshLayout {
        return cache ?: fragment.view
            .findViewById<SwipeRefreshLayout>(id)
            .also { cache = it }
    }
}
```

커스텀 프로퍼티 위임자 구현

객체를 프로퍼티 위임자로 사용하기 위해서는 연산자가 필요합니다. val 프로퍼티용으로는 getValue 연산자가, var 프로퍼티용으로는 getValue와 setValue 연산자가 있으면 됩니다. getValue와 setValue는 연산자이므로 operator 제어자가 필요합니다. 이 연산자들은 thisRef와 property라는 매개변수를 받습니다. thisRef는 어떤 타입이든 될 수 있고(대부분은 Any?입니다), property의 타입은 KProperty<*>입니다. setValue 연산자는 설정할 값인 value도 추가로 받습니다. value의 타입은 프로퍼티와 같거나 그 슈퍼타입이어야 합니다. getValue의 결과 타입도 프로퍼티의 타입과 같거나 슈퍼타입이어야 합니다.

```
class EmptyPropertyDelegate {
    operator fun getValue(
        thisRef: Any?,
        property: KProperty<*>
    ): String {
        return ""
    }

    operator fun setValue(
        thisRef: Any?,
        property: KProperty<*>,
        value: String
    ) {
        // 아무 일도 하지 않습니다.
```

```
    }
}

val p1: String by EmptyPropertyDelegate()
var p2: String by EmptyPropertyDelegate()
```

연산자 메서드는 멤버 함수일 수도 있지만, 확장 함수가 될 수도 있습니다. 예를 들어, Map<String, *>은 표준 라이브러리에 정의된 다음의 확장 함수 덕분에 프로퍼티 위임자로 사용할 수 있습니다. Map<String, *>을 위임자로 사용하는 방법은 조금 뒤에 살펴보겠습니다.

```
// 코틀린 표준 라이브러리의 함수
inline operator fun <V, V1 : V> Map<in String, V>
    .getValue(thisRef: Any?, property: KProperty<*>): V1 =
    getOrImplicitDefault(property.name) as V1

fun main() {
    val map: Map<String, Any> = mapOf(
        "name" to "Marcin",
        "kotlinProgrammer" to true
    )

    val name: String by map
    val kotlinProgrammer: Boolean by map
    print(name)                // Marcin
    print(kotlinProgrammer)  // true

    val incorrectName by map
    println(incorrectName)  // 예외 발생
}
```

위임자를 정의할 때 코틀린 표준 라이브러리의 ReadOnlyProperty 인터페이스 (val 프로퍼티용)나 ReadWriteProperty 인터페이스(var 프로퍼티용)를 구현하면 도움이 됩니다. 두 인터페이스에는 올바른 매개변수가 갖춰진 getValue와 setValue가 정의되어 있습니다.

```
fun interface ReadOnlyProperty<in T, out V> {
    operator fun getValue(
        thisRef: T,
        property: KProperty<*>
```

```
    ): V
}

interface ReadWriteProperty<in T, V>: ReadOnlyProperty<T,V>{
    override operator fun getValue(
        thisRef: T,
        property: KProperty<*>
    ): V

    operator fun setValue(
        thisRef: T,
        property: KProperty<*>,
        value: V
    )
}
```

 두 인터페이스가 제네릭 변성 제어자를 어떻게 사용하는지 확인해 보세요. 타입 매개
변수 T는 in-위치에서만 사용되므로 반공변인 in 제어자가 붙어 있습니다. ReadOnly
Property 인터페이스는 타입 매개변수 V를 out-위치에서만 사용하므로 공변인 out 제
어자를 지정했습니다.

ReadOnlyProperty와 ReadWriteProperty는 모두 두 개의 타입 인수가 필요합니
다. 첫 번째 인수는 리시버의 타입으로, 주로 Any?가 쓰입니다. 이 매개변수 덕
분에 프로퍼티 위임자를 어떤 컨텍스트에서든 사용할 수 있습니다. 두 번째 인
수는 프로퍼티 값의 타입입니다. 특정 타입의 프로퍼티들을 대신할 프로퍼티
위임자를 정의하였으면, 여기서 타입을 설정합니다. 이 두 번째 타입 인수 위
치에 제네릭 타입 매개변수를 사용할 수도 있습니다.

```
private class LoggingProperty<T>(
    var value: T
) : ReadWriteProperty<Any?, T> {
    override fun getValue(
        thisRef: Any?,
        property: KProperty<*>
    ): T {
        println("${property.name} getter returned $value")
        return value
    }
```

```
    override fun setValue(
        thisRef: Any?,
        property: KProperty<*>,
        value: T
    ) {
        val name = property.name
        println("$name changed from ${this.value} to $value")
        this.value = value
    }
}
```

위임자 제공하기

일을 다른 이에게 위임하면 그 사람은 자신이 직접 수행하는 대신 또 다른 누군가에게 위임할 수도 있습니다. 코틀린에서도 객체를 이런 방식으로 만들 수 있습니다. 예를 들어, 객체가 자신의 일을 위임할 또 다른 객체(위임자)를 반환하는 provideDelegate 메서드를 정의할 수 있습니다.

```
import kotlin.reflect.KProperty

// 위임자용 클래스
class LoggingProperty<T>(var value: T) {
    operator fun getValue(
        thisRef: Any?,
        prop: KProperty<*>
    ): T {
        println("${prop.name} getter returned $value")
        return value
    }

    operator fun setValue(
        thisRef: Any?,
        prop: KProperty<*>,
        newValue: T
    ) {
        val name = prop.name
        println("$name changed from $value to $newValue")
        value = newValue
    }
}
```

```
class LoggingPropertyProvider<T>(
    private val value: T
) {
    operator fun provideDelegate(   // 위임자 객체 반환
        thisRef: Any?,
        property: KProperty<*>
    ): LoggingProperty<T> = LoggingProperty(value)
}

var token: String? by LoggingPropertyProvider(null)
var attempts: Int by LoggingPropertyProvider(0)

fun main() {
    token = "AAA"    // token changed from null to AAA
    val res = token  // token getter returned AAA
    println(res)     // AAA
}
```

provideDelegate는 by 키워드 다음의 객체가 직접 위임자로 사용되지 않는다
는 점에서 아주 유용합니다. 이 점을 이용하여 불변 객체가 변경 가능한 위임
자를 제공할 수도 있습니다.

예를 준비했습니다. 설정 파일에 담긴 값들의 조작을 쉽게 해 주는 라이브
러리를 구현한다고 생각해 봅시다.[3] 라이브러리를 사용하는 법은 다음과 같습
니다.

```
object UserPref : PreferenceHolder() {
    var splashScreenShown: Boolean by bindToPreference(true)
    var loginAttempts: Int by bindToPreference(0)
}
```

bindToPreference 함수는 프로퍼티 위임자로 사용할 수 있는 객체를 반환합니
다. 하지만 PreferenceHolder 스코프에서 Int 또는 Boolean을 위임자로 사용하
게 만들 수 있을까요? 위임자를 사용하는 것은 다음과 같이 값을 할당하는 것
과 비슷합니다.

---

3 비슷한 기능을 하는 라이브러리는 실제로 많이 존재합니다. 지금의 에는 제가 몇 년 전에 출시한
   PreferenceHolder 라이브러리(*https://github.com/MarcinMoskala/PreferenceHolder*)를 단순화한 것
   입니다.

```
object UserPref : PreferenceHolder() {
    var splashScreenShown: Boolean by true
    var loginAttempts: Int by 0
}
```

하지만 위임자를 이용하면 값을 할당하는 것과 별개로 추가 작업을 수행할 수 있습니다. 예를 들어 프로퍼티의 값을 설정 파일의 값에 바인딩할 수 있습니다.

 Int와 Boolean은 위임자로 사용되도록 구현되지 않았기 때문에 위임자로 사용하면 문제가 됩니다. 설정 파일의 값을 직접 조작하도록 getValue와 setValue를 구현할 수는 있지만, 값을 캐싱하기는 어렵습니다. 이 고민을 해결해 줄 가장 간단한 방법은 Int와 Boolean용으로 provideDelegate 확장 함수를 구현하는 것입니다. 이렇게 하면 Int와 Boolean의 값을 by 오른쪽에 명시하여 위임자처럼 사용할 수 있습니다. 하지만 Int와 Boolean 값 자체가 위임자로 쓰이는 것은 아닙니다.

```
abstract class PreferenceHolder {
    operator fun Boolean.provideDelegate(   // Boolean용 확장 함수
        thisRef: Any?,
        property: KProperty<*>
    ) = bindToPreference(this)

    operator fun Int.provideDelegate(        // Int용 확장 함수
        thisRef: Any?,
        property: KProperty<*>
    ) = bindToPreference(this)

    inline fun <reified T : Any> bindToPreference(
        default: T
    ): ReadWriteProperty<PreferenceHolder, T> = TODO()
}
```

다음과 같이 provideDelegate 함수의 인수와 결과 타입을 미리 적절하게 정의해 둔 PropertyDelegateProvider 인터페이스를 사용할 수도 있습니다. Property DelegateProvider는 타입 매개변수를 두 개 받습니다. 하나는 리시버 참조 타입이고, 다른 하나는 위임하는 프로퍼티의 타입입니다.

```
class LoggingPropertyProvider<T>(
    private val value: T
) : PropertyDelegateProvider<Any?, LoggingProperty<T>> {
    override fun provideDelegate(
        thisRef: Any?,
        property: KProperty<*>
    ): LoggingProperty<T> = LoggingProperty(value)
}
```

 저는 원시 값을 위임자로 사용하는 것을 좋아하지 않습니다. 원시 값 대신 함수 이름을 명
시해야 코드 가독성이 좋아지기 때문입니다. 하지만 provideDelegate를 활용하는 더
나은 예를 찾지 못했습니다.

코틀린 표준 라이브러리의 프로퍼티 위임자

코틀린은 다음과 같은 표준 프로퍼티 위임자를 제공합니다.

- Delegates.notNull
- lazy
- Delegates.observable
- Delegates.vetoable
- Map<String, T>와 MutableMap<String, T>

각각에 대해 살펴보고 사용 예도 확인해 봅시다.

notNull 위임자

가장 간단한 프로퍼티 위임자부터 시작하겠습니다. 코틀린 표준 라이브러리에
정의된 Delegates 객체의 notNull 메서드를 사용해 만든 예입니다. lateinit을
대체할 수 있는 방법으로, notNull로 위임된 프로퍼티는 일반 프로퍼티처럼 동
작하지만 초깃값이 없습니다. 따라서 값이 설정되기 전에 값을 얻으려고 하면
예외가 발생합니다.

```
import kotlin.properties.Delegates

var a: Int by Delegates.notNull()
var b: String by Delegates.notNull()

fun main() {
    a = 10
    println(a)  // 10
    a = 20
    println(a)  // 20
    println(b)  // IllegalStateException:
    // 프로퍼티 b의 값을 얻기 전에 초기화되어야 합니다.
}
```

lateinit 프로퍼티가 notNull 위임자보다 빠르기 때문에, 더 나은 성능을 얻
으려면 lateinit 프로퍼티를 사용해야 합니다. 하지만 현재 코틀린은 Int와
Boolean 같은 원시 타입용 lateinit 프로퍼티를 지원하지 않습니다.

```
lateinit var i: Int      // 컴파일 에러
lateinit var b: Boolean  // 컴파일 에러
```

이런 경우에 notNull 위임자를 사용합니다.

```
var i: Int by Delegates.notNull()
var b: Boolean by Delegates.notNull()
```

notNull 위임자는 값을 주입하는 프로퍼티나 DSL 빌더에서 자주 사용됩니다.

```
abstract class IntegrationTest {

    @Value("${server.port}")
    var serverPort: Int by Delegates.notNull()
    // ...
}

// DSL 빌더
fun person(block: PersonBuilder.() -> Unit): Person =
    PersonBuilder().apply(block).build()

class PersonBuilder() {
    lateinit var name: String
```

```
    var age: Int by Delegates.notNull()
    fun build(): Person = Person(name, age)
}

// DSL 사용
val person = person {
    name = "Marc"
    age = 30
}
```

연습문제: Lateinit 위임자 구현

프로퍼티를 lateinit 프로퍼티처럼 동작하게 해 주는 Lateinit 위임자를 구현
하세요. 즉, 설정된 값을 담고 있지만 초깃값은 없어도 됩니다. 그리고 값이 설
정되기 전에 게터가 호출되면 "Uninitialized lateinit property"라는 오류 메시지
를 담은 IllegalStateException을 던져야 합니다.

다음 코드는 사용 예시입니다.

```
val a by Lateinit<Int>()
a = 1
println(a)  // 1

val b by Lateinit<String>()
b = "ABC"
println(b)  // ABC

val c by Lateinit<String>()
println(c)  // IllegalStateException:
// Uninitialized lateinit property c
```

위임자는 널 가능한 타입을 지원해야 합니다.

```
val a by Lateinit<Int?>()
a = 1
println(a)  // 1
a = null
println(a)  // null
```

연습문제 깃허브 저장소의 advanced/delegates/Lateinit.kt 파일에서 단위 테스

트를 확인할 수 있습니다. 프로젝트를 로컬 환경으로 클론하여 문제를 풀어 보세요.

힌트: ReadWriteProperty<Any?, T> 인터페이스를 구현하여 프로퍼티 위임자로 만들 수 있습니다.

정답은 책 뒤편의 '연습문제 해답'에서 확인할 수 있습니다.

lazy 위임자

가장 많이 사용되는 프로퍼티 위임자는 lazy입니다. lazy 위임자는 지연 프로퍼티 패턴을 구현하여, 읽기 전용 프로퍼티가 처음으로 사용될 때까지 초기화를 하지 않도록 합니다. 다음 코드는 lazy의 사용법과 lazy 위임자가 없을 때 구현해야 할 코드를 보여 줍니다.[4]

```
// lazy 사용법
val userRepo by lazy { UserRepository() }

// lazy를 사용하지 않은 대체 코드
private var _userRepo: UserRepository? = null
private val userRepoLock = Any()
val userRepo: UserRepository
    get() {
        synchronized(userRepoLock) {
            if (_userRepo == null) {
                _userRepo = UserRepository()
            }
            return _userRepo!!
        }
    }
```

지연 위임자는 처리 비용이 큰 객체의 성능 최적화를 위해 사용됩니다. 추상적인 예를 먼저 보겠습니다. 초기화 비용이 큰 클래스 B, C, D로 구성된 클래스 A가 있다고 합시다. 무거운 객체 여러 개를 초기화해야 하므로 A 인스턴스의 초기화 비용은 아주 비쌀 것입니다.

---

4 lazy의 실제 구현 코드는 동시성을 안전하게 다루기 위해 동기화를 지원하므로 예제 코드보다 더 복잡합니다.

```
class A {
    val b = B()
    val c = C()
    val d = D()
    // ...
}
```

이럴 때 b, c, d를 지연 프로퍼티로 만들어 A의 초기화 부담을 줄일 수 있습니
다. 지연 프로퍼티로 만들면 실제로 사용되기 전까지는 값이 초기화되지 않습
니다. 프로퍼티를 사용하지 않는다면 연관된 클래스들의 인스턴스가 초기화될
일도 없습니다. 클래스가 생성되는 데 걸리는 시간을 줄여 주기 때문에 애플리
케이션의 시작 시간과 테스트 실행 시간 또한 줄어듭니다.

```
class A {
    val b by lazy { B() }
    val c by lazy { C() }
    val d by lazy { D() }
    // ...
}
```

지금의 예를 더 실용적으로 바꿔 봅시다. 우선 A는 직접 설계한 언어로 작성된
파일을 파싱하는 OurLanguageParser이며, B, C, D는 복잡한 정규식의 파서로 초
기화 비용이 비쌉니다.

```
class OurLanguageParser {
    val cardRegex by lazy { Regex("...") }
    val questionRegex by lazy { Regex("...") }
    val answerRegex by lazy { Regex("...") }
    // ...
}
```

정규식은 문서를 처리할 때 아주 유용한 표기법입니다. 하지만 정규식 정의는
매우 복잡해질 수 있어서 파싱하는 비용이 비쌉니다. '정규식 파싱'이라고 하면
《코틀린 아카데미: 이펙티브 코틀린》에서 소개한 아주 유명한 예가 떠오릅니
다. 정규식을 사용해 문자열이 유효한 IP 주소를 포함하는지 결정하는 함수를
생각해 봅시다.

```
fun String.isValidIpAddress(): Boolean {
```

```
        return this.matches(
            ("\\A(?:(?:25[0-5]|2[0-4][0-9]|" +
            "[01]?[0-9][0-9]?)\\.){3}(?:25[0-5]|2[0-4][0-9]|" +
            "[01]?[0-9][0-9]?)\\z").toRegex()  // Regex 객체 생성
        )
}

// 사용법
print("5.173.80.254".isValidIpAddress())  // true
```

이 함수의 가장 큰 문제는 사용할 때마다 Regex 객체를 만들어야 한다는 점입니다. 정규식 패턴 컴파일은 복잡하기 때문에 Regex 객체를 생성하면 성능에 영향을 줄 수 있으므로, 성능이 중요한 코드에서 반복 사용하기에는 적절하지 않습니다. 정규식을 최상위로 끌어올려 성능을 개선할 수 있습니다.

```
private val IS_VALID_IP_REGEX = "\\A(?:(?:25[0-5]|2[0-4]" +
    "[0-9]|[01]?[0-9][0-9]?)\\.){3}(?:25[0-5]|2[0-4][0-9]|"+
    "[01]?[0-9][0-9]?)\\z".toRegex()

fun String.isValidIpAddress(): Boolean =
    matches(IS_VALID_IP_REGEX)
```

이렇게 되면 파일을 처음으로 초기화할 때 정규식이 초기화됩니다. 그래서 이 파일이 (다른 함수 또는 프로퍼티처럼) 더 많은 요소를 포함하고 있다면 여전히 문제를 일으킵니다. 정규식을 초기화하느라 불필요하게 다른 요소의 사용이 느려지게 됩니다. 따라서 IS_VALID_IP_REGEX를 지연 프로퍼티로 만드는 것이 좋습니다.

```
private val IS_VALID_IP_REGEX by lazy {
    ("\\A(?:(?:25[0-5]|2[0-4][0-9]|[01]?[0-9][0-9]?)\\.){3}" +
    "(?:25[0-5]|2[0-4][0-9]|[01]?[0-9][0-9]?)\\z").toRegex()
}

fun String.isValidIpAddress(): Boolean =
    matches(IS_VALID_IP_REGEX)
```

다양한 상황에서 이 기법[5]이 사용됩니다. 데이터 클래스의 계산된 프로퍼티 (computed property)[6]의 비용이 큰 경우를 생각해 보세요. 예를 들면, 다음 코드의 User 클래스는 fullDisplay라는 계산된 프로퍼티를 제공합니다. full Display는 다른 여러 프로퍼티와 프로젝트 설정에 의존하여 처리 과정이 상당히 복잡하다고 해 봅시다. fullDisplay를 일반 프로퍼티로 정의하면 새로운 User 인스턴스가 생성될 때마다 계산되는데, 이는 불필요한 비용이 될 수 있습니다.

```
data class User(
    val name: String,
    val surname: String,
    val pronouns: Pronouns,
    val gender: Gender,
    // ...
) {
    val fullDisplay: String = produceFullDisplay()

    fun produceFullDisplay(): String {
        println("Calculating...")
        // ... (복잡한 로직)
        return "XYZ"
    }
}

fun test() {
    val user = User(...)        // Calculating...
    val copy = user.copy()      // Calculating...
    println(copy.fullDisplay)   // XYZ
    println(copy.fullDisplay)   // XYZ
}
```

fullDisplay를 게터를 사용해 정의하면 사용될 때마다 다시 계산되며, 마찬가지로 불필요한 비용이 발생합니다.

---

5 이 기법을 메모이제이션(memoization)이라고도 합니다. 메모이제이션은 컴퓨터 프로그램이 동일한 계산을 반복해야 할 때, 이전에 계산한 값을 메모리에 저장해 둠으로써 동일한 계산의 반복 수행 없이 프로그램 실행 속도를 높이는 기술입니다.

6 계산된 프로퍼티란 값이 다른 프로퍼티에 의해 정해지기 때문에 이용할 때마다 값을 다시 계산하는 프로퍼티를 의미합니다.

```kotlin
data class User(
    val name: String,
    val surname: String,
    val pronouns: Pronouns,
    val gender: Gender,
    // ...
) {
    val fullDisplay: String
        get() = produceFullDisplay()

    fun produceFullDisplay(): String {
        println("Calculating...")
        // ...
        return "XYZ"
    }
}

fun test() {
    val user = User(...)
    val copy = user.copy()
    println(copy.fullDisplay)  // Calculating... XYZ
    println(copy.fullDisplay)  // Calculating... XYZ
}
```

지연 프로퍼티는 다음과 같은 프로퍼티에 적합합니다.

- 읽기만 가능합니다(lazy는 val에서만 사용할 수 있습니다).
- 계산이 간단하지 않습니다(간단하다면 lazy를 사용해도 큰 의미가 없습니다).
- 모든 인스턴스에서 사용하지는 않습니다(그렇지 않다면, 일반 프로퍼티를 사용하는 것이 좋습니다).
- 한 인스턴스에서 두 번 이상 사용할 가능성이 높습니다(그렇지 않다면, 게터를 사용해 정의하세요).

다음은 fullDisplay를 지연 프로퍼티로 정의한 모습입니다.

```kotlin
data class User(
    val name: String,
    val surname: String,
    val pronouns: Pronouns,
    val gender: Gender,
```

```
    // ...
) {
    val fullDisplay: String by lazy { produceFullDisplay() }

    fun produceFullDisplay() {
        println("Calculating...")
        // ...
    }
}

fun test() {
    val user = User(...)
    val copy = user.copy()
    println(copy.fullDisplay)  // Calculating... XYZ
    println(copy.fullDisplay)  // XYZ
}
```

lazy 위임자를 성능 최적화용으로 사용한다면 어떤 스레드 안전 모드를 선택할지 생각해 봐야 합니다. 스레드 안전 모드는 lazy에 mode 인수를 추가하여 지정합니다. 이 인수의 타입은 열거형인 LazyThreadSafetyMode이며, 다음과 같은 옵션을 제공합니다.

- SYNCHRONIZED: 기본값이며 가장 안전합니다. 락을 사용하여 반드시 하나의 스레드가 위임자 인스턴스를 초기화하도록 보장합니다. 동기화 과정에서 성능 비용이 발생하므로 가장 느린 옵션입니다.
- PUBLICATION: 초기화되지 않은 위임자 인스턴스 값에 동시에 접근할 경우 초기화 함수가 여러 번 호출될 수 있지만, 가장 먼저 반환된 값을 위임자 인스턴스의 값으로 사용합니다. 위임자를 하나의 스레드에서만 사용한다면 SYNCHRONIZED보다 약간 빠르게 처리할 수 있습니다. 하지만 여러 스레드가 사용한다면 값이 초기화되기 전까지 똑같은 값을 여러 번 계산하는 비용이 발생합니다.
- NONE: 가장 빠른 옵션이며, 동기화를 전혀 하지 않습니다. 따라서 여러 스레드가 인스턴스에 접근한다면 어떤 일이 벌어질지 알 수 없습니다. 둘 이상의 스레드에 의해 초기화되지 않는다는 확신이 있을 때만 사용해야 합니다.

```kotlin
val v1 by lazy { calculate() }
val v2 by lazy(LazyThreadSafetyMode.PUBLICATION){calculate()}
val v3 by lazy(LazyThreadSafetyMode.NONE) { calculate() }
```

지금까지의 예에서는 lazy를 성능 최적화용으로 사용했지만, lazy를 사용해야 할 이유가 더 있습니다. 제가 안드로이드에서 코틀린을 사용하기 시작한 지 얼마 되지 않았을 때의 이야기를 해 보겠습니다. 2015년 정도였습니다. 코틀린은 아직 안정화된 버전이 아니었고, 코틀린 커뮤니티는 일상 업무에 코틀린 기능을 활용할 방법을 만들고 있었습니다. 안드로이드에는 액티비티(Activity)라는 개념이 있는데, 화면에 보이는 뷰를 정의하는 윈도우라고 생각하면 비슷합니다. 액티비티를 정의하면 전통적인 방식으로 XML 파일을 사용하고 있었습니다. 그런데 액티비티를 나타내는 '클래스'는 텍스트나 자신의 프로퍼티를 프로그래밍적으로 수정하여 (XML을 직접 수정하지 않고) 뷰를 조작합니다. 특정 뷰 원소를 바꾸려면 해당 원소를 참조해야 하지만, setContentView 함수로 뷰를 설정하기 전에 참조할 수는 없습니다. 따라서 뷰 원소의 참조를 lateinit 프로퍼티로 정의해 두고, 컨텐트 뷰(content view)를 설정한 다음 곧바로 적절한 뷰 원소와 연결시키는 방식이 표준 관행으로 자리 잡았습니다.

```kotlin
class MainActivity : Activity() {
    lateinit var questionLabelView: TextView
    lateinit var answerLabelView: EditText
    lateinit var confirmButtonView: Button

    override fun onCreate(savedInstanceState: Bundle?) {
        super.onCreate(savedInstanceState)
        setContentView(R.layout.activity_main)  // 뷰 설정

        // 뷰 원소와 연결
        questionLabelView = findViewById(R.id.main_question_label)
        answerLabelView = findViewById(R.id.main_answer_label)
        confirmButtonView = findViewById(R.id.main_button_confirm)
    }
}
```

완벽하다고 볼 수는 없지만, 이 패턴이 거의 모든 안드로이드 애플리케이션에서 쓰였습니다(지금도 종종 볼 수 있습니다). 단 한 번만 초기화됨에도 불구하

고 읽기-쓰기가 모두 가능한 lateinit 프로퍼티를 여러 개 정의해야 합니다. 프로퍼티 정의와 할당이 분리되어 있습니다. 코드의 다른 부분에서 프로퍼티를 사용하지 않더라도, 할당할 때 사용되었다고 보기 때문에 IDE가 '사용되지 않는 프로퍼티'라고 알려 주지 않습니다. 개선할 점이 정말 많습니다. 다행히 해결책은 간단합니다. 프로퍼티를 지연 초기화하고 싶다면 프로퍼티 정의 바로 옆에 초기화 방법을 정의해 둘 수 있습니다.

```
class MainActivity : Activity() {
    val questionLabelView: TextView by
        lazy { findViewById(R.id.main_question_label) }
    val answerLabelView: TextView by
        lazy { findViewById(R.id.main_answer_label) }
    val confirmButtonView: Button by
        lazy { findViewById(R.id.main_button_confirm) }

    override fun onCreate(savedInstanceState: Bundle) {
        super.onCreate(savedInstanceState)
        setContentView(R.layout.main_activity)
    }
}
```

lazy 위임자를 사용하면 프로퍼티가 처음 사용될 때까지 아이디로 뷰를 찾는 작업이 미뤄지므로 컨텐트 뷰가 설정된 후에 초기화될 것입니다. 이전 방법에서도 보여 준 패턴이라서 여기서 적용하지 않을 이유가 없습니다. 지연 초기화 외에도 중요한 개선점이 몇 개 더 있습니다. 뷰 참조를 저장하는 프로퍼티는 읽기만 가능하고, 초기화와 정의가 한 곳에 모여 있으며, IDE가 사용하지 않은 프로퍼티를 알려 줍니다. 성능상 이점도 있습니다. 사용하지 않는 뷰 참조는 뷰 원소와 연결되지 않으므로 비용이 많이 들 수도 있는 findViewById를 실행하지 않게 됩니다.

더 나아가, 이 패턴을 발전시켜 lazy 위임자를 정의하여 아이디로 뷰를 찾는 부분을 함수로 추출할 수도 있습니다. 제가 공동으로 만든 프로젝트에서는 다음과 같이 bindView라는 위임자 함수를 사용했는데, 뷰 참조가 아주 명확하고 일관되며 가독성도 높여 주었습니다.

```
class MainActivity : Activity() {
```

```
    var questionLabelView: TextView by
        bindView(R.id.main_question_label)
    var answerLabelView: TextView by
        bindView(R.id.main_answer_label)
    var confirmButtonView: Button by
        bindView(R.id.main_button_confirm)

    override fun onCreate(savedInstanceState: Bundle) {
        super.onCreate(savedInstanceState)
        setContentView(R.layout.main_activity)
    }
}

// ActivityExt.kt
fun <T : View> Activity.bindView(viewId: Int) =
    lazy { this.findViewById<T>(viewId) }
```

문자열이나 색상 같은 다른 참조와 바인딩할 때도 이 패턴을 사용하기 시작했
습니다. 하지만 제가 가장 좋아하는 방법은 지금도 제 프로젝트에서 사용하고
있는 '액티비티 인수 바인딩'입니다. 모든 액티비티 프로퍼티가 키와 함께 액티
비티 정의 상단에 정의되어 있으면 아주 편리하기 때문입니다.

```
class SettingsActivity : Activity() {
    private val titleString by bindString(R.string.title)
    private val blueColor by bindColor(R.color.blue)
    private val doctor by extra<Doctor>(DOCTOR_KEY)
    private val title by extraString(TITLE_KEY)
    override fun onCreate(savedInstanceState: Bundle?) {
        super.onCreate(savedInstanceState)
        setContentView(R.layout.settings_activity)
    }
}

// ActivityExt.kt
fun <T> Activity.bindString(@IdRes id: Int): Lazy<T> =
    lazy { this.getString(id) }
fun <T> Activity.bindColor(@IdRes id: Int): Lazy<T> =
    lazy { this.getColour(id) }
fun <T : Parcelable> Activity.extra(key: String) =
    lazy { this.intent.extras.getParcelable(key) }
fun Activity.extraString(key: String) =
    lazy { this.intent.extras.getString(key) }
```

백엔드 애플리케이션에서도 구동(startup) 단계에서가 아닌, 처음으로 사용될 때 초기화되어야 하는 프로퍼티에 지연 위임자를 사용할 수 있습니다. 가장 간단한 예는 로컬 데이터베이스 연결입니다.

지금까지 본 것처럼 lazy는 주로 성능 최적화에 쓰이는 강력한 위임자를 만들어 주지만, 코드 간소화 목적으로 사용할 수도 있습니다. 다음의 간단한 문제를 끝으로 이번 절을 마치겠습니다.[7]

```
class Lazy {
    var x = 0
    val y by lazy { 1 / x }

    fun hello() {
        try {
            print(y)
        } catch (e: Exception) {
            x = 1
            print(y)
        }
    }
}

fun main(args: Array<String>) {
    Lazy().hello()
}
```

어떤 값이 출력될까요? 더 읽기 전에 답을 생각해 보세요.

답을 이해하려면 다음 세 가지를 생각해 봐야 합니다.

1. 위임자에서 발생한 예외는 접근자 바깥으로 전파됩니다.

2. lazy 위임자는 우선 이전에 계산한 값을 반환하려고 합니다. 값이 저장되어 있지 않다면 람다 표현식으로 값을 계산합니다. 지금 코드에서는 y를 처음 사용할 때 x의 값이 0이므로 람다 표현식에서 예외가 발생합니다. 이처럼 계산 과정에서 예외가 발생하면 값이 저장되지 않고, 다음에 값을 또 요

---

7 저는 안톤 케크스(Anton Keks)의 발표에서 이 문제를 처음 접하였으며, 그의 리포지터리에서도 확인할 수 있습니다. 그래서 안톤이 이 문제를 만들었다고 추측합니다.

청하면 처리 과정이 다시 시작됩니다.

3. 코틀린의 람다 표현식에서 외부 변수를 캡처[8]하면, 자동으로 해당 변수의 주소에 저장된 값을 가지고 옵니다. 지금 코드에서는 람다 표현식 내부에서 x를 참조할 때마다 x의 현재 값을 얻게 됩니다. 그리고 람다 표현식을 두 번째 부를 때 x는 1이므로, 계산 결과는 1입니다.

따라서 정답은 1입니다.

연습문제: 블로그 포스트 프로퍼티

프로젝트에서 사용 중인 BlogPost 클래스에는 블로그의 제목, 본문, 작성자 세부사항을 담고 있습니다. 이번 과제는 다음 프로퍼티들을 추가하여 BlogPost 클래스를 개선하는 것입니다.

- authorName: 작성자의 이름과 성을 조합한 문자열입니다. 예를 들어, 작성자의 이름이 "John"이고 성이 "Smith"면 이 프로퍼티의 값은 "John Smith"입니다. 블로그 포스트 객체에서 이 프로퍼티를 빈번하게 사용한다고 가정합니다.
- wordCount: 블로그 본문에 쓰인 단어의 수를 뜻하는 정숫값입니다. 계산 비용이 크고, 블로그 포스트 객체마다 두 번 이상 사용한다고 가정합니다.
- isLongRead: 블로그 본문이 1000자가 넘는지를 나타내는 불 값입니다. 블로그 포스트 객체마다 최대 한 번만 사용한다고 가정합니다.
- summary: generateSummary 함수로 계산되는 문자열입니다. 이 객체는 계산 비용이 크기 때문에, 두 번 이상 계산하는 건 비효율적입니다.

이 프로퍼티들을 어떻게 구현할지 정해야 합니다. 선택지는 다음과 같습니다.

- 값으로 정의되는 val 프로퍼티
- 게터로 정의되는 val 프로퍼티
- 지연 프로퍼티

8 (옮긴이) 람다 표현식에서의 캡처란 람다 표현식 외부에서 정의한 변수를 사용하는 걸 말합니다.

시작 코드는 다음과 같습니다.

```
data class BlogPost(
    val title: String,
    val content: String,
    val author: Author,
) {
    // TODO: 여기에 프로퍼티를 추가하세요.
    private fun generateSummary(content: String): String =
        content.take(100) + "..."
}

data class Author(
    val key: String,
    val name: String,
    val surname: String,
)
```

연습문제 깃허브 저장소의 advanced/delegates/Lazy.kt 파일에서 시작 코드를 확인할 수 있습니다. 프로젝트를 로컬 환경으로 클론하여 문제를 풀어 보세요.
정답은 책 뒤편의 '연습문제 해답'에서 확인할 수 있습니다.

observable 위임자

다음으로 소개할 코틀린 표준 라이브러리의 중요한 위임자는 Delegates 객체의 observable입니다. 이 위임자는 프로퍼티를 일반적인 프로퍼티처럼 동작하게 해 주지만, 세터가 호출될 때마다 실행될 함수를 추가로 지정합니다.

```
var name: String by
    Delegates.observable("Empty") { prop, old, new ->
        println("$old -> $new")
    }

fun main() {
    name = "Martin"  // Empty -> Martin
    name = "Igor"    // Martin -> Igor
    name = "Igor"    // Igor -> Igor
}
```

이 코드의 람다 표현식에서는 프로퍼티 참조, 바뀌기 전의 값, 새로운 값을 매

개변수로 받습니다. observable 위임자는 다음의 세터로 대체할 수 있습니다.[9]

```
var prop: SomeType by Delegates.observable(initial, operation)

// 다음의 세터로 대체할 수 있습니다.
var prop: SomeType = initial
    set(newValue) {
        field = newValue
        operation(::prop, field, newValue)
    }
```

참고로, 객체 선언에 포함된 요소는 직접 임포트하여 (객체를 거치지 않고) 곧 바로 사용할 수 있습니다. 이를 정적 임포트(static import)라고 합니다. 다음 코드는 Delegates 객체 선언에 포함된 observable 요소를 정적 임포트하여 사용하는 예입니다.

```
import kotlin.properties.Delegates.observable  // 정적 임포트

val prop: SomeType by observable(initial, operation)
```

프로퍼티 값이 바뀔 때마다 특정 동작을 해야 할 때 observable 위임자를 사용합니다. 예를 들면, 값이 변할 때 로그를 남기는 경우입니다.

```
val status by observable(INITIAL) { _, old, new ->
    log.info("Status changed from $old to $new")
}
```

이렇게 하면 프로퍼티가 변경될 때마다 로그로 출력하여 쉽게 추적할 수 있습니다. 안드로이드에서는 프로퍼티가 변경되어 뷰를 갱신할 때 observable 위임자를 자주 사용합니다. 예를 들어, (리스트의 원소들 중 어느 원소를 어떻게 화면에 그릴지를 정하는 클래스인) 리스트 어댑터를 구현할 때 리스트의 원소가 변할 때마다 뷰를 다시 그려야 합니다. 저는 이 과정을 자동화하기 위해 observable 위임자를 자주 사용합니다.

---

9 사실 observable 위임자가 동기화 측면에서 더 낫기 때문에 모든 경우에 가능하지는 않습니다. 지금은 간단한 코드를 통해 observable이 일반적으로 어떻게 동작하는지를 설명하겠습니다.

```
var elements by observable(elements) { _, old, new ->
    if (new != old) notifyDataSetChanged()
}
```

지금의 예처럼 observable 위임자는 프로퍼티가 변경될 때마다 실행할 동작이
있을 경우에 주로 쓰입니다. 이를 응용하여, 관찰 가능한 프로퍼티가 변경될
때마다 관찰자를 실행하는 클래스를 구현할 수 있습니다.

```
import kotlin.properties.Delegates.observable

class ObservableProperty<T>(initial: T) {
    private var observers: List<(T) -> Unit> = listOf()

    var value: T by observable(initial) { _, _, new ->
        // 등록되어 있는 관찰자들 실행
        observers.forEach { it(new) }
    }

    // 관찰자 추가
    fun addObserver(observer: (T) -> Unit) {
        observers += observer
    }
}

fun main() {
    val name = ObservableProperty("")
    name.addObserver { println("Changed to $it") }
    name.value = "A"  // Changed to A

    name.addObserver { println("Now it is $it") }
    name.value = "B"
    // Changed to B
    // Now it is B
}
```

observable 위임자를 사용하여, 한 프로퍼티를 변경하면 다른 프로퍼티 또는
애플리케이션 상태에 영향을 줄 수도 있습니다. 저는 단방향 데이터 바인딩
(unidirectional data binding)을 구현할 때 observable 위임자를 사용했습니다.
예를 들어, 상태가 바뀌면 뷰도 바뀌는 프로퍼티를 정의하고자 하는 경우입니
다. 다음 코드의 drawerOpen 프로퍼티는 값을 true로 설정하면 서랍을 열고,

false로 설정하면 닫습니다.[10]

```kotlin
var drawerOpen by observable(false) { _, _, open ->
    if (open) drawerLayout.openDrawer(GravityCompat.START)
    else drawerLayout.closeDrawer(GravityCompat.START)
}
```

프로퍼티 위임자를 여러 컴포넌트에서 재사용할 수 있도록 함수로 추출할 수
도 있습니다.

```kotlin
var drawerOpen by bindToDrawerOpen(false) { drawerLayout }

fun bindToDrawerOpen(
    initial: Boolean,
    lazyView: () -> DrawerLayout
) = observable(initial) { _, _, open ->
    if (open) drawerLayout.openDrawer(GravityCompat.START)
    else drawerLayout.closeDrawer(GravityCompat.START)
}
```

또 다른 예도 준비했습니다. 책을 읽어 주는 애플리케이션에서 책 아이디와 쪽
수를 나타내는 프로퍼티가 있다고 해 봅시다. 독자가 다른 책을 읽기 시작하면
쪽 수를 초기화해야 하는데, observable 위임자를 사용해 구현할 수 있습니다.

```kotlin
import kotlin.properties.Delegates.observable

var book: String by observable("") { _, _, _ ->
    page = 0
}
var page = 0

fun main() {
    book = "TheWitcher"
    repeat(69) { page++ }
    println(book)  // TheWitcher
    println(page)  // 69

    // 읽는 책 변경
```

---

10 저는 이 패턴을 더 발전시켜 '코틀린 안드로이드 뷰 바인딩즈' 라이브러리에 도입했습니다(*https://
github.com/MarcinMoskala/KotlinAndroidViewBindings*). 하지만 최신 안드로이드 개발에서는 Live
Data와 StateFlow를 지원하고 있어서 이 패턴은 그다지 의미가 없습니다.

```
    book = "Ice"
    println(book)  // Ice
    println(page)  // 0
}
```

observable 위임자를 프로퍼티 값 자체와 상호작용할 목적으로 사용할 수도 있습니다. 예를 들어, 한 프로젝트에서 프레젠터(presenter)가 서브-프레젠터(sub-presenter)들을 포함할 수 있었습니다. 서브-프레젠터들은 수명주기가 독립적이라서 추가되거나 제거될 때 onCreate와 onDestroy 메서드를 호출해야 합니다. 이 과정을 빠뜨리지 않기 위해 서브-프레젠터들을 담은 리스트가 변경될 때마다 수행하도록 했습니다. 리스트가 변경될 때마다 새로 추가된 서브-프레젠터들의 onCreate와 제거된 프레젠터들의 onDestroy를 호출합니다.

```
var presenters: List<Presenter> by
    observable(emptyList()) { _, old, new ->
        (new - old).forEach { it.onCreate() }
        (old - new).forEach { it.onDestroy() }
    }
```

지금까지 본 것처럼 observable 위임자는 다양하게 활용할 수 있습니다.

다음 절에서는 observable과 비슷하고 유용해 보이지만, 실제로 사용되는 일은 드문 위임자를 만나보겠습니다.

vetoable 위임자

```
inline fun <T> vetoable(
    initialValue: T,
    crossinline onChange: (property: KProperty<*>, oldValue: T,
                           newValue: T) -> Boolean
): ReadWriteProperty<Any?, T>
```

'veto'는 라틴어로 '금지한다'라는 뜻입니다.[11] vetoable 위임자는 observable과 아주 비슷하지만, 프로퍼티 값이 변경되는 걸 막을 수 있습니다. 따라서 vetoable의 onChange 람다 표현식은 프로퍼티 값이 변경되기 전에 실행되며,

---

11 'veto'는 역사적인 이유로 폴란드에서 잘 알려진 단어입니다. '리베룸 베토(Liberum Veto, 자유거부권)'를 검색하면 알 수 있습니다.

변경될지를 나타내는 Boolean 값을 반환합니다. onChange 람다 표현식이 true 를 반환하면 프로퍼티 값이 변경될 것이며, false를 반환하면 변경되지 않을 것입니다.

```
var prop: SomeType by Delegates.vetoable(initial, operation)

// 다음 코드로 대체할 수 있습니다.
var prop: SomeType = initial
    set(newValue) {
        if (operation(::prop, field, newValue)) {
            field = newValue
        }
    }
```

다음은 실제 사용 예입니다.

```
import kotlin.properties.Delegates.vetoable

var smallList: List<String> by
vetoable(emptyList()) { _, _, new ->
    println(new)
    new.size <= 3  // 새 리스트의 원소가 3개 이하면 변경 허용
}

fun main() {
    smallList = listOf("A", "B", "C")       // [A, B, C]
    println(smallList)                      // [A, B, C]

    // 새로 할당하는 리스트의 원소가 4개이므로 변경 불허
    smallList = listOf("D", "E", "F", "G")  // [D, E, F, G]
    println(smallList)                      // [A, B, C]

    // 새로 할당하는 리스트의 원소가 1개이므로 변경 허용
    smallList = listOf("H")                 // [H]
    println(smallList)                      // [H]
}
```

값이 특정한 조건을 만족해야 하는 프로퍼티에 vetoable 위임자를 사용할 수 있습니다. 예를 들면, 누군가 값을 바꾸려고 시도할 때 새로운 값이 유효한지 를 먼저 확인해야 하는 경우입니다. 새로운 값이 유효할 때 수행할 작업과 유 효하지 않을 때 수행할 작업을 추가할 수도 있습니다. 다음은 vetoable의 사용

법을 개념적으로 보여 주는 코드입니다.

```
var name: String by vetoable("") { _, _, new ->
    if (isValid(new)) {    // 값이 유효할 경우
        showNewName(new)   // – 새로운 값 출력
        true               // – true 반환(값 변경 허용)
    } else {               // 값이 유효하지 않을 경우
        showNameError()    // – 에러 메시지 출력
        false              // – false 반환(값 변경 불허)
    }
}
```

실제로 vetoable 위임자는 자주 사용되지는 않습니다. 하지만 애플리케이션에서 특정 상태 변화만 허용하거나 유효한 값만 필요할 경우에 사용할 수 있습니다.

```
import kotlin.properties.Delegates.vetoable

val state by vetoable(Initial) { _, _, newState ->
    if (newState is Initial) {
        log.e("Cannot set initial state")
        return@vetoable false
    }
    // ...
    return@vetoable true
}

val email by vetoable(email) { _, _, newEmail ->
    emailRegex.matches(newEmail)
}
```

위임자로 맵 사용하기

코틀린 표준 라이브러리의 마지막 위임자는 String 타입을 키로 이용하는 Map 입니다. Map을 위임자로 지정해 두면 프로퍼티 이름으로 해당 프로퍼티의 값을 얻을 수 있습니다.

```
fun main() {
    val map: Map<String, Any> = mapOf(
        "name" to "Marcin",
        "kotlinProgrammer" to true
```

```
    )
    val name: String by map
    val kotlinProgrammer: Boolean by map
    println(name)              // Marcin
    println(kotlinProgrammer)  // true
}
```

Map이 어떻게 위임자가 될 수 있을까요? 객체를 읽기 전용 프로퍼티 위임자로 사용하려면 객체가 getValue 함수를 제공해야 합니다. 그리고 Map의 경우 get Value 함수가 코틀린 표준 라이브러리의 확장 함수로 정의되어 있습니다.

```
operator fun <V, V1 : V> Map<String, V>.getValue(
    thisRef: Any?,
    property: KProperty<*>
): V1 {
    val key = property.name
    val value = get(key)
    if (value == null && !containsKey(key)) {
        throw NoSuchElementException(
            "Key ${property.name} is missing in the map."
        )
    } else {
        return value as V1
    }
}
```

그렇다면 어떤 경우에 Map을 위임자로 사용할까요? 대부분의 애플리케이션에서는 필요가 없습니다. 하지만 외부 API를 이용하다 보면 현재 규정된 키 외에, 일부 키가 나중에 동적으로 추가될 수 있는 상황에 처할 수 있습니다. 예를 들어, '이 엔드포인트는 id, displayName 등과 같은 프로퍼티가 있는 사용자 객체를 반환합니다. 프로필 페이지에서는 미리 알 수 없는 프로퍼티를 포함한 모든 프로퍼티를 순회한 뒤, 각 프로퍼티에 해당하는 적절한 뷰를 보여 주어야 한다'와 같은 상황이 그 예입니다. 이런 요구 조건이 있는 경우, Map을 사용해 객체를 나타낼 수 있으며, 추후에 알 수 있는 프로퍼티를 좀 더 쉽게 사용하기 위해 맵을 위임자로 사용할 수 있습니다.

```
class User(val map: Map<String, Any>) {
```

```
        val id: Long by map
        val name: String by map
}

fun main() {
    val user = User(
        mapOf<String, Any>(
            "id" to 1234L,
            "name" to "Marcin"
        )
    )
    println(user.name)  // Marcin
    println(user.id)    // 1234
    println(user.map)   // {id=1234, name=Marcin}
}
```

Map은 읽기 전용 인터페이스이므로, 읽기만 가능한 프로퍼티에만 사용할 수 있습니다. 쓰기까지 가능한 프로퍼티에는 MutableMap을 사용합니다. 위임된 프로퍼티 값이 변경되면 맵도 변경되며, 맵이 변경되면 프로퍼티 값도 달라지게 됩니다. MutableMap에 위임하는 건 읽고 쓸 수 있는 데이터 소스의 공유 상태에 접근하는 것과 비슷합니다.

```
class User(val map: MutableMap<String, Any>) {
    var id: Long by map
    var name: String by map
}

fun main() {
    val user = User(
        mutableMapOf(
            "id" to 123L,
            "name" to "Alek",
        )
    )

    println(user.name)  // Alek
    println(user.id)    // 123

    user.name = "Bolek"
    println(user.name)  // Bolek
    println(user.map)   // {id=123, name=Bolek}
```

```
    user.map["id"] = 456
    println(user.id)    // 456
    println(user.map)   // {id=456, name=Bolek}
}
```

변수가 동작하는 방식 복습하기

몇 년 전에 다음과 같은 문제가 코틀린 커뮤니티에서 유행했습니다. 제가 코틀
린 워크숍에서 소개하기 전에도 이 문제를 설명해 달라는 사람이 종종 있었습
니다.

```
// 도시별 인구를 제공하는 클래스
class Population(var cities: Map<String, Int>) {
    val sanFrancisco by cities  // 샌프란시스코
    val tallinn by cities       // 탈린(에스토니아의 수도)
    val kotlin by cities        // 코틀린(러시아의 섬)
}

val population = Population(
    mapOf(
        "sanFrancisco" to 864_816,
        "tallinn" to 413_782,
        "kotlin" to 43_005
    )
)

fun main(args: Array<String>) {
    // 시간이 한참 지나 인류는 이제 화성에 살고 있습니다.
    // (지구상의 도시는 모두 사라졌습니다.)
    population.cities = emptyMap()

    println(population.sanFrancisco)  // ?
    println(population.tallinn)       // ?
    println(population.kotlin)        // ?
}
```

먼저 답이 무엇인지 생각해 보세요.

이 문제의 코드는 직관적이지 않지만 확실히 올바르게 동작합니다. 단계별
로 이유를 설명하면서 답을 보여 드리겠습니다.

단순화한 예부터 시작해 봅시다. 다음 코드를 보세요.

```
fun main() {
    var a = 10
    var b = a
    a = 20
    println(b)  // ?
}
```

어떤 값이 출력될까요? 변수는 항상 (변수 자체가 아닌) 값으로 할당되기 때
문에 정답은 10입니다. 먼저 a에 10이 할당되고, b에 10이 할당됩니다. 이어
서 a에 다시 20이 할당됩니다만, b에 10이 할당되었다는 사실에는 변함이 없습
니다.

변경 가능한 객체를 도입하면 더 복잡해집니다. 다음 코드를 보세요.

```
fun main() {
    val user1 = object {
        var name: String = "Rafał"
    }
    val user2 = user1
```

```
    user1.name = "Bartek"
    println(user2.name)  // ?
}
```

어떤 값이 출력될까요? 정답은 "Bartek"입니다. 여기서 user1과 user2는 같은 객체를 참조하는데, 그 객체의 내부가 변경되었습니다.

name의 값을 변경하는 대신 user1이 참조하는 대상을 변경하면 상황은 달라집니다.

```
interface Nameable {
    val name: String
}

fun main() {
    var user1: Namable = object : Nameable {
        override var name: String = "Rafał"
    }
    val user2 = user1
```

```
    user1 = object : Nameable {
        override var name: String = "Bartek"
    }
    println(user2.name)  // ?
}
```

정답은 무엇일까요? "Rafal"입니다.

변경 가능한 리스트와 var로 참조된 읽기 전용 리스트는 모두 += 연산자로 바뀔 수 있기 때문에 둘을 비교하는 일은 특히 헷갈립니다. 먼저, 다음 코드를 보세요.

```
fun main() {
    var list1 = listOf(1, 2, 3)
    var list2 = list1
    list1 += 4
    println(list2)  // ?
}
```

어떤 값이 출력될까요? 정답은 [1, 2, 3]입니다. list1은 읽기 전용 리스트를 참조하기 때문입니다. list1 += 4는 list1 = list1 + 4를 의미하므로, 새로운 객체가 반환됩니다. 이제 다음 코드를 봅시다.

```
fun main() {
    val list1 = mutableListOf(1, 2, 3)
    val list2 = list1
    list1 += 4
    println(list2)  // ?
}
```

어떤 값이 출력될까요? 정답은 [1, 2, 3, 4]입니다. list1은 변경 가능한 리스트를 참조합니다. 이 경우에 list1 += 4는 list1.add(4)처럼 list1.plusAssign(4)를 뜻하여 같은 리스트 객체가 반환됩니다. 이제 Map을 위임자로 사용하는 경우를 봅시다.

```
fun main() {
    var map = mapOf("a" to 10)
    val a by map
    map = mapOf("a" to 20)
    println(a)  // ?
}
```

출력값이 10이라는 걸 눈치챘나요? 이와는 반대로 맵이 변경 가능하면 결과도 정반대로 나옵니다.

```
fun main() {
```

```
    val mmap = mutableMapOf("a" to 10)
    val a by mmap
    mmap["a"] = 20
    println(a)  // ?
}
```

출력값이 20이라는 걸 눈치챘나요? 다른 변수들과 일관된 방식으로 동작하며
프로퍼티가 컴파일된 결과와도 일치합니다.

```
var map = mapOf("a" to 10)
// val a by map은 다음과 같이 컴파일됩니다.
val `a$delegate` = map
val a: Int
    get() = `a$delegate`.getValue(null, ::a)

val mmap = mutableMapOf("b" to 10)
// val b by mmap은 다음과 같이 컴파일됩니다.
val `b$delegate` = mmap
val b: Int
    get() = `b$delegate`.getValue(null, ::b)

fun main() {
    map = mapOf("a" to 20)
    println(a)  // 10

    mmap["b"] = 20
    println(b)  // 20
}
```

끝으로, 처음 소개한 문제로 돌아가 봅시다. cities 프로퍼티를 변경해도 san
Francisco, tallinn, kotlin의 값에는 아무런 영향이 없다는 걸 이해했을 것입
니다. 코틀린에서는 프로퍼티를 (다른 프로퍼티에 대한 참조가 아니라) 값으로
할당하는 것처럼, 프로퍼티가 아니라 위임자에게 위임합니다.

```
// 도시별 인구를 제공하는 클래스
class Population(var cities: Map<String, Int>) {
    val sanFrancisco by cities  // 샌프란시스코
    val tallinn by cities        // 탈린(에스토니아의 수도)
    val kotlin by cities         // 코틀린(러시아의 섬)
}

val population = Population(
```

```
    mapOf(
        "sanFrancisco" to 864_816,
        "tallinn" to 413_782,
        "kotlin" to 43_005
    )
)

fun main(args: Array<String>) {
    // 시간이 한참 지나 인류는 이제 화성에 살고 있습니다.
    // (지구상의 도시는 모두 사라졌습니다.)
    population.cities = emptyMap()

    println(population.sanFrancisco)   // 864_816
    println(population.tallinn)        // 417_782
    println(population.kotlin)         // 43_005
}
```

인구를 초기화하려면 cities 맵을 변경 가능하게 만들어야 합니다. 그런 다음 population.cities.clear()로 맵을 비우면 담겨 있던 도시들이 모두 사라지기 때문에 population.sanFrancisco 코드에서 런타임 에러가 발생합니다.

요약

이번 장에서는 프로퍼티 위임의 원리와 커스텀 프로퍼티 위임자를 정의하는 법을 배웠습니다. 코틀린 표준 라이브러리에서 가장 중요한 프로퍼티 위임자인 Delegates.notNull, lazy, Delegates.observable, Delegates.vetoable, Map<String, T>, MutableMap<String, T>에 대해서도 배웠습니다.

여러분도 실무에서 이 위임자들을 유용하게 쓸 수 있기를 바랍니다.

연습문제: 뮤터블 lazy 위임자

lazy 위임자는 val 변수에만 사용할 수 있습니다. var 변수에 사용할 수 있는 MutableLazy 위임자를 구현하세요. lazy 위임자처럼 동작하지만 읽기-쓰기 프로퍼티를 지원해야 합니다. 프로퍼티 게터가 세터보다 앞서 호출되면 람다 표현식을 사용해 프로퍼티를 초기화해야 합니다. 게터가 나중에 호출되면 설정된 값을 반환해야 합니다.

다음은 사용 예시입니다.

```
fun calculate(): Int {
    print("Calculating... ")
    return 42
}

var a by mutableLazy { calculate() }
println(a)  // Calculating... 42
println(a)  // 42
a = 1
println(a)  // 1

var b by mutableLazy { calculate() }
b = 2
println(b)  // 2

fun <T> mutableLazy(
    initializer: () -> T
): ReadWriteProperty<Any?, T> = TODO()
```

연습문제 깃허브 저장소의 advanced/delegates/MutableLazy.kt 파일에서 단위 테스트를 확인할 수 있습니다. 프로젝트를 로컬 환경으로 클론하여 문제를 풀어 보세요.

정답은 책 뒤편의 '연습문제 해답'에서 확인할 수 있습니다.

4장

코틀린 컨트랙트

코틀린 컨트랙트(Kotlin Contracts)는 코틀린이 제공하는 아주 신비한 기능입니다. 대부분의 개발자는 코틀린 컨트랙트가 어떻게 동작하는지, 심지어 어떻게 정의하는지도 모른 채로 사용하고 있습니다. 코틀린 컨트랙트는 코틀린 컴파일러를 더 영리하게 만들어 주어, 개발자가 원래는 불가능한 일을 할 수 있게 해 줍니다. 코틀린 컨트랙트의 사용법은 잠시 뒤에 보기로 하고, 먼저 코틀린 표준 라이브러리 함수에서 찾을 수 있는 컨트랙트 정의부터 만나 봅시다.

```
@kotlin.internal.InlineOnly
public inline fun CharSequence?.isNullOrBlank(): Boolean {
    contract {  // 컨트랙트 정의
        returns(false) implies (this@isNullOrBlank != null)
    }
    return this == null || this.isBlank()
}

public inline fun measureTimeMillis(block: () -> Unit): Long {
    contract {  // 컨트랙트 정의
        callsInPlace(block, InvocationKind.EXACTLY_ONCE)
    }
    val start = System.currentTimeMillis()
    block()
    return System.currentTimeMillis() - start
}
```

코틀린 컨트랙트는 contract 함수로 정의하며, 현재는 최상위 함수 본문의 시작 지점에서만 사용할 수 있습니다. contract 함수는 DSL 빌더를 시작합니다. 또한 contract 함수의 형태는 다음과 같이 조금 특이합니다. 본문이 비어 있는 인라인 함수이기 때문입니다.

```
@ContractsDsl
@ExperimentalContracts
@InlineOnly
@SinceKotlin("1.3")
@Suppress("UNUSED_PARAMETER")
inline fun contract(builder: ContractBuilder.() -> Unit) {
}
```

인라인 함수 호출은 함수의 본문으로 대체됩니다.[1] 본문이 비어 있으면, 문자 그대로 함수 호출부가 아무것도 없는 것으로 대체되어 사라집니다. 호출부가 컴파일되는 도중에 사라진다면 왜 함수를 호출할 필요가 있을까요? 코틀린 컨트랙트는 컴파일러와 소통하는 통로입니다. 따라서 완전히 사라져 주는 편이 좋으며, 그렇지 않다면 오히려 컴파일된 뒤의 코드를 방해하고 느려지게 만들 것입니다.

코틀린 컨트랙트 내부에는 컴파일러가 코틀린 코드를 잘 이해하는 데 도움이 될 수 있도록 추가 정보를 명시합니다. 앞의 예에서 isNullOrBlank의 컨트랙트는 함수가 false를 반환하는 조건을 명시합니다. 덕분에 코틀린 컴파일러는 리시버가 null이 아니라고 가정할 수 있습니다. 이 정보는 스마트 캐스팅에서 사용됩니다. measureTimeMillis의 컨트랙트는 block 함수가 정확히 한 번 호출될 거라고 명시합니다. 이제부터 이런 정보가 어떤 의미를 지니는지 살펴보고 컨트랙트를 지정하는 정확한 방법도 살펴봅시다.

컨트랙트의 의미

프로그래밍 세계에서 '컨트랙트'라는 용어는 요소, 라이브러리, 서비스에 기대하는 바를 모은 정보입니다. 좀 더 구체적으로는 코드 작성자가 문서, 주석, 명

---

1 인라인 함수는 《코틀린 아카데미: 함수형 프로그래밍》의 7장 '인라인 함수'에서 자세히 설명합니다.

시적인 코드 구조로 표시한 '약속' 혹은 '계약'을 의미합니다.[2] 이런 이유로 코드 요소에 기대되는 바를 명시하는 언어 구조를 보통 컨트랙트라고 합니다. 예를 들어, C++에서도 함수 실행에 필요한 특정 조건을 명시할 때 컨트랙트라는 구조를 사용합니다.

```
// C++
int mul(int x, int y)
    [[expects: x > 0]]
    [[expects: y > 0]]
    [[ensures audit res: res > 0]] {
    return x * y;
}
```

코틀린에서는 require와 check 함수를 사용해 인수와 상태에 기대하는 조건을 명시합니다.

```
fun mul(x: Int, y: Int): Int {
    require(x > 0)
    require(y > 0)
    return x * y
}
```

하지만 컴파일러에 전달할 메시지는 어떻게 표현할까요? 애너테이션을 사용할 수도 있지만(코틀린 컨트랙트를 설계할 때 실제로 고려했던 방식입니다), DSL 보다 표현력이 훨씬 제한적입니다. 그래서 코틀린 창시자들은 함수 정의를 시작하는 DSL을 정의하였습니다. 이제부터 코틀린 컨트랙트를 사용해 무엇을 표현할 수 있는지 살펴봅시다.

인수로 받은 함수를 몇 번 호출할까?

컨트랙트의 예로, 함수 실행이 끝날 때까지 매개변수로 받은 함수 타입 인수의 호출 횟수를 보장하는 용도로 callsInPlace를 사용할 수 있습니다. 호출 횟수

---

2 이를 '계약에 의한 설계(design by contract)'라고 하며, 장점은 함수가 전제 조건에서 벗어나는 경우를 처리하지 않아도 된다는 것입니다. 베르트란트 마이어(Bertrand Meyer)가 에펠(Eiffel) 프로그래밍 언어를 설계할 때 만든 용어입니다.

는 InvocationKind 열거형의 값으로 지정합니다.

```
@kotlin.internal.InlineOnly
public inline fun <R> run(block: () -> R): R {
    contract {
        callsInPlace(block, InvocationKind.EXACTLY_ONCE)
    }
    return block()
}
```

호출 방식에는 네 가지가 있습니다.

- EXACTLY_ONCE: 정확히 한 번만 호출
- AT_MOST_ONCE: 최대 한 번 호출
- AT_LEAST_ONCE: 최소 한 번은 호출
- UNKNOWN: 호출 횟수를 명시하지 않음

callInPlace를 실행하면 정보가 컴파일러로 전달되며, 컴파일러는 다양한 상황에서 이 정보를 활용할 수 있게 됩니다. 예를 들어, 읽기 전용 변수는 재할당될 수 없지만, 초기화를 정의부와 분리할 수는 있습니다.

```
fun main() {
    val i: Int
    i = 42
    println(i)  // 42
}
```

함수형 매개변수가 정확히 한 번 호출된다면, 읽기 전용 프로퍼티를 람다 표현식 외부에서 정의하고 내부에서 초기화할 수 있습니다.

```
fun main() {
    val i: Int
    run {
        i = 42
    }
    println(i)  // 42
}
```

이어서 forceExecutionTimeMillis 함수에서 정의되고 measureTimeMillis 함수의 람다 표현식에서 초기화되는 result 변수를 생각해 봅시다. 이것이 가능한 이유는 measureTimeMillis의 block 매개변수가 정확히 한 번 호출된다고 정의되었기 때문입니다.

```kotlin
suspend fun <T, R> forceExecutionTimeMillis(
    timeMillis: Long, block: () -> R
): R {
    val result: R          // 정의(forceExecutionTimeMillis 함수 안)
    val timeTaken = measureTimeMillis {
        result = block()  // 초기화(measureTimeMillis 함수 안)
    }
    val timeLeft = timeMillis - timeTaken
    delay(timeLeft)
    return result
}

@OptIn(ExperimentalContracts::class)
inline fun measureTimeMillis(block: () -> Unit): Long {
    contract {  // block 매개변수가 한 번만 호출됨을 보장
        callsInPlace(block, InvocationKind.EXACTLY_ONCE)
    }
    val start = System.currentTimeMillis()
    block()
    return System.currentTimeMillis() - start
}
```

 컨트랙트는 여전히 실험적인 기능입니다. 여러분이 자신의 함수에서 컨트랙트를 정의하고 싶으면 앞의 코드에서처럼 ExperimentalContracts를 지정한 @OptIn 애너테이션을 사용해야 합니다. 코틀린에서 컨트랙트 기능이 없어질 가능성은 희박하지만, API는 달라질 수 있습니다.

EXACTLY_ONCE가 장점이 제일 많기 때문에 가장 많이 쓰입니다. EXACTLY_ONCE를 사용하면 읽기 전용 프로퍼티는 callsInPlace로 설정한 블록에서만 초기화할 수 있습니다. 읽기-쓰기 프로퍼티는 AT_LEAST_ONCE로 지정된 블록에서도 초기화 및 재초기화할 수 있습니다.

```
@OptIn(ExperimentalContracts::class)
fun checkTextEverySecond(callback: (String) -> Unit) {
    contract {
        callsInPlace(callback, InvocationKind.AT_LEAST_ONCE)
    }
    val task = object : TimerTask() {
        override fun run() {
            callback(getCurrentText())
        }
    }
    task.run()
    Timer().schedule(task, 1000, 1000)
}

fun main() {
    var text: String
    checkTextEverySecond {
        text = it
    }
    println(text)
}
```

> ✅ 위 코드에서 callback의 첫 번째 호출만 컨트랙트를 지정한 함수 내부에서 일어나므로,
> 컨트랙트가 완벽하게 정확한 것은 아닙니다.

callsInPlace 함수로 지정한 정보를 코틀린 컴파일러가 사용하는 또 다른 예를 봅시다. 다음 코드에는 함수 실행을 종료하는 문장(결과 타입이 Nothing인 문장[3])이 람다 표현식 내부에 존재하기 때문에 이후의 코드에는 도달할 수 없습니다. 이때 람다 표현식 외부의 문장들도 마찬가지로 도달 불가인데, 이 사실을 컴파일러가 알 수 있는 이유는 바로 컨트랙트 덕분입니다.

```
fun main() {
    run {
        println("A")
        return
        println("B")  // 도달할 수 없습니다.
    }
    println("C")       // 도달할 수 없습니다.
}
```

---

3 자세한 설명은《코틀린 아카데미: 핵심편》의 20장 '코틀린 타입 시스템의 묘미'를 참고하세요.

다음 코드에서 run 함수 정의에 컨트랙트가 쓰인 것을 확인할 수 있습니다.

```kotlin
@kotlin.internal.InlineOnly
public inline fun <R> run(block: () -> R): R {
    contract {
        callsInPlace(block, InvocationKind.EXACTLY_ONCE)
    }
    return block()
}
```

컨트랙트를 람다 표현식에서 반환하려는 목적으로 사용하는 경우를 다른 프로젝트에서도 확인할 수 있었습니다. 다음 코드의 두 함수에서 사용된 apply와 useLines 함수 또한 컨트랙트로 callsInPlace에 EXACTLY_ONCE를 사용하고 있습니다.

```kotlin
fun makeDialog(): Dialog {
    DialogBuilder().apply {
        title = "Alert"
        setPositiveButton("OK") { /*...*/ }
        setNegativeButton("Cancel") { /*...*/ }
        return create()
    }
}

fun readFirstLine(): String? = File("XYZ")
    .useLines {
        return it.firstOrNull()
    }
```

함수가 값을 반환한다는 사실을 암시하기

컨트랙트 문장의 또 다른 예로, returns 함수와 중위 implies 함수를 이용하는 형태가 있습니다. 이 형태의 컨트랙트는 함수의 결과에 기반해 특정 값의 타입을 추정하도록 해 주며, 컴파일러가 스마트 캐스팅을 수행하는 데 필요한 정보를 제공합니다.

리시버 컬렉션이 null이거나 비어 있을 경우에 true를 반환하는 isNullOrEmpty 함수를 생각해 봅시다. 다음 코드와 같이 isNullOrEmpty 함수의 컨트랙

트는 이 함수가 false를 반환할 시 리시버가 null이 아님을 컴파일러가 추론할
수 있다고 명시합니다.

```
inline fun <T> Collection<T>?.isNullOrEmpty(): Boolean {
    contract {
        returns(false) implies (this@isNullOrEmpty != null)
        // 해석: 이 함수가 false를 반환한다면
        //       this@isNullOrEmpty의 결과는 null이 아니다.
    }

    return this == null || this.isEmpty()
}

fun printEachLine(list: List<String>?) {
    if (!list.isNullOrEmpty()) {
        for (e in list) {  // list는 List<String>으로 스마트 캐스팅됩니다.
            println(e)
        }
    }
}
```

다음은 startedLoading이 true를 반환하기 때문에 리시버의 타입이 Loading임
을 컴파일러가 추론할 수 있는 예입니다.

```
@OptIn(ExperimentalContracts::class)
fun VideoState.startedLoading(): Boolean {
    contract {
        returns(true) implies (this@startedLoading is Loading)
        // 해석: 이 함수가 true를 반환한다면
        //       this@startedLoading의 결과는 Loading이다.
    }
    return this is Loading && this.progress > 0
}
```

현재는 returns 함수가 true, false, null만 인수로 받을 수 있습니다. 또한 매
개변수(또는 리시버)가 특정 타입이거나 null이 아니라는 사실만 암시할 수 있
습니다.

컨트랙트 실제로 사용하기

코틀린 표준 라이브러리의 몇몇 중요한 함수에서 컨트랙트를 정의하고 있는 덕분에 컴파일러가 영리해졌고, 우리는 그 이점을 누리고 있습니다. 어떤 개발자는 컨트랙트가 어떻게 사용되었는지 모른 채, (특이한 상황에서 변수를 스마트 캐스팅하는 일처럼) 다른 언어에서는 불가능한 기능을 코틀린이 지원하는 모습을 보고 놀라기도 합니다. 하지만 컨트랙트의 이점을 누리기 위해 컨트랙트가 어떻게 동작하는지 알 필요는 없습니다.

  최상위 함수에서 컨트랙트를 정의하는 건 라이브러리 개발자들에게도 아주 드문 일입니다. 일부 프로젝트에서 컨트랙트를 정의하기도 하지만, 대부분은 전혀 사용하지 않습니다. 하지만 컨트랙트가 큰 도움이 되는 상황이 있으니 잘 이해해 두면 유익합니다. 얀 블라디미르 모스테르(Jan Vladimir Mostert)는 '코루틴으로 코드 느리게 만들기(Slowing down your code with Coroutines)'[4]라는 글에서 특정 요청을 처리하는 데 걸리는 시간을 지정하는 기술을 설명했으며, 컨트랙트를 활용하는 좋은 예가 소개되어 있습니다. 아래 코드를 보세요. measureCoroutineTimedValue 함수는 실행 중에 계산된 값과 함께 측정된 시간을 반환해야 합니다. 시간 측정에는 measureCoroutienDuration 함수를 이용하며, 그 반환값은 Duration입니다. 한편 body의 결과를 저장할 변수를 정의해야 합니다. 이 measureCoroutineTimedValue의 본문이 동작하는 이유는 컨트랙트에서 callsInPlace와 InvocationKind.EXACTLY_ONCE를 써서 measureCoroutien Duration이 한 번만 호출된다고 정의한 덕분입니다.

```
@OptIn(ExperimentalContracts::class)
suspend fun measureCoroutineDuration(
    body: suspend () -> Unit
): Duration {
    contract {
        callsInPlace(body, InvocationKind.EXACTLY_ONCE)
    }
    val dispatcher = coroutineContext[ContinuationInterceptor]
    return if (dispatcher is TestDispatcher) {
```

---

4 *https://kt.academy/article/slowing-down-coroutines*

```
            val before = dispatcher.scheduler.currentTime
            body()
            val after = dispatcher.scheduler.currentTime
            after - before
    } else {
        measureTimeMillis {
            body()
        }
    }.milliseconds
}

@OptIn(ExperimentalContracts::class)
suspend fun <T> measureCoroutineTimedValue(
    body: suspend () -> T
): TimedValue<T> {
    contract {
        callsInPlace(body, InvocationKind.EXACTLY_ONCE)
    }
    var value: T  // body의 계산 결과를 저장할 변수
    val duration = measureCoroutineDuration {  // 시간 측정
        value = body()
    }
    return TimedValue(value, duration)
}
```

요약

코틀린 컨트랙트는 컴파일러에 유용한 정보를 명시할 수 있게 도와줍니다. 컨트랙트를 이용하면 함수를 사용하기 편리하게 정의할 수 있습니다. 코틀린 표준 라이브러리에서는 run, let, also, use, measureTime, isNullOrBlank 등의 다양한 함수에서 컨트랙트를 이용하고 있습니다. 그 덕분에 함수들이 더 유연해졌고 스마트 캐스팅도 더욱 잘 동작하게 되었습니다. 일반 개발자가 컨트랙트를 직접 정의하는 경우는 드물지만, 컨트랙트를 이해하고 어떤 기능을 제공하는지 정도는 알아 둘 필요가 있습니다.

연습문제: 코루틴 시간 측정

다음과 같이 가상 시간(virtual time)[5]도 지원하는 '블록 실행 시간 측정' 함수를 정의했다고 합시다.

```
suspend fun measureCoroutine(
    body: suspend () -> Unit
): Duration {
    val dispatcher = coroutineContext[ContinuationInterceptor]
        return if (dispatcher is TestDispatcher) {
            val before = dispatcher.scheduler.currentTime
            body()
            val after = dispatcher.scheduler.currentTime
            after - before
        } else {
            measureTimeMillis {
                body()
            }
        }.milliseconds
}
```

하지만 컨트랙트가 없기 때문에 사용하기 정말 불편하다는 것을 알게 되었습니다. 다음 코드가 컴파일되도록 컨트랙트를 정의하세요.

```
runTest {
    val result: String
    val duration = measureCoroutine {
        delay(1000)
        result = "OK"
    }
    println(duration)  // 1000 ms
    println(result)    // OK
}

runBlocking {
    val result: String
    val duration = measureCoroutine {
        delay(1000)
        result = "OK"
```

---

5 (옮긴이) 가상 시간이란 코루틴 테스트 목적으로 임의로 조정할 수 있는, 말 그대로 가상의 시간을 말합니다. 예를 들어, 어떠한 이유로 1초를 기다려야 하는 상황에서, 실제로 1초를 기다리는 대신 가상 시간으로 1초가 경과했다고 설정하면 테스트를 훨씬 빠르게 수행할 수 있습니다.

```
    }
    println(duration)  // 1000 ms
    println(result)    // OK
}
```

연습문제 깃허브 저장소의 advanced/contract/MeasureCoroutineTime.kt 파일에서 시작 코드와 사용 예시를 확인할 수 있습니다. 프로젝트를 로컬 환경으로 클론하여 문제를 풀어 보세요.

정답은 책 뒤편의 '연습문제 해답'에서 확인할 수 있습니다.

2부

다양한 플랫폼에서의
코틀린

코틀린은 멀티플랫폼 언어입니다. 즉, 한 번 코드를 작성하면 여러 플랫폼에서 실행할 수 있습니다. 특히 안드로이드, iOS, 웹 등 여러 플랫폼 간에 공유되는 비즈니스 로직을 만들 때 사용되는 강력한 기능입니다. 하지만 큰 힘에는 큰 책임이 따릅니다. 각 플랫폼과 상호운용되는 코드를 작성하려면 각 플랫폼마다 고려해야 할 사항들이 있습니다. 2부에서는 멀티플랫폼 코드를 작성하는 방법과 코틀린을 다른 언어와 상호운용하기 위한 방법을 살펴봅니다.

5장

자바 상호운용성

코틀린은 JVM 플랫폼에서 유래했기 때문에 코틀린/JS나 코틀린/네이티브와 비교하면 코틀린/JVM이 가장 성숙하다고 말할 수 있습니다. 하지만 코틀린과 자바를 비롯한 모든 JVM 언어들은 여전히 서로 다른 언어이므로 함께 사용하려면 몇 가지 장애물을 넘어야 합니다. 그래서 코틀린과 자바도 최대한 매끄럽게 혼용하려면 노력을 추가로 들여야 합니다. 예를 몇 가지 보겠습니다.

널 가능한 타입

자바에서는 원시 타입을 제외한 모든 타입이 널이 될 수 있습니다. 그래서 특정 타입을 널 가능하지 않도록 표시하는 게 불가능합니다. 이러한 결점을 바로잡기 위해, 자바 개발자들은 @Nullable과 @NotNull 애너테이션을 정의한 다양한 라이브러리를 도입하여 사용하기 시작했습니다. 널 가능성을 표시하는 애너테이션이 도움은 되지만 코틀린만큼의 안전성을 제공하지는 못합니다. 그럼에도 자바의 관례를 존중하기 위해 코틀린이 JVM용으로 컴파일되면 해당 타입에 @Nullable과 @NotNull 애너테이션을 붙여 줍니다.[1]

---

1 코틀린이 JVM으로 컴파일될 때는 org.jetbrains.annotations 패키지의 @Nullable과 @NotNull 애너테이션을 사용합니다.

```kotlin
// 코틀린
class MessageSender {
    fun sendMessage(title: String, content: String?) {}
}

// 다음 자바 코드와 비슷한 형태로 컴파일됩니다.
final class MessageSender {
    public void sendMessage(
        @NotNull String title,
        @Nullable String content
    ) {
        Intrinsics.checkNotNullParameter(title, "title");
    }
}
```

반면 코틀린이 @Nullable과 @NotNull 애너테이션이 있는 자바 타입을 만나면, 각각 널 가능한 타입과 불가 타입으로 처리합니다.[2]

```java
public class JavaClass {
    public static @NotNull String produceNonNullable() {
        return "ABC";
    }

    public static @Nullable String produceNullable() {
        return null;
    }
}
```

```
JavaClass.|
    produceNullable()                        String?
    produceNonNullable()                      String
    ...                         functionCall(expr)
```

따라서 대부분의 경우에 코틀린과 자바를 상호운용할 수 있습니다. 문제는 자바 타입에 애너테이션이 없는 경우입니다. 코틀린은 이를 어떤 타입으로 처리해야 할지 알 방법이 없습니다. 이럴 때 널 가능한 타입으로 가정할 수도 있지만, 매끄럽게 동작하지는 않습니다. Observable<List<User>>를 반환하는 자바 함수를 코틀린에서 Observable<List<User?>?>?로 처리한다고 해 봅시다. 실제

---

2 코틀린은 JSR-305, 이클립스(Eclipse), 안드로이드 등 다양한 라이브러리의 Nullable과 NotNull 애너테이션을 지원합니다.

로 널 가능한 타입이 하나도 없다는 걸 알면서도 널 여부를 처리해야 할 타입이 아주 많아지게 됩니다.

```java
// 자바
public class UserRepo {
    public Observable<List<User>> fetchUsers() {
        // ...
    }
}
```

```kotlin
// 코틀린, 애너테이션이 없는 타입이 널 가능하다고 가정할 경우
val repo = UserRepo()
val users: Observable<List<User>> = repo.fetchUsers()!!
    .map { it!!.map { it!! } }
```

그래서 코틀린에서는 **플랫폼 타입**(platform type)이라는 개념을 도입했습니다. 플랫폼 타입이란 다른 언어에서 온 타입이면서 널 가능성을 알지 못하는 타입을 말합니다. 플랫폼 타입에는 String!처럼 타입 뒤에 느낌표(!)가 붙지만 실제 소스 코드에서는 이 표기법을 사용할 수 없습니다. 즉, 코드에서 명시적으로 쓸 수 없는 '표시할 수 없는 타입'입니다. 플랫폼 값이 코틀린 변수나 프로퍼티에 할당되면, 타입을 추론할 수 있지만 명시적으로 설정할 수는 없습니다. 대신에 기대되는 타입이 널 가능한지 혹은 불가한지를 정할 수 있습니다.

```kotlin
// 코틀린
val repo = UserRepo()
val user1 = repo.fetchUsers()
// user1의 타입은 Observable<List<User!>!>!입니다.

// 또는 널 가능 여부를 직접 선택할 수 있습니다.
val user2: Observable<List<User>> = repo.fetchUsers()
val user3: Observable<List<User?>?>? = repo.fetchUsers()
```

플랫폼 타입을 널 불가 타입으로 캐스팅하는 편이 타입을 아예 명시하지 않는 것보다 낫습니다. 하지만 널 불가하다고 생각한 객체에 널이 들어올 수도 있으므로 여전히 위험합니다. 따라서 자바의 플랫폼 타입을 다룰 때는 항상 조심해야 합니다.[3]

---

3 플랫폼 타입을 처리하는 법은 《코틀린 아카데미: 이펙티브 코틀린》의 '아이템 3: 가능한 한 플랫폼 타입을 제거하라'를 참고하세요.

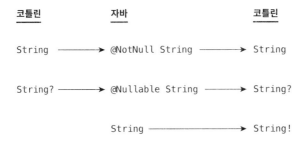

코틀린 타입 매핑

널 가능성 외에도 코틀린과 자바의 타입에는 차이가 있습니다. 코틀린은 자바의 기본 타입을 대체하는 타입을 다수 제공합니다. 예를 들어, 자바의 java.lang.String은 코틀린의 kotlin.String으로 대체됩니다. 따라서 코틀린 파일이 자바로 컴파일되면 kotlin.String은 java.lang.String이 됩니다. 반대로 자바 파일의 java.lang.String은 코틀린에서 kotling.String으로 처리됩니다. kotlin.String이 java.lang.String의 별칭과 같은 타입이라고 말할 수도 있습니다. 다음은 자바 타입과 연동할 수 있는 코틀린 타입들의 예입니다.

코틀린 타입	자바 타입
kotlin.Any	java.lang.Object
kotlin.Cloneable	java.lang.Cloneable
kotlin.Comparable	java.lang.Comparable
kotlin.Enum	java.lang.Enum
kotlin.Annotation	java.lang.Annotation
kotlin.Deprecated	java.lang.Deprecated
kotlin.CharSequence	java.lang.CharSequence
kotlin.String	java.lang.String
kotlin.Number	java.lang.Number
kotlin.Throwable	java.lang.Throwable

한편, 원시 타입과 컬렉션 타입에서의 타입 매핑은 좀 더 복잡하므로, 이 타입들에 대해 먼저 알아봅시다.

JVM 원시 타입

자바는 객체와 원시값이라는 두 종류의 값을 제공합니다. 코틀린에서는 모든 값이 객체지만, Byte, Short, Int, Long, Float, Double, Char, Boolean 타입은 내부적으로 원시값을 사용합니다. 따라서 다음 예에서 매개변수 Int는 내부적으로 int가 됩니다.

```
// KotlinFile.kt
fun multiply(a: Int, b: Int) = a * b
```

```
// 다음 자바 코드와 비슷한 형태로 컴파일됩니다.
public final class KotlinFileKt {
    public static final int multiply(int a, int b) {
        return a * b;
    }
}
```

코틀린은 가능하면 원시 타입을 사용합니다. 원시 타입으로 컴파일되는 타입들을 다음 표에 정리했습니다.

코틀린 타입	자바 타입
Byte	byte
Short	short
Int	int
Long	long
Float	float
Double	double
Char	char
Boolean	boolean

원시 타입은 JVM에서 널이 될 수 없습니다. 그래서 널 가능한 코틀린 타입은 항상 원시 타입이 아닌 타입으로 컴파일됩니다. 원시 타입으로 표현할 수 있는 타입은 '래퍼 타입(wrapper type)'이라 합니다. Integer와 Boolean 같은 클래스가 바로 원시 타입을 감싼 래퍼 타입입니다.

코틀린 타입	자바 타입
Byte?	Byte
Short?	Short
Int?	Integer
Long?	Long
Float?	Float
Double?	Double
Char?	Char
Boolean?	Boolean

원시 타입은 제네릭 타입 인수로 사용할 수 없기 때문에 컬렉션에서는 래퍼 타입을 대신 사용합니다.

코틀린 타입	자바 타입
List<Int>	List<Integer>
Set<Long>	Set<Long>
Map<Float, Double>	Map<Float, Double>

배열만 원시 타입을 저장할 수 있으므로 코틀린은 원시 타입의 배열을 나타내는 특별한 타입을 도입했습니다. 예를 들어, 원시 타입인 정수 배열에는 IntArray를 사용하며, Array<Int>는 래퍼 타입의 배열입니다.

코틀린 타입	자바 타입
Array<Int>	Integer[]
IntArray	int[]

비슷하게, 모든 원시 자바 타입에 대응하는 배열 타입들이 정의되어 있습니다.

코틀린 타입	자바 타입
ByteArray	byte[]
ShortArray	short[]
IntArray	int[]
LongArray	long[]
FloatArray	float[]
DoubleArray	double[]
CharArray	char[]
BooleanArray	boolean[]

이 타입들을 배열 타입의 인수로 사용하면 다차원 배열이 됩니다.

코틀린 타입	자바 타입
Array<IntArray>	int[][]
Array<Array<LongArray>>	long[][][]
Array<Array<Int>>	Integer[][]
Array<Array<Array<Long>>>	Long[][][]

컬렉션 타입

코틀린은 읽기 전용 컬렉션과 가변 컬렉션을 구분하지만, 자바는 그렇지 않습니다. 예를 들어, 자바의 List 인터페이스는 변경을 허용하는 메서드도 제공합니다. 자바에서도 불변 컬렉션을 이용할 수는 있지만, 똑같이 List 인터페이스를 구현합니다. 대신 add와 remove처럼 컬렉션을 변경하는 메서드가 호출되면 UnsupportedOperationException을 던집니다.

```
// 자바
public final class JavaClass {
    public static void main(String[] args) {
        List<Integer> numbers = List.of(1, 2, 3);
```

```
        numbers.add(4);  // UnsupportedOperationException
    }
}
```

이는 자신이 사용하지 않는 메서드에 의존하지 않아야 한다는 '인터페이스 분
리 원칙(Interface Segregation Principle)'을 명백히 위반한 사례입니다. 자바의
명백한 결함이지만, 하위 호환성 때문에 바꾸기는 쉽지 않아 보입니다.

코틀린은 읽기 전용 컬렉션 타입과 가변 컬렉션 타입을 구분하며, 순수하게
코틀린 프로젝트에서만 사용하면 완벽하게 동작합니다. 하지만 자바를 상호운
용해야 할 때는 문제가 생깁니다. 코틀린이 아니며 List 인터페이스를 요구하
거나 반환하는 요소가 포함된 파일이 있다고 해 봅시다. 이 파일을 접한 코틀
린은 리스트를 변경 가능하다고 봐야 할지 알 수 없습니다. 그래서 이럴 때의
결과 타입은 List와 MutableList가 모두 가능한 (Mutable)List가 됩니다.

```
JavaClass.~
    ₪ consumeList(list: (Mutable)List<Int!>!)    Unit
    ₪ produceList()                  (Mutable)List<Int!>!
    ⊥ arg                              functionCall(expr)
```

반면 자바에서 코틀린 코드를 사용하면 정반대의 문제가 발생합니다. 자바는
가변 리스트와 읽기 전용 리스트를 인터페이스 차원에서 구분할 수 없기 때문
에 두 가지 타입 모두 List로 처리합니다.

```
// 코틀린 파일
fun readOnlyList(): List<Int> = listOf(1, 2, 3)
fun mutableList(): MutableList<Int> = mutableListOf(1, 2, 3)

// 다음 자바 코드와 비슷한 형태로 컴파일됩니다.
public final class KotlinFileKt {
    @NotNull
    public static final List readOnlyList() {  // List로 처리
        return CollectionsKt
            .listOf(new Integer[]{1, 2, 3});
    }
```

```
    @NotNull
    public static final List mutableList() {  // List로 처리
        return CollectionsKt
            .mutableListOf(new Integer[]{1, 2, 3});
    }
}
```

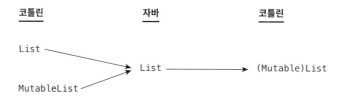

List 인터페이스는 add와 remove처럼 내부를 변경하는 메서드를 제공하므로, 자바에서 이 메서드들을 사용하면 예외가 발생할 수 있습니다.

```
// 자바
public final class JavaClass {
    public static void main(String[] args) {
        List<Integer> integers = KotlinFileKt.readOnlyList();
        integers.add(20);  // UnsupportedOperationException
    }
}
```

이 같은 사실 때문에 문제가 일어날 가능성이 높습니다. 읽기 전용 코틀린 리스트가 자바로 전환되면 가변 타입으로 다운캐스팅됩니다. 즉, 리스트가 변경될 수도 있어서 코틀린 List 타입의 규약을 위반하게 됩니다.[4]

코틀린의 List 인터페이스를 구현하는 모든 객체는 JVM에서 자바의 List를 구현하기 때문에 add와 remove 같은 메서드가 기본으로 생성됩니다. 이렇게 생성된 메서드를 호출하면 그저 UnsupportedOperationException을 던질 뿐입니다. Set과 Map에서도 마찬가지입니다.

---

4 《코틀린 아카데미: 이펙티브 코틀린》의 '아이템 31: 추상화 규약을 준수하라'를 참고하세요.

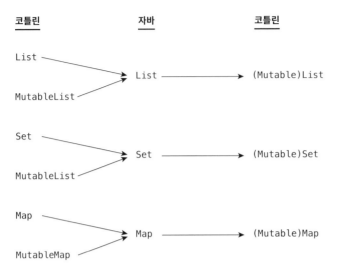

애너테이션 대상

코틀린은 자바의 게터, 선택적 세터, 필드, 위임자에 대응하는 프로퍼티 개념
을 도입했습니다.

```kotlin
import kotlin.properties.Delegates.notNull

class User {
    var name = "ABC"                    // 게터, 세터, 필드
    var surname: String by notNull()    // 게터, 세터, 위임자
    val fullName: String                // 게터
        get() = "$name $surname"
}

// 다음 자바 코드와 비슷한 형태로 컴파일됩니다.
public final class User {
    // $FF: synthetic field
    static final KProperty[] $$delegatedProperties = ...

    @NotNull
    private String name = "ABC";

    @NotNull
    public final String getName() {
        return this.name;
    }
```

```
    public final void setName(@NotNull String var1) {
        Intrinsics.checkNotNullParameter(var1, "<set-?>");
        this.name = var1;
    }

    @NotNull
    private final ReadWriteProperty surname$delegate;

    @NotNull
    public final String getSurname() {
        return (String) this.surname$delegate
            .getValue(this, $$delegatedProperties[0]);
    }

    public final void setSurname(@NotNull String v) {
        Intrinsics.checkNotNullParameter(v, "<set-?>");
        this.surname$delegate
            .setValue(this, $$delegatedProperties[0], v);
    }

    @NotNull
    public final String getFullName() {
        return this.name + ' ' + this.getSurname();
    }

    public User() {
        this.surname$delegate = Delegates.INSTANCE.notNull();
    }
}
```

프로퍼티가 내부적으로 게터 또는 필드와 같은 다양한 요소로 바뀌기 때문에 프로퍼티에 애너테이션을 붙이게 되면 문제가 생길 수 있습니다. JVM에서 프로퍼티가 포함하고 있는 요소에 어떻게 애너테이션을 붙일 수 있을까요? 다른 말로 하면, 게터 또는 필드에 애너테이션을 어떻게 붙일 수 있을까요?

```
class User {
    @SomeAnnotation
    var name = "ABC"
}
```

자바 요소를 여러 개 생성하는 코틀린 원소에 애너테이션을 붙일 때 애너테이션이 적용되는 대상을 지정할 수 있습니다. 예를 들어, @SomeAnnotation이 프로퍼티 필드에 적용되어야 한다면 @field:SomeAnnotation 형태로 지정해야 합니다.

```
class User {
    @field:SomeAnnotation
    var name = "ABC"
}
```

프로퍼티용으로 제공되는 대상은 다음과 같습니다.

- property: 이 대상으로 지정된 애너테이션들은 자바에서 보이지 않습니다.
- field: 프로퍼티 필드
- get: 프로퍼티 게터
- set: 프로퍼티 세터
- setparam: 프로퍼티 세터의 매개변수
- delegate: 위임된 프로퍼티의 위임자 인스턴스를 저장하는 필드

```
annotation class A
annotation class B
annotation class C
annotation class D
annotation class E

class User {
    @property:A
    @get:B
    @set:C
    @field:D
    @setparam:E
    var name = "ABC"
}

// 다음 자바 코드와 비슷한 형태로 컴파일됩니다.
public final class User {
    @D
    @NotNull
    private String name = "ABC";
```

```
    @A
    public static void getName$annotations() {
    }

    @B
    @NotNull
    public final String getName() {
        return this.name;
    }

    @C
    public final void setName(@E @NotNull String var1) {
        Intrinsics.checkNotNullParameter(var1, "<set-?>");
        this.name = var1;
    }
}
```

프로퍼티가 생성자에서 정의되면, 생성자 매개변수에 애너테이션을 붙일 때 쓰이는 param 대상도 이용할 수 있습니다.

```
class User(
    @param:A val name: String
)
```

기본적으로 사용된 애너테이션의 @Target 애너테이션에 따라 대상이 선택됩니다. 적용 가능한 대상이 여러 개라면 param → property → field 순서로 가장 앞의 대상이 선택됩니다.

대상을 지정하지 않은 프로퍼티 애너테이션은 기본적으로 property를 사용하기 때문에 자바 리플렉션으로 확인할 수 없습니다.

```
annotation class A

class User {
    @A
    val name = "ABC"
}

// 다음 자바 코드와 비슷한 형태로 컴파일됩니다.
public final class User {
    @NotNull
```

```
    private String name = "ABC";

    @A
    public static void getName$annotations() {
    }

    @NotNull
    public final String getName() {
        return this.name;
    }
}
```

클래스의 앞에 오는 애너테이션은 클래스를 대상으로 합니다. 주 생성자에 애
너테이션을 붙이려면 constructor 키워드를 사용하고 그 앞에 애너테이션을
넣으면 됩니다.

```
annotation class A
annotation class B

@A
class User @B constructor(
    val name: String
)

// 다음 자바 코드와 비슷한 형태로 컴파일됩니다.
@A
public final class User {
    @NotNull
    private final String name;

    @NotNull
    public final String getName() {
        return this.name;
    }

    @B
    public User(@NotNull String name) {
        Intrinsics.checkNotNullParameter(name, "name");
        super();
        this.name = name;
    }
}
```

대상을 file로 지정하여 파일에도 애너테이션을 붙일 수 있습니다. 파일용 애너테이션 위치는 파일의 도입부(패키지 이전)입니다. 사용 예는 잠시 후 '@Jvm Name' 절에서 소개하겠습니다.

확장 함수나 확장 프로퍼티에 애너테이션을 붙이려면, 대상을 receiver로 지정하여 리시버 매개변수 앞에 애너테이션을 명시해야 합니다.

```
annotation class Positive

fun @receiver:Positive Double.log() = ln(this)

// 동일한 자바 코드입니다.
public static final double log(@Positive double $this$log) {
    return Math.log($this$log);
}
```

정적 요소

코틀린에는 정적 요소라는 개념이 없기 때문에 객체 선언과 컴패니언 객체를 대신 사용합니다. 코틀린에서 이 두 가지 개념을 사용한다는 것은 자바에서 정적 요소를 사용하는 것과 동일합니다.

```
import java.math.BigDecimal

class Money(val amount: BigDecimal, val currency: String) {
    companion object {
        fun usd(amount: Double) =
            Money(amount.toBigDecimal(), "PLN")
    }
}

object MoneyUtils {
    fun parseMoney(text: String): Money = TODO()
}

fun main() {
    val m1 = Money.usd(10.0)
    val m2 = MoneyUtils.parseMoney("10 EUR")
}
```

하지만 자바에서 객체 선언 또는 컴패니언 객체를 사용하는 것은 매우 불편합니다. 객체 선언을 사용하려면 정적 INSTANCE 필드를, 컴패니언 객체에서는 Companion을 호출해야 합니다.

```
// 자바
public class JavaClass {
    public static void main(String[] args) {
        Money m1 = Money.Companion.usd(10.0);
        Money m2 = MoneyUtils.INSTANCE.parseMoney("10 EUR");
    }
}
```

 자바에서 코틀린 요소를 사용하려면 패키지를 반드시 명시해야 합니다. 코틀린은 패키지가 없는 요소를 허용하지만, 자바는 그렇지 않습니다.

객체 선언[5]의 메서드를 간편하게 사용하려면 @JvmStatic 애너테이션을 붙여줍니다. 이 애너테이션을 발견한 컴파일러는 코틀린이 아닌 JVM 언어에서 쉽게 호출할 수 있도록 정적 메서드를 추가로 생성해 줍니다.

```
// 코틀린
class Money(val amount: BigDecimal, val currency: String) {
    companion object {
        @JvmStatic  // usd를 Money의 정적 메서드로 생성
        fun usd(amount: Double) =
            Money(amount.toBigDecimal(), "PLN")
    }
}

object MoneyUtils {
    @JvmStatic  // parseMoney를 MoneyUtils의 정적 메서드로 생성
    fun parseMoney(text: String): Money = TODO()
}

fun main() {
    val money1 = Money.usd(10.0)
    val money2 = MoneyUtils.parseMoney("10 EUR")
}
```

5 《코틀린 아카데미: 핵심편》에서 설명한 것처럼, 컴패니언 객체 또한 객체 선언입니다.

```java
// 자바
public class JavaClass {
    public static void main(String[] args) {
        Money m1 = Money.usd(10.0);
        Money m2 = MoneyUtils.parseMoney("10 EUR");
    }
}
```

@JvmField

앞에서 이야기한 것처럼 프로퍼티 각각은 접근자로 표현됩니다. 코틀린의
name 프로퍼티를 자바에서 사용하려면 getName 게터를 호출하면 됩니다. 읽기-
쓰기가 가능한 프로퍼티라면 setName 세터로 값을 설정합니다.

```kotlin
// 코틀린
class Box {
    var name = ""
}
```

```java
// 자바
public class JavaClass {
    public static void main(String[] args) {
        Box box = new Box();
        box.setName("ABC");
        System.out.println(box.getName());
    }
}
```

Box 클래스의 name 필드는 private이므로 외부에서는 접근자를 통해서만 접근
할 수 있습니다. 하지만 리플렉션을 사용하는 일부 라이브러리는 public 필드
를 요구합니다. 이럴 때는 프로퍼티에 @JvmField 애너테이션을 붙여 줘야 합니
다. 이러한 프로퍼티는 커스텀 접근자를 가질 수 없으며, 위임자를 사용할 수
없고, open이 될 수 없으며, 다른 프로퍼티를 오버라이딩할 수도 없습니다.

```kotlin
// 코틀린
class Box {
    @JvmField
    var name = ""
}
```

```
// 자바
public class JavaClass {
    public static void main(String[] args) {
        Box box = new Box();
        box.name = "ABC";
        System.out.println(box.name);
    }
}
```

@JvmField 애너테이션을 객체 선언이나 컴패니언 객체 안에서 사용하면 해당
필드는 정적 필드가 됩니다.

```
// 코틀린
object Box {
    @JvmField
    var name = ""
}
```

```
// 자바
public class JavaClass {
    public static void main(String[] args) {
        Box.name = "ABC";
        System.out.println(Box.name);
    }
}
```

상수 변수는 항상 정적 필드로 변환되기 때문에 @JvmField 애너테이션이 필요
없습니다.

```
// 코틀린
class MainWindow {
    // ...
    companion object {
        const val SIZE = 10
    }
}
```

```
// 자바
public class JavaClass {
    public static void main(String[] args) {
        System.out.println(MainWindow.SIZE);
    }
}
```

코틀린에서 자바 접근자 사용하기

코틀린 프로퍼티는 자바 접근자로 표현됩니다. 일반적으로 접근자의 이름은 get 또는 set으로 시작하고, 프로퍼티 이름이 붙어 완성됩니다(프로퍼티 이름의 첫 글자는 대문자). 유일한 예외는 is로 시작하는 Boolean 프로퍼티입니다. Boolean 프로퍼티의 게터 이름은 프로퍼티 이름과 같으며, 세터는 is가 아닌 set으로 시작합니다.

```
class User {
    var name = "ABC"
    var isAdult = true
}

// 동일한 자바 코드입니다.
public final class User {
    @NotNull
    private String name = "ABC";
    private boolean isAdult = true;

    @NotNull
    public final String getName() {
        return this.name;
    }

    public final void setName(@NotNull String var1) {
        Intrinsics.checkNotNullParameter(var1, "<set-?>");
        this.name = var1;
    }

    public final boolean isAdult() {
        return this.isAdult;
    }

    public final void setAdult(boolean var1) {
        this.isAdult = var1;
    }
}
```

자바 게터와 세터는 코틀린에서 프로퍼티로 처리합니다. 게터만 있다면 val 프로퍼티로, 게터와 세터가 모두 있다면 var 프로퍼티로 처리합니다. 모든 프로퍼티에는 게터가 있어야 하므로 게터 없이 세터만 있는 경우는 프로퍼티로 처리되지 않습니다.

@JvmName

JVM은 구현 방식 때문에 플랫폼 차원의 한계를 안고 있습니다. 다음 두 함수를 보세요.

```
fun List<Long>.average() = sum().toDouble() / size
fun List<Int>.average() = sum().toDouble() / size
```

두 함수는 모두 List의 확장 함수이며, 각기 다른 타입 인수를 받습니다. 코틀린에서는 올바른 문법이지만 JVM 플랫폼 대상으로는 그렇지 않을 수 있습니다. JVM에서는 제네릭을 '타입 소거(type erasure)'[6] 방식으로 구현했기 때문에 두 함수는 똑같이 List를 매개변수로 받는 average 메서드로 취급됩니다. 따라서 두 함수를 하나의 파일에서 정의하면 플랫폼 선언 충돌(platform declaration clash)이 발생합니다.

```
11    fun List<Long>.average() = sum().toDouble() / size
12    fun List<Int>.average() = sum().toDouble() / size
```
Platform declaration clash: The following declarations have the same JVM signature (average(Ljava/util/List;)D):
  • **public fun** List<Int>.average(): Double *defined in* java *in file* KotlinPerson.kt
  • **public fun** List<Long>.average(): Double *defined in* java *in file* KotlinPerson.kt

이 문제는 함수에 @JvmName 애너테이션을 붙이면 플랫폼 선언 충돌을 해결할 수 있습니다. @JvmName은 JVM 플랫폼에서 내부적으로 사용하는 이름을 변경해 줍니다. 코틀린에서의 사용법은 그대로지만, 다른 JVM 언어에서는 @JvmName 애너테이션으로 명시한 이름을 사용해야 합니다.

```
@JvmName("averageLongList")  // JVM용 이름을 averageLongList로 변경
fun List<Long>.average() = sum().toDouble() / size
```

---

6 (옮긴이) 타입 소거란 제네릭 타입을 컴파일하는 과정에서 타입 인수를 삭제하는 구현 방식을 말합니다. 자세한 설명은 《코틀린 아카데미: 핵심편》의 21장 '제네릭'을 참고하세요.

```kotlin
@JvmName("averageIntList")   // JVM용 이름을 averageIntList로 변경
fun List<Int>.average() = sum().toDouble() / size

fun main() {
    val ints: List<Int> = List(10) { it }
    println(ints.average())   // 4.5
    val longs: List<Long> = List(10) { it.toLong() }
    println(longs.average())  // 4.5
}
```

```java
// 자바
public class JavaClass {
    public static void main(String[] args) {
        List<Integer> ints = List.of(1, 2, 3);
        double res1 = TestKt.averageIntList(ints);    // 변경된 이름 사용
        System.out.println(res1);                      // 2.0
        List<Long> longs = List.of(1L, 2L, 3L);
        double res2 = TestKt.averageLongList(longs);   // 변경된 이름 사용
        System.out.println(res2);                      // 2.0
    }
}
```

@JvmName 애너테이션은 선언 충돌을 해결할 때 유용합니다. 더 자주 사용되는 예도 있습니다. 《코틀린 아카데미: 핵심편》에서 설명한 것처럼, 코틀린의 최상위 함수와 프로퍼티는 JVM에서 모두 파일 이름 끝에 'Kt'를 붙인 이름의 클래스로 생성됩니다. 최상위 함수와 프로퍼티는 이 클래스의 정적 함수로 컴파일되어 자바에서 이용할 수 있게 됩니다.

```kotlin
package test

const val e = 2.71
fun add(a: Int, b: Int) = a + b
```

```java
// 다음 자바 코드와 비슷한 형태로 컴파일됩니다.
package test;

public final class TestKt {
    public static final double e = 2.71;

    public static final int add(int a, int b) {
        return a + b;
    }
}
```

```
// 자바에서 사용하는 예
public class JavaClass {
    public static void main(String[] args) {
        System.out.println(TestKt.e);  // 2.71
        int res = TestKt.add(1, 2);
        System.out.println(res);        // 3
    }
}
```

자동으로 생성된 이름이 우리가 원하는 이름과는 다를 수 있습니다. 이럴 때는 파일에 @JvmName 애너테이션을 추가하여 이름을 지정할 수 있습니다. 앞서 '애너테이션 대상' 절에서 설명한 것처럼, 파일 애너테이션은 파일의 도입부에서 패키지 정의 앞에 위치하며, 대상을 file로 지정해야 합니다. @JvmName 파일 애너테이션에서 지정한 이름은 같은 파일에 존재하는 최상위 함수와 프로퍼티 모두를 담은 클래스의 이름으로 사용됩니다.

```
@file:JvmName("Math")  // JVM용 클래스 이름을 Math로 지정

package test

const val e = 2.71
fun add(a: Int, b: Int) = a + b

// 다음 자바 코드와 비슷한 형태로 컴파일됩니다.
package test;

public final class Math {
    public static final double e = 2.71;

    public static final int add(int a, int b) {
        return a + b;
    }
}

// 자바에서 사용하는 예
public class JavaClass {
    public static void main(String[] args) {
        System.out.println(Math.e);  // 2.71
        int res = Math.add(1, 2);
        System.out.println(res);        // 3
    }
}
```

@JvmMultifileClass

JVM에서는 모든 함수와 필드가 클래스에 존재합니다. 따라서 자바 프로젝트에서는 Math와 Collections처럼 많은 정적 요소를 담은 거대한 클래스를 만드는 일이 흔합니다. 코틀린에서는 최상위 함수를 사용하기 때문에 하나의 파일에 모든 함수와 프로퍼티를 모아놓을 필요가 없어 편리합니다. 하지만 자바에서 사용할 코틀린 코드를 설계할 때는 여러 코틀린 파일에 흩어져 있는 요소들을 하나의 자바 클래스로 모으고 싶을 수 있습니다. @JvmName 다음에 @Jvm MultifileClass 애너테이션을 덧붙여서 이러한 요구를 충족시킬 수 있습니다.

```kotlin
// FooUtils.kt
@file:JvmName("Utils")
@file:JvmMultifileClass

package demo

fun foo() {
    // ...
}

// BarUtils.kt
@file:JvmName("Utils")
@file:JvmMultifileClass

package demo

fun bar() {
    // ...
}
```

```java
// 자바에서 사용하는 예
import demo.Utils;

public class JavaClass {
    public static void main(String[] args) {
        Utils.foo();
        Utils.bar();
    }
}
```

@JvmOverloads

자바와 코틀린의 또 다른 차이는 자바 언어의 한계 때문에 생겨납니다. 대부분의 현대적인 프로그래밍 언어와 달리 자바는 명명된 선택적 인수를 지원하지 않습니다. 그래서 자바에서는 코틀린의 디폴트 인수를 사용할 수 없습니다.

```
// 생성자 매개변수들에 디폴트 인수가 지정된 코틀린 클래스
class Pizza(
    val tomatoSauce: Int = 1,
    val cheese: Int = 0,
    val ham: Int = 0,
    val onion: Int = 0,
)

class EmailSender {
    // 일부 매개변수에 디폴트 인수를 지정한 코틀린 함수
    fun send(
        receiver: String,
        title: String = "",
        message: String = "",
    ) {
        /*...*/
    }
}
```

```
Pizza pizza = ˷new
            new
  ⊛ new Pizza()                                                    Pizza
  ⊛ new Pizza(int tomatoSauce, int cheese, int ham, int onion)     Pizza
  Press ↵ to insert, → to replace Next Tip                         💡 ⋮
```

✅ 생성자 매개변수가 모두 선택적이라면 매개변수 전부를 받는 생성자와 기본값만 사용하는 생성자만 만들어집니다.

```
EmailSender sender = new EmailSender();
sender.
  ⊛ send(String receiver, String title, String message)    void
  ⊥ var                                                     T name = expr
  ⊛ getClass()                                        Class<? extends EmailSender>
```

✅ 매개변수를 모두 받는 메서드 하나만 만들어집니다.

디폴트 인수를 자바에서 사용하기 위한 최선의 방법은 점층적 생성자 패턴
(telescoping constructor pattern)[7]을 적용하여 코틀린의 생성자(또는 함수)를
인수의 수별로 여러 벌 생성하는 것입니다. 하지만 실제로 사용되지 않는 메
서드가 만들어질 수도 있으므로 이 패턴이 기본으로 적용되지는 않고, 함수에
@JvmOverloads 애너테이션을 붙여 주어야 적용됩니다.

```
class Pizza @JvmOverloads constructor(
    val tomatoSauce: Int = 1,
    val cheese: Int = 0,
    val ham: Int = 0,
    val onion: Int = 0,
)

class EmailSender {
    @JvmOverloads
    fun send(
        receiver: String,
        title: String = "",
        message: String = "",
    ) {
        /*...*/
    }
}
```

```
Pizza pizza = new
    new
    ⊕ new Pizza()                                                   Pizza
    ⊕ new Pizza(int tomatoSauce)                                    Pizza
    ⊕ new Pizza(int tomatoSauce, int cheese)                        Pizza
    ⊕ new Pizza(int tomatoSauce, int cheese, int ham, int onion)    Pizza
    ⊕ new Pizza(int tomatoSauce, int cheese, int ham)               Pizza
    Press ^Space to see non-imported classes Next Tip
```

```
EmailSender sender = new EmailSender();
sender.
    ⊕ send(String receiver)                                         void
    ⊥ var                                                    T name = expr
    ⊕ send(String receiver, String title)                           void
    ⊕ send(String receiver, String title, String message)           void
    ⊕ getClass()                              Class<? extends EmailSender>
```

---

7 (옮긴이) 점층적 생성자 패턴이란 필수 매개변수만 받는 생성자를 기본으로, 선택적 매개변수를 더
  받는 생성자들을 추가로 제공하는 디자인 패턴을 말합니다.

그림들을 잘 보면 가능한 매개변수 조합 전부를 제공하는 대신, 선택적 매개변수가 한 개씩 추가된 형태만 생성함을 알 수 있습니다.

Unit

코틀린에서는 모든 함수가 반환 타입을 선언합니다. 그래서 자바에서는 void 키워드를 쓸 때 코틀린에서는 Unit을 반환합니다.

```
fun a() {}

fun main() {
    println(a())  // kotlin.Unit
}
```

물론 Unit이 필요하지 않을 때마저 무조건 Unit을 반환할 필요는 없으니, 결과 타입이 Unit인 함수는 결괏값이 없는 함수로 컴파일됩니다. 결과 타입이 필요하면 사용하는 코드에서 Unit을 주입합니다.

```
// 코틀린 코드
fun a(): Unit {
    return Unit
}

fun main() {
    println(a())  // kotlin.Unit
}

// 다음 자바 코드와 동일하게 컴파일됩니다.
public static final void a() {
}

public static final void main() {
    a();
    Unit var0 = Unit.INSTANCE;
    System.out.println(var0);
}
```

이렇게 하는 이유는 성능 때문입니다. 결과 타입이 없는 자바 함수도 같은 방식으로 처리되며, 코틀린에서 Unit을 반환하는 것처럼 처리됩니다.

함수 타입과 함수 인터페이스

다음의 setListItemListener 함수는 함수 타입을 인수로 받습니다. 명명된 인수 덕분에 코틀린용 IDE는 적절한 제안을 제공하여 사용하기 편합니다.

```kotlin
class ListAdapter {
    fun setListItemListener(
        listener: (
            position: Int,
            id: Int,
            child: View,
            parent: View
        ) -> Unit
    ) {
        // ...
    }

    // ...
}

// 사용 예
fun usage() {
    val a = ListAdapter()
    a.setListItemListener { position, id, child, parent ->
        // ...
    }
}
```

자바에서 코틀린 함수 타입을 사용할 때 문제가 발생합니다. 매개변수들의 이름이 사라질 뿐 아니라, Unit 인스턴스가 반환되길 기대합니다.

```
ListAdapter adapter = new ListAdapter();
adapter.
        ⊕ setListItemListener(Function4<? super Integer, ? super Integer, ? super View, ? super View, Unit> liste…   void
        ± var                                                                                                  T name = expr
```

```
ListAdapter adapter = new ListAdapter();
adapter.setListItemListener();
                          ⊕ (integer, integer2, view, view2) -> {}    Function4<Integer, Integer, View, View, Unit>
                          ⊕ adapter                                                                      ListAdapter
```

인수들의 이름이 사라졌습니다.

```
ListAdapter adapter = new ListAdapter();
adapter.setListItemListener((integer, integer2, view, view2) -> {});
```

Missing return statement

```
ListAdapter adapter = new ListAdapter();
adapter.setListItemListener((integer, integer2, view, view2) -> {
    return Unit.INSTANCE;
});
```

Unit의 인스턴스를 반환합니다.

이 문제를 해결하는 방법은 바로 함수형 인터페이스입니다. 추상 메서드를 하나만 가지고 있으며 fun 제어자가 붙어 있는 인터페이스를 사용하면 됩니다. 함수형 타입 대신 함수형 인터페이스를 사용하면 setListTimeListener의 사용법이 어떻게 바뀔까요? 코틀린에서는 변하는 게 없습니다. 하지만 자바에서는 매개변수들의 이름이 유지되고 Unit을 반환할 필요도 없어집니다. 즉, 사용하기에 훨씬 편해집니다.

```kotlin
fun interface ListItemListener {
    fun handle(
        position: Int,
        id: Int,
        child: View,
        parent: View
    )
}

class ListAdapter {
    fun setListItemListener(listener: ListItemListener) {
        // ...
    }

    // ...
}

fun usage() {
    val a = ListAdapter()
    a.setListItemListener { position, id, child, parent ->
        // ...
    }
}
```

```
ListAdapter adapter = new ListAdapter();
adapter.se|
        setListItemListener(ListItemListener listener)   void
    serr                              System err println(expr)
```

```
ListAdapter adapter = new ListAdapter();
adapter.setListItemListener();
            (position, id, child, parent) -> {}     ListItemListener
            adapter                                        ListAdapter
```

```
ListAdapter adapter = new ListAdapter();
adapter.setListItemListener((position, id, child, parent) -> {});
```

편법적인 이름

when이나 object 등은 코틀린에서 예약된 키워드이기 때문에 함수나 변수의 이름으로 사용할 수 없습니다. 그런데 코틀린의 키워드 몇 가지가 자바에서는 예약되어 있지 않습니다. 따라서 자바 라이브러리에서는 이 키워드들을 사용할 수도 있습니다. 대표적인 예로 모킹 라이브러리인 모키토(Mockito)를 들 수 있습니다. 모키토에서 매우 중요한 함수 중에 when이 있습니다. 코틀린에서 이 함수를 사용하려면 이름을 백틱(`)으로 감싸야 합니다.

```
// 모키토를 사용하는 예(함수 이름을 백틱으로 감싸야 함)
val mock = mock(UserService::class.java)
`when`(mock.getUser("1")).thenAnswer { aUser }
```

코틀린에서는 백틱을 사용하면 함수나 변수에 허용되지 않는 이름을 붙일 수 있습니다. 실제로 테스트 실행 보고서에 실리는 단위 테스트의 이름을 사람이 이해하기 쉽도록 짓기 위해 이 방식을 많이 이용합니다. 이러한 함수 이름은 코틀린/JVM에서만 허용되며, 안드로이드에서 실행되는 코드에는 사용될 수 없습니다(단위 테스트는 로컬 환경에 실행되기 때문에 이 방식을 쓸 수 있습니다).

```
class MarkdownToHtmlTest {
    @Test
    fun `Simple text should remain unchanged`() {
        val text = "Lorem ipsum"
        val result = markdownToHtml(text)
        assertEquals(text, result)
    }
}
```

@Throws

자바에는 두 가지 예외가 있습니다.

- 확인된 예외(checked exception, 검사 예외): 코드에서 명시적으로 표시하고 처리되어야 하는 예외입니다. 자바의 확인된 예외는 함수 선언부에서 throws 키워드 다음에 명시하여, 해당 예외가 발생할 수 있음을 알려야 합니다. 자바에서 확인된 예외를 던질 수 있는 메서드를 호출하면, 호출한 메서드에서도 해당 예외를 던질 수 있다고 표시하거나 직접 예외를 잡아야 합니다. 자바에서 Throwable을 직접 상속하는 클래스가 확인된 예외입니다(Runtime Exception과 Error 제외).
- 확인되지 않은 예외(unchecked exception, 비검사 예외): '아무 때나' 발생할 수 있으며, 명시하지 않아도 되는 예외입니다. 따라서 확인되지 않은 예외는 메서드에서 명시적으로 잡거나 던질 필요가 없습니다. Error나 Runtime Exception을 상속하는 클래스가 확인되지 않은 예외입니다.

```
public class JavaClass {
    // IOException은 확인된 예외이므로 throws로 선언되어야 합니다.
    String readFirstLine(String fileName) throws IOException {
        FileInputStream fis = new FileInputStream(fileName);
        InputStreamReader reader = new InputStreamReader(fis);
        BufferedReader bufferedReader = new BufferedReader(reader);
        return bufferedReader.readLine();
    }

    void checkFirstLine() {
        String line;
```

```
        try {
            line = readFirstLine("number.txt");
            // 확인된 예외를 잡거나 throws로 선언해야 합니다.
        } catch (IOException e) {
            throw new RuntimeException(e);
        }

        // parseInt는 확인되지 않은 예외인
        // NumberFormatException을 던집니다.
        int number = Integer.parseInt(line);

        // 숫자를 나눌 때 제수(divisor)가 0이면
        // 확인되지 않은 예외인
        // ArithmeticException이 발생할 수 있습니다.
        System.out.println(10 / number);
    }
}
```

한편 코틀린에서는 모든 예외가 확인되지 않은 예외로 처리됩니다. 코틀린 메서드가 던지는 예외가 자바에서는 확인된 예외이고, 이 메서드를 자바에서 호출하면 문제가 될 수 있습니다. 자바에서는 예외가 발생할 수 있는 메서드에 반드시 throws 키워드와 함께 예외를 명시해야 합니다. 하지만 코틀린 코드로부터 생성된 JVM 바이트코드에는 이 예외들이 명시되지 않기 때문에 자바는 혼란스러워합니다. 자바 코드에서 예외를 잡으려고 하면 오히려 '해당 예외가 발생하지 않는다'라며 거부합니다.

```
// 코틀린
@file:JvmName("FileUtils")

package test

import java.io.*

fun readFirstLine(fileName: String): String =
    File(fileName).useLines { it.first() }
```

```
void checkFirstLine() {
    String line;
    try {
        line = FileUtils.readFirstLine( fileName: "number.txt");
    } catch (IOException e) {
        throw new RuntimeE    Exception 'java.io.IOException' is never thrown in the corresponding try block  ⋮
    }                         Delete catch for 'java.io.IOException'  ⌥⇧⏎    More actions...  ⌥⏎
    int number = Integer.p  IOException e
    System.out.println(10   ⬛ Advanced_Kotlin_book.main                                          ⋮
}
```

이 문제를 해결하려면 @Throws 애너테이션을 이용하여 '자바에서 사용할' 코틀린 함수들에 자바의 확인된 예외들을 모두 명시해야 합니다.

```kotlin
// 코틀린
@file:JvmName("FileUtils")

package test

import java.io.*

@Throws(IOException::class)
fun readFirstLine(fileName: String): String =
    File(fileName).useLines { it.first() }
```

@Throws 애너테이션을 사용하면, 코틀린 컴파일러는 JVM 메서드를 생성할 때 throws 블록에 예외들을 명시하여 자바 코드에서 이용하도록 해 줍니다.

```
void checkFirstLine() {
    String line;
    try {
        line = FileUtils.readFirstLine( fileName: "number.txt");
    } catch (IOException e) {
        throw new RuntimeException(e);
    }
    int number = Integer.parseInt(line);
    System.out.println(10 /  number);
}
```

@Throws 애너테이션은 코틀린과 자바의 상호운용 외에, 발생할 수 있는 예외를 문서화하는 데도 자주 사용됩니다.

@JvmRecord

자바 16은 불변 데이터를 담는 전용 클래스로 '레코드'를 도입했습니다. 코틀린의 데이터 클래스에 대응하는 개념이라고 할 수 있습니다. 다른 클래스와 마찬가지로 자바 레코드도 코틀린에서 사용할 수 있습니다. 코틀린에서 레코드를 선언하려면 데이터 클래스를 정의하고 @JvmRecord 애너테이션을 붙이면 됩니다.

```
@JvmRecord
data class Person(val name: String, val age: Int)
```

레코드는 데이터 클래스보다 요구 조건이 까다롭습니다. 다음은 클래스에 @JvmRecord 애너테이션을 붙이기 위한 요구 조건입니다.

- 클래스가 JVM 16 이상의 바이트코드를 대상으로 한 모듈에 속해야 합니다 (또는 JVM 15에서 -Xjvm-enable-preview 컴파일러 옵션이 켜져 있어야 합니다).
- JVM 레코드는 암묵적으로 java.lang.Record를 상속하기 때문에 (Any를 포함한) 다른 클래스를 상속할 수 없습니다. 하지만 인터페이스를 구현할 수는 있습니다.
- 주 생성자 매개변수로 초기화된 프로퍼티를 제외하면, 매핑되는 필드가 있는 다른 프로퍼티를 선언할 수 없습니다.
- 매핑되는 필드가 있는 가변 프로퍼티를 선언할 수 없습니다.
- 지역 클래스가 아니어야 합니다.
- 주 생성자와 클래스의 가시성이 같아야 합니다.

요약

코틀린과 자바는 다른 세기에 설계된[8] 언어이기 때문에 상호운용하기 힘들 때가 많습니다. 대부분의 문제는 확인된 예외 개념 삭제, 널 가능 타입과 불가 타

---

8 자바의 안정화 버전은 1996년에 처음 출시되었으며, 코틀린의 안정화 버전은 20년 뒤인 2016년에 처음 출시되었습니다.

입 구분, 읽기 전용 컬렉션과 가변 컬렉션의 인터페이스 구분, 자바의 원시 타입과 래퍼 타입을 하나의 타입으로 표현 등, 코틀린의 중요한 기능과 연관된 경우가 많습니다. 코틀린은 자바와 혼용하기 최대한 편하게 만들어졌지만, 절충이 있을 수밖에 없습니다. 예를 들어, 코틀린의 List와 MutableList 타입은 자바의 List 인터페이스와 무관할 수 없습니다. 또한 코틀린은 자바의 널 가능성 애너테이션에 의존하며 애너테이션이 없을 경우에 플랫폼 타입을 사용합니다. 자바 또는 다른 JVM 언어에서 사용할 때 코드가 어떻게 동작할지 결정하는 애너테이션을 이해하고 쓸 줄도 알아야 합니다. 자바 상호운용성은 개발자들이 넘어야 할 또 다른 장애물이지만, 알아 두면 유용하게 활용할 수 있는 코틀린의 놀라운 기능입니다.

연습문제: 코틀린 코드를 자바에서 이용할 수 있도록 다듬기

다음과 같은 코틀린 요소들이 있습니다.

```
package advanced.java

data class Money(
    val amount: BigDecimal = BigDecimal.ZERO,
    val currency: Currency = Currency.EUR,
) {
    companion object {
        fun eur(amount: String) =
            Money(BigDecimal(amount), Currency.EUR)

        fun usd(amount: String) =
            Money(BigDecimal(amount), Currency.USD)

        val ZERO_EUR = eur("0.00")
    }
}

fun List<Money>.sum(): Money? {
    if (isEmpty()) return null
    val currency = this.map { it.currency }.toSet().single()
    return Money(
        amount = sumOf { it.amount },
        currency = currency
```

```
    )
}

operator fun Money.plus(other: Money): Money {
    require(currency == other.currency)
    return Money(amount + other.amount, currency)
}

enum class Currency {
    EUR, USD
}
```

이를 코틀린에서는 다음과 같이 사용할 수 있습니다.

```
fun main() {
    val money1 = Money.eur("10.00")
    val money2 = Money.eur("29.99")

    println(listOf(money1, money2, money1).sum())
    // Money(amount=49.99, currency=EUR)

    println(money1 + money2)
    // Money(amount=39.99, currency=EUR)

    val money3 = Money.usd("10.00")
    val money4 = Money()
    val money5 = Money(BigDecimal.ONE)
    val money6 = Money.ZERO_EUR
}
```

하지만 자바에서 사용하기에는 그다지 편하지 않습니다. 이번 과제는 적절한
애너테이션을 추가하여 다음과 같이 자바에서도 사용하기 쉽도록 바꾸는 것입
니다.

```
package advanced.java;

import java.math.BigDecimal;
import java.util.List;

public class JavaClass {
    public static void main(String[] args) {
        Money money1 = Money.eur("10.00");
        Money money2 = Money.eur("29.99");
```

```
        List<Money> moneyList =
                List.of(money1, money2, money1);

        System.out.println(MoneyUtils.plus(money1, money2));
        // Money(amount=39.99, currency=EUR)

        Money money3 = Money.usd("10.00");
        Money money4 = new Money();

        Money money5 = new Money(BigDecimal.ONE);
        Money money6 = Money.ZERO_EUR;
    }
}
```

정답은 책 뒤편의 '연습문제 해답'에서 확인할 수 있습니다.

6장

A　d　v　a　n　c　e　d　　K　o　t　l　i　n

코틀린 멀티플랫폼 사용하기

코틀린은 컴파일되는 프로그래밍 언어입니다. 즉, 코틀린으로 코드를 작성하고, 코틀린 컴파일러를 사용해 다른 언어로 된 코드를 만들 수 있습니다. 코틀린은 현재 JVM 바이트코드(코틀린/JVM), 자바스크립트(코틀린/JS), 기계어 코드(코틀린/네이티브)로 컴파일할 수 있습니다. 같은 코틀린 코드를 여러 플랫폼으로 컴파일할 수 있기 때문에 코틀린을 멀티플랫폼 언어라고 말할 수 있습니다.

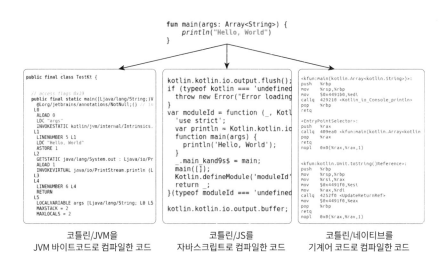

코틀린/JVM을
JVM 바이트코드로 컴파일한 코드

코틀린/JS를
자바스크립트로 컴파일한 코드

코틀린/네이티브를
기계어 코드로 컴파일한 코드

멀티플랫폼 사용성은 강력한 기능입니다. 코틀린으로 다양한 플랫폼용 애플리케이션을 작성할 수 있을 뿐만 아니라 하나의 코드를 여러 플랫폼에서 재사용할 수 있습니다. 예를 들어, 웹뿐만 아니라 안드로이드와 iOS 네이티브 클라이언트에서도 사용할 코드를 하나로 작성할 수 있습니다. 이제부터 멀티플랫폼 모듈을 만드는 방법을 살펴봅시다.

멀티플랫폼 모듈 설정

그레이들 프로젝트는 여러 모듈로 나눌 수 있습니다. 대부분의 프로젝트가 모듈 하나로 구성되지만, 둘 이상이 될 수도 있습니다. 모듈들은 폴더로 구분되며, 각 폴더에는 build.gradle(.kts) 파일이 하나씩 들어 있습니다. 코틀린을 사용하는 모듈은 적절한 코틀린 플러그인을 사용해야 합니다. 코틀린/JVM 모듈이 필요하면 kotlin("jvm") 플러그인을 사용합니다. 멀티플랫폼 플러그인을 만들고 싶으면 kotlin("multiplatform")을 사용합니다. 멀티플랫폼 모듈에서는 지원할 플랫폼에 맞춰 소스셋(source set)들을 정의해야 합니다.

- **공통 소스셋**(common source set): 특정 플랫폼에 종속되지 않은 코틀린 코드를 포함합니다. 또한 플랫폼 의존적인 API를 구현하지 '않는' 선언문만 포함합니다. 공통 소스셋은 다른 멀티플랫폼 라이브러리를 의존성으로 사용할 수 있습니다. 기본적으로 공통 소스셋을 "commonMain"이라고 부르며, 해당 테스트는 "commonTest"에 위치합니다.
- **타깃 소스셋**(target source set): 특정 플랫폼과 관련된 코드를 포함합니다. 공통 소스셋에서 플랫폼 의존적인 선언들을 특정 플랫폼에 맞게 구현한 코드가 여기 담기게 됩니다. 또한 그 외의 플랫폼 의존적 코드도 포함될 수 있습니다. 플랫폼 의존적 라이브러리를 이용할 수 있습니다(표준 라이브러리 포함). 타깃 소스셋은 백엔드 또는 안드로이드 애플리케이션처럼 우리가 구현하는 프로젝트를 뜻할 수 있으며, 혹은 라이브러리로 컴파일할 수도 있습니다. 예를 들어 "jvmMain", "androidMain", "jsTest"가 타깃 소스셋입니다.

여러 모듈에서 사용되는 멀티플랫폼 모듈을 흔히 '공유 모듈(shared module)'
이라고 합니다.[1]

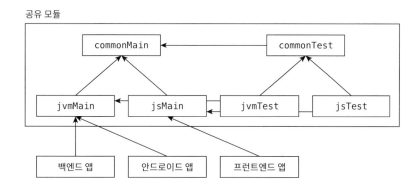

멀티플랫폼 모듈의 build.gradle(.kts) 파일에서 소스셋은 kotlin 블록 안에 정
의합니다. 먼저 컴파일될 대상을 각각 설정하고, sourceSets 블록 안에 소스셋
별 의존성을 정의합니다. 다음은 JVM과 JS를 대상으로 하는 build.gradle.kts
설정 파일의 전체 코드입니다.

```
plugins {
    kotlin("multiplatform") version "1.8.21"
}

group = "com.marcinmoskala"
version = "0.0.1"

kotlin {
    jvm {  // 컴파일 대상
        withJava()
    }
    js(IR) {  // 컴파일 대상
        browser()
        binaries.library()
    }
    sourceSets {  // 소스셋별 의존성 정의
        val commonMain by getting {
            dependencies {
```

---

1 여러 모듈이 사용하는 플랫폼 모듈도 '공유 모듈'이라고 합니다만, 이번 장에서는 '공유 멀티플랫폼
   모듈'만을 가리킵니다.

```
                implementation("org.jetbrains.kotlinx:
                            kotlinx-coroutines-core:1.6.4")
            }
        }
        val commonTest by getting {
            dependencies {
                implementation(kotlin("test"))
            }
        }
        val jvmMain by getting
        val jvmTest by getting
        val jsMain by getting
        val jsTest by getting
    }
    jvmToolchain(11)
}
```

소스셋 파일들은 'src/〈소스셋 이름〉' 폴더에 저장됩니다. 따라서 공통 파일은 src/commonMain 폴더에, JVM 테스트 파일은 src/jvmTest 폴더에 있어야 합니다.

지금까지 공통 모듈을 설정하는 법을 보았습니다. 외부 라이브러리를 사용하지 않는 코틀린/JVM 프로젝트를 멀티플랫폼 프로젝트로 변경하는 건 아주 간단합니다. 그런데 공통 모듈에서는 플랫폼 종속적인 라이브러리를 사용할 수 없다는 제약이 있습니다. 그래서 자바 표준 라이브러리와 자바 라이브러리를 사용하지 못합니다. 대신 멀티플랫폼이며 프로젝트에 정의된 대상 모두를 지원하는 라이브러리만 사용할 수 있습니다. 다행히 코틀린 코루틴(Kotlin Coroutines), 코틀린 직렬화(Kotlin Serialization), 케이터 클라이언트(Ktor Client)를 비롯한 많은 라이브러리가 존재합니다. 공통 라이브러리를 사용할 수 없는 경우 expect와 actual 요소를 정의하면 유용합니다.

expect와 actual 요소

공통 소스셋(commonMain)은 각각의 플랫폼에서 플랫폼 종속적인 코드와도 잘 동작해야 합니다. commonMain에서 랜덤 UUID 문자열을 생성해야 한다고 합시다. 이 기능을 지원하기 위해 플랫폼마다 제각기 다른 클래스를 사용합니다.

JVM에서는 `java.util.UUID`를, iOS에서는 `platform.Foundation.NSUUID`를 사용합니다. 공통 모듈에서 이 클래스를 사용해 UUID를 생성하려면, commonMain에서 '기대하는(expect)' randomUUID 함수를 지정하고, 각 플랫폼의 소스셋에서 '실제(actual)' 코드를 구현합니다.

```
// commonMain
expect fun randomUUID(): String

// jvmMain
import java.util.*

actual fun randomUUID() = UUID.randomUUID().toString()

// iOS 소스셋 중 하나
import platform.Foundation.NSUUID

actual fun randomUUID(): String = NSUUID().UUIDString()
```

컴파일러는 commonMain에서 expect 키워드로 표시한 선언문들과 일치하는 actual 선언문들이 모든 플랫폼별 소스셋에 존재함을 보장합니다.

코틀린의 핵심 요소는 모두 commonMain에서 expect로 표시할 수 있습니다. 즉, 함수, 클래스, 객체 선언, 인터페이스, 열거형, 프로퍼티, 애너테이션 모두 expect로 정의할 수 있습니다.

```
// commonMain
expect object Platform {
    val name: String
}

// jvmMain
actual object Platform {
    actual val name: String = "JVM"
}

// jsMain
actual object Platform {
    actual val name: String = "JS"
}
```

expect로 선언된 조건을 만족하는 타입의 타입 별명을 actual 정의로 사용할 수도 있습니다.

```
// commonMain
expect class DateTime {
    fun getHour(): Int
    fun getMinute(): Int
    fun getSecond(): Int
    // ...
}

// jvmMain
actual typealias DateTime = LocalDateTime   // 타입 별칭 이용

// jsMain
import kotlin.js.Date

actual class DateTime(
    val date: Date = Date()
) {
    actual fun getHour(): Int = date.getHours()
    actual fun getMinute(): Int = date.getMinutes()
    actual fun getSecond(): Int = date.getSeconds()
}
```

이후에 expect와 actual 요소를 사용한 더 많은 예는 조금 뒤에 만나보겠습니다.

사실 expect와 actual 요소를 정의해야 하는 상황은 많지 않습니다. common Main에 인터페이스를 정의하고, 인터페이스를 구현하는 플랫폼 종속적인 클래스를 주입하면 되기 때문입니다. 이와 관련한 예도 조금 뒤에 준비되어 있습니다.

expect 클래스들은 멀티플랫폼 개발에 반드시 필요합니다. 다른 요소들을 구현할 때 기초가 될 플랫폼 종속적 요소들을 명시하기 때문입니다. 코틀린 표준 라이브러리는 expect 요소들에 기반해 작성되었으며, 그렇지 않았다면 강력한 멀티플랫폼 라이브러리를 구현하기 어려웠을 것입니다.

이제부터 코틀린 멀티플랫폼이 무엇을 제공할 수 있는지 함께 알아봅시다.

가능성

한 가지 플랫폼만을 위한 애플리케이션을 개발하는 회사는 그다지 많지 않습니다.[2] 오히려 서로 다른 플랫폼에서 작동하는 여러 서비스를 조합해 하나의 제품으로 제공하는 경우가 많습니다. 네트워크로 통신하는 클라이언트와 서버 애플리케이션을 생각해 보세요. 통신용 코드의 꽤 많은 양이 상당히 비슷할 것입니다. 하나의 제품을 여러 플랫폼용으로 출시한다면 비슷한 코드가 훨씬 많을 것이며, 특히 비즈니스 로직은 거의 같을 것입니다. 이런 프로젝트는 코드를 공유한다면 상당한 이득을 얻을 수 있습니다.

많은 회사가 웹 개발에 크게 의존하고 있습니다. 고객에게 보여지는 제품은 브라우저에서 동작하는 웹 프런트엔드이며, 대부분의 경우 다양한 백엔드 애플리케이션과 연동해 동작합니다. 웹 프런트엔드에서는 자바스크립트가 주로 쓰이며, 사실상 독점이라고 해도 과언이 아닙니다. 백엔드에서 가장 인기 있는 언어는 자바입니다. 두 언어는 많이 다르기 때문에, 백엔드 개발과 프런트엔드 개발을 따로 진행하는 것이 보통입니다.

하지만 코틀린이 백엔드에서 자바의 대체 언어로 각광받기 시작하면서 이러한 경향에도 변화가 생겼습니다. 예를 들어, 코틀린은 가장 인기 있는 자바 프레임워크인 스프링(Spring)과 함께 사용할 수 있습니다. 코틀린은 모든 프레임워크에서 자바를 대체할 수 있으며, 케이터(Ktor)처럼 아예 코틀린으로 개발된 백엔드 프레임워크 또한 많습니다. 그 결과 많은 백엔드 프로젝트의 언어가 자바에서 코틀린으로 바뀌고 있습니다.

한편 코틀린의 뛰어난 점 중 하나는 자바스크립트로도 컴파일할 수 있다는 것입니다. 코틀린/JS 라이브러리가 이미 많이 등장하여 코틀린으로 다양한 웹 애플리케이션을 제작할 수 있습니다. 예를 들어, 웹 프런트엔드를 리액트(Re-act)와 코틀린/JS를 혼용해 개발할 수 있습니다.

이처럼 코틀린으로 백엔드와 프런트엔드를 모두 제작할 수 있습니다. 더 좋은 점은 JVM 바이트코드와 자바스크립트 모두로 컴파일할 수 있는 공통 코드가 생긴다

---

2 코틀린만 해도 JVM, 안드로이드, 자바스크립트, iOS, 리눅스, 윈도우, 맥, 그리고 STM32와 같은 임베디드 시스템을 각기 다른 플랫폼으로 보고 있습니다.

는 점입니다. 예를 들어, 보편적인 도구, API 엔드포인트 정의, 공통된 추상 개념 등을 공유할 수 있습니다.

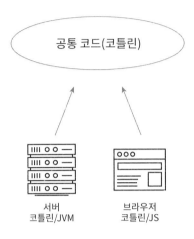

요즘은 안드로이드만을 위한 프로젝트를 수행하는 일은 거의 없으므로 코틀린 멀티플랫폼은 모바일 세계에서 더욱 중요합니다. 서버 없이 돌아가는 애플리 케이션도 이따금 있지만, 일반적으로는 iOS 시장까지 포기하지는 않습니다. 보통은 플랫폼별로 다른 언어와 도구를 사용해 애플리케이션을 개발하지만, 결국 안드로이드 버전과 iOS 버전은 매우 비슷합니다. 외관은 다르더라도 내부 로직은 거의 같습니다. 이럴 때 코틀린의 멀티플랫폼 기능을 활용하면 로직을 단 한 번만 구현해 두고 두 플랫폼에서 재사용할 수 있습니다. 프레임워크와 플랫폼에 독립적인 비즈니스 로직을 구현하는 공유 모듈을 만들 수도 있습니다(클린 아키텍처). 순수 코틀린 또는 다른 멀티플랫폼 모듈을 사용해 작성한 공통 로직은 다른 플랫폼에서도 사용할 수 있습니다.

안드로이드에서는 공유 모듈을 직접 사용할 수 있습니다. 멀티플랫폼과 JVM 모듈 모두 그레이들로 빌드할 수 있기 때문에 멀티플랫폼과 JVM 모듈 연동은 아주 매끄럽습니다. 안드로이드 프로젝트에서 공통 코드를 추출하는 일과 비슷하다고 볼 수 있습니다.

iOS에서는 공통 코드를 코틀린/네이티브를 이용하여 오브젝티브-C 프레임 워크용으로 컴파일합니다. 이때 코틀린/네이티브는 LLVM을 사용해 네이티브 코드(native code)[3]로 컴파일해 줍니다.[4] 이렇게 얻은 결과를 Xcode나 App Code 상에서 스위프트로 참조해 사용할 수 있습니다. 또한 애플리케이션 전체를 코틀린/네이티브만으로 구현할 수도 있습니다.

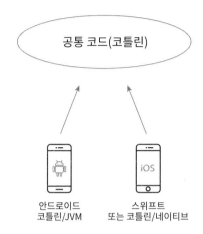

모든 플랫폼을 함께 사용할 수도 있습니다. 코틀린을 사용하면 거의 모든 종류의 대중적인 기기와 플랫폼용 개발을 할 수 있으며, 원하는 플랫폼에서 코드를 재사용할 수 있습니다. 다음은 코틀린으로 작성할 수 있는 예의 극히 일부입니다.

- 코틀린/JVM
    - 백엔드 개발(예: 스프링과 케이터)
    - 안드로이드 개발(안드로이드 SDK 사용)
    - 데스크톱 애플리케이션 개발(예: 토네이도FX)
- 코틀린/JS
    - 웹사이트 개발(예: 리액트)

---

3 네이티브 코드란 특정 프로세서에서 실행되도록 작성된 코드를 말합니다. C, C++, 스위프트, 코틀린/네이티브 같은 언어는 모두 실행되는 프로세서의 기계어로 컴파일되기 때문에 네이티브 코드라 할 수 있습니다.
4 스위프트와 러스트도 마찬가지입니다.

- 코틀린/네이티브
  - iOS 프레임워크 개발(오브젝티브-C와 스위프트 지원)
  - 라즈베리 파이, 리눅스, 또는 맥OS 프로그램 개발

다음은 전형적인 애플리케이션을 보여 주는 그림입니다.

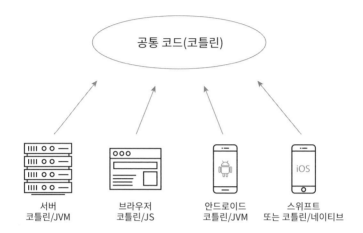

공유 모듈을 정의하면 라이브러리에서도 강력한 도구로 활용할 수 있습니다. 특히 플랫폼에 그다지 의존하지 않는 라이브러리라면 공유 모듈로 쉽게 옮길 수 있습니다. 이렇게 만들어 둔 공유 모듈은 JVM에서 실행되는 모든 언어, 자바스크립트, 그 외 네이티브 언어에서 자유롭게 사용할 수 있습니다. 즉, 자바, 스칼라, 자바스크립트, 커피스크립트, 타입스크립트, C, 오브젝티브-C, 스위프트, 파이썬, C# 등에서 사용할 수 있게 됩니다.

멀티플랫폼 라이브러리는 특정 플랫폼용 라이브러리보다 작성하기가 훨씬 어렵습니다. 일부 기능은 모든 플랫폼에서 동작하려면 플랫폼 종속적인 코드로 작성해야 하는 일이 많기 때문입니다. 하지만 네트워크 통신(케이터), 직렬화(kotlinx.serialization), 날짜와 시간(kotlinx-datetime), 데이터베이스 통신(SQLDelight), 의존성 주입(Kodein-DI) 등 다양한 용도의 멀티플랫폼 라이브러리가 이미 많습니다. 더욱이 젯팩 컴포즈처럼 공유 모듈로 UI 요소까지 구현할 수 있는 라이브러리도 이미 존재합니다. 이 라이브러리들을 활용하면 공유 모듈만으로도 여러 플랫폼에서 완벽히 작동하는 애플리케이션을 구현할 수 있

습니다.

이론은 이쯤 하고 실전으로 들어가 봅시다. 이제부터 멀티플랫폼 프로젝트
의 실제 예를 몇 가지 살펴보겠습니다.

멀티플랫폼 라이브러리

어리고 열정이 가득했던 학생 시절, 저는 학습용으로 플래시카드 애플리케이
션인 안키(Anki) 앱을 사용하기 시작했습니다. 지금도 안키를 종종 사용하지
만, 제가 작성한 플래시카드와 노트 사이에 중복이 생기는 점이 많이 불편했습
니다. 이를 해결하기 위해 안키마크다운(AnkiMarkdown)이라는 프로젝트를
시작했습니다. 노트 작성에 이용하는 마크다운 문법에 특정 종류의 플래시카
드임을 나타낼 수 있는 구문을 만들고, 그 구문을 이해하는 프로그램을 구현했
습니다. 이 프로그램은 노트를 기초로 플래시카드를 갱신하거나, 플래시카드
로부터 노트를 갱신하는 두 가지 동기화 모드를 제공했습니다.

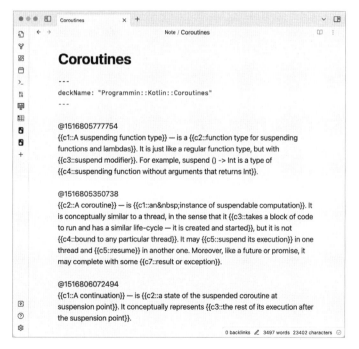

안키마크다운으로 정의한 플래시카드 예

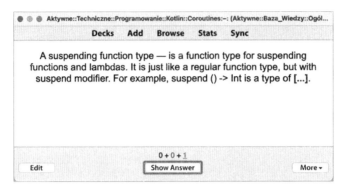

안키에서 cloze 타입을 가지는 플래시카드

처음에는 프로그램을 코틀린/JVM으로 구현한 다음 콘솔 창에서 실행했지만, 나중에는 옵시디언(Obsidian) 앱으로 노트를 관리하기 시작했습니다. 안키와 동기화하는 옵시디언 플러그인은 자바스크립트로 구현해야 했는데, 코틀린이 멀티플랫폼 언어이므로 기존의 코틀린/JVM 모듈을 멀티플랫폼 모듈로 바꾸는 일은 정말 간단했습니다. 안키와 통신하기 위해 케이터 클라이언트를 이미 사용해 보았으므로, 가장 중요한 변경점은 파일 관리를 멀티플랫폼 모듈의 타깃 소스셋으로 옮기는 일이었습니다.

 전체 코드는 *https://github.com/MarcinMoskala/AnkiMarkdown*에서 확인할 수 있습니다.

실제로 어떻게 구현했는지 살펴봅시다. 먼저 YAML 파일을 파싱하고 직렬화하는 라이브러리를 만들기로 했습니다. 파싱하고 직렬화하는 코드를 모두 코틀린으로 구현하고 다음의 두 메서드를 노출하는 클래스를 라이브러리 API로 제공하였습니다.

```
class YamlParser {
    fun parse(text: String): YamlObject {
        /*...*/
    }
    fun serialize(obj: YamlObject): String {
        /*...*/
    }

    // ...
}
```

```
sealed interface YamlElement

data class YamlObject(
    val properties: Map<String, YamlElement>
) : YamlElement

data class YamlString(val value: String) : YamlElement

// ...
```

코틀린과 코틀린 표준 라이브러리만 사용했으므로 이 코드는 공통 소스셋에 넣을 수 있습니다. 이를 위해 프로젝트를 멀티플랫폼 모듈로 설정하고, 공통 모듈과 플랫폼별 모듈들을 정의하는 파일을 준비해야 합니다. 그레이들 빌드 파일인 build.gradle(.kts)가 있어야 하며, 그 안에 코틀린 멀티플랫폼 그레이들 플러그인을 추가하고, 소스셋도 설정해야 합니다. 소스셋에서는 컴파일 대상 플랫폼과 각 플랫폼에서 사용하는 의존성을 명시합니다.

```
// build.gradle.kts
plugins {
    // 코틀린 멀티플랫폼 그레이들 플러그인 추가
    kotlin("multiplatform") version "1.8.10"
    // ...
    java
}

kotlin {
    jvm {  // 컴파일 대상 플랫폼
        compilations.all {
            kotlinOptions.jvmTarget = "1.8"
        }
        withJava()
        testRuns["test"].executionTask.configure {
            useJUnitPlatform()
        }
    }
    js(IR) {  // 컴파일 대상 플랫폼
        browser()
        binaries.library()
    }
    sourceSets {  // 소스셋 설정
        val commonMain by getting {
            dependencies {
```

```
            // ... (의존성 명시)
        }
    }
    val commonTest by getting {
        dependencies {
            // ...
        }
    }
    val jvmMain by getting {
        dependencies {
            // ...
        }
    }
    val jvmTest by getting
    val jsMain by getting
    val jsTest by getting
    }
}
```

소스셋의 이름은 대상 플랫폼을 의미하므로 아주 중요합니다. 참고로 플랫폼
별 테스트는 고유한 의존성을 가진 별도의 소스셋으로 구분합니다. 그래서 테
스트용 소스셋들도 각각 코드를 담는 'kotlin' 폴더와 그 외 리소스를 담는 're-
sources' 폴더를 갖춘 온전한 폴더 구조로 만들어집니다.

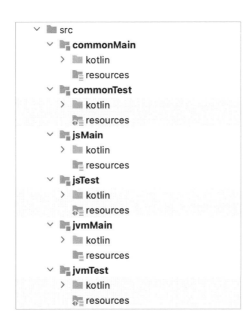

공통 소스셋 파일들은 'commonMain' 폴더에 넣어야 합니다. (우리가 만들 라이브러리처럼) expect 선언이 전혀 없다면, 공통 모듈로부터 JVM 바이트코드용과 자바스크립트용 라이브러리를 곧바로 생성할 수 있습니다.

　라이브러리를 자바에서 사용하는 방법은 다음과 같습니다.

```java
// 자바
YamlParser yaml = new YamlParser();
System.out.println(yaml.parse("someProp: ABC"));
// YamlObject(properties={someProp=YamlString(value=ABC)})
```

코틀린/JS를 사용해 브라우저용으로 빌드하면 다음처럼 자바스크립트에서도 사용할 수 있습니다.

```javascript
// 자바스크립트
const parser = new YamlParser();
console.log(parser.parse("someProp: ABC"))
// {properties: {someprop: "ABC"}}
```

한편 NodeJS 패키지에서는 노출된 요소만 임포트할 수 있기 때문에 NodeJS 패키지로 빌드하기는 더 어렵습니다. 공통 모듈의 클래스가 NodeJS에서 동작하게 하려면 자바스크립트에서 이용해야 하는 모든 요소에 (즉, API로 공개해야 하는 요소들에) @JsExport 애너테이션을 추가해야 합니다.

```kotlin
@JsExport
class YamlParser {
    fun parse(text: String): YamlObject {
        /*...*/
    }
    fun serialize(obj: YamlObject): String {
        /*...*/
    }

    // ...
}

@JsExport
sealed interface YamlElement

@JsExport
data class YamlObject(
```

```
    val properties: Map<String, YamlElement>
) : YamlElement

@JsExport
data class YamlString(val value: String) : YamlElement
// ...
```

이 코드는 자바스크립트뿐 아니라 (클래스와 인터페이스의 타입을 확인할 수
있어야 하는) 타입스크립트에도 사용할 수 있습니다.

```
// 타입스크립트
const parser: YamlParser = new YamlParser();
const obj: YamlObject = parser.parse(text);
```

이상의 예를 살짝 복잡하게 만들어서 YAML을 파일이나 URL로부터 읽어 들이
는 클래스를 추가하기로 합시다. 파일을 읽고 네트워크 요청을 하는 일은 전부
플랫폼 종속적이지만, 이를 위한 멀티플랫폼 라이브러리가 이미 제공되고 있
습니다. 파일 읽기에는 오키오(Okio)를 사용하고 URL에서 파일을 가져오는 데
에는 케이터(Ktor) 클라이언트를 사용하겠습니다.

```
// 오키오(Okio)를 사용해 파일을 읽습니다.
class FileYamlReader {
    private val parser = YamlParser()

    fun read(filePath: String): YamlObject {
        val source = FileSystem.SYSTEM
            .source(filePath)
            .let(Okio::buffer)
        val fileContent = source.readUtf8()
        source.close()
        return parser.parse(fileContent)
    }
}

// 케이터(Ktor) 클라이언트를 사용해 URL을 읽습니다.
class NetworkYamlReader {
    private val parser = YamlParser()

    suspend fun read(url: String): YamlObject {
        val resp = client.get(url) {
            headers {
```

```
                append(HttpHeaders.Accept, "text/yaml")
            }
        }.bodyAsText()
        return parser.parse(resp)
    }
}
```

예제에서는 네트워크 요청을 위해 중단 함수를 사용했는데, 중단 함수는 코틀린 외 다른 언어에서는 사용할 수 없다는 문제가 있습니다. 자바나 자바스크립트 같은 다른 언어에서도 NetworkYamlReader 클래스를 사용하려면 플랫폼별로 다르게 동작하는 클래스를 추가해야 합니다. 예를 들어, JVM에서는 블로킹 형태로, 자바스크립트에서는 Promise를 노출하는 형태로 수정해야 합니다.

```
// jsMain 모듈
@JsExport
@JsName("NetworkYamlReader")
class NetworkYamlReaderJs {
    private val reader = NetworkYamlReader()
    private val scope = CoroutineScope(SupervisorJob())

    fun read(url: String): Promise<YamlObject> =
        scope.promise { reader.read(url) }
}
```

이상의 예로 여러분은 멀티플랫폼 모듈로 할 수 있는 일들과 이를 활용하기 위해 풀어야 할 과제를 살짝 맛보았습니다. 다음에 소개할 예에서는 코틀린의 멀티플랫폼 기능을 더욱 확실하게 느낄 수 있습니다.

멀티플랫폼 모바일 애플리케이션

코틀린 멀티플랫폼 모바일(KMM) 기능은 안드로이드와 iOS 사이의 공유 코드 구현에 자주 사용됩니다. 아이디어는 간단합니다. 안드로이드용 공유 모듈을 정의하고, iOS용도 정의합니다. 그런 다음 이 모듈들을 기반으로 안드로이드와 iOS 라이브러리를 생성합니다. 이 라이브러리에서는 플랫폼 종속적인 코드를 작성하지 않고도 네트워크, 데이터베이스, 직렬화 등의 기능을 사용할 수 있습니다. 다른 사람들이 만들어 공개한 다른 라이브러리가 이미 다양하게 존재하기 때문입니다.

구체적인 예를 봅시다. 안드로이드와 iOS용으로 아침 운동 루틴을 관리해
줄 애플리케이션을 구현하려고 합니다. 코틀린의 멀티플랫폼 기능을 활용하
기로 하고, 공유 모듈을 정의합니다. 최근에는 애플리케이션의 비즈니스 로직
을 뷰 모델(View Model)로 추출하는 것이 관례가 되었습니다. 뷰 모델이란 관
찰 가능한 프로퍼티로 구성된 클래스를 말합니다. 관찰 가능한 프로퍼티를 뷰
가 관찰하면서 그 값이 변하면 뷰에도 곧바로 반영합니다. 우리도 공유 모듈에
서 WorkoutViewModel을 정의하고, 관찰 가능한 프로퍼티로는 코틀린 코루틴의
MutableStateFlow를 사용하겠습니다.[5]

```kotlin
class WorkoutViewModel(
    private val timer: TimerService,
    private val speaker: SpeakerService,
    private val loadTrainingUseCase: LoadTrainingUseCase
    // ...
) : ViewModel() {
    private var state: WorkoutState = ...

    val title = MutableStateFlow("")
    val imgUrl = MutableStateFlow("")
    val progress = MutableStateFlow(0)
    val timerText = MutableStateFlow("")

    init {
        loadTraining()
    }

    fun onNext() {
        // ...
    }

    // ...
}
```

이런 애플리케이션을 개발할 때 중요한 점들을 먼저 짚어 보겠습니다. 이를 통
해 코틀린 멀티플랫폼 개발을 어떻게 하면 되는지 깨달음을 얻을 것입니다.

---

5 프로퍼티를 StateFlow 뒤로 숨겨 메서드의 가시성을 제한하는 방법이 많이 쓰이지만, 예제를 간단하
   게 만들기 위해 이렇게 하지는 않았습니다.

ViewModel 클래스

ViewModel 클래스부터 시작해 봅시다. 안드로이드에서 뷰 모델을 나타내는 클래스는 androidx.lifecycle의 ViewModel을 구현해야 합니다. iOS는 이러한 요구사항이 없습니다. 따라서 두 플랫폼 모두를 만족시키기 위해서는 ViewModel을 expect로 지정해야 합니다. 그런 다음 안드로이드에서의 actual 클래스는 androidx.lifecycle.ViewModel을 확장하고, iOS에서의 actual 클래스는 비워 둡니다.

```
// commonMain
expect abstract class ViewModel() {
    open fun onCleared()
}

// androidMain
abstract class ViewModel : androidx.lifecycle.ViewModel() {
    val scope = viewModelScope

    override fun onCleared() {
        super.onCleared()
    }
}

// iOS 소스셋
actual abstract class ViewModel actual constructor() {
    actual open fun onCleared() {
    }
}
```

ViewModel 클래스에 다른 기능을 추가할 수도 있습니다. 예를 들어, 코루틴 스코프를 정의할 수 있습니다. 안드로이드에서는 viewModelScope를 사용합니다. iOS에서는 스코프를 직접 만들어야 합니다.

```
// commonMain
expect abstract class ViewModel() {
    val scope: CoroutineScope
    open fun onCleared()
}

// androidMain
abstract class ViewModel : androidx.lifecycle.ViewModel() {
```

```
    val scope = viewModelScope
    override fun onCleared() {
        super.onCleared()
    }
}

// iOS 소스셋
actual abstract class ViewModel actual constructor() {
    actual val scope: CoroutineScope = MainScope()

    actual open fun onCleared() {
        scope.cancel()
    }
}
```

플랫폼 종속적 클래스

이제 WorkoutViewModel 생성자의 매개변수들을 생각해 봅시다.

```
class WorkoutViewModel(
    private val timer: TimerService,
    private val speaker: SpeakerService,
    private val loadTrainingUseCase: LoadTrainingUseCase
    // ...
```

매개변수 일부는 공통 라이브러리를 사용해 공유 모듈에서 구현할 수 있습니다. 네트워크 클라이언트만 있으면 되는 LoadTrainingUseCase가 좋은 예입니다. 하지만 다른 몇몇 매개변수는 플랫폼에 따라 다르게 구현해야 할 수도 있습니다. SpeakerService가 좋은 예입니다. 공유 모듈에서 사용할 수 있는 플랫폼 종속적 TTS(텍스트 음성 변환) 클래스를 제공하는 라이브러리를 찾지 못했기 때문입니다.

SpeakerService를 expect 클래스로 정의할 수도 있습니다. 하지만 common Main에서 인터페이스로 정의한 다음, 이를 구현한 클래스를 플랫폼별 소스셋에 주입하는 방식이 더 쉽습니다.

```
// commonMain
interface SpeakerService {
    fun speak(text: String)
}
```

```kotlin
// 안드로이드 애플리케이션
class AndroidSpeaker(context: Context) : SpeakerService {
    private var tts = TextToSpeech(context, null)

    override fun speak(text: String) {
        tts.speak(text, TextToSpeech.QUEUE_FLUSH, null, null)
    }
}
```

```swift
// 스위프트
class iOSSpeaker: Speaker {
    private let synthesizer = AVSpeechSynthesizer()

    func speak(text: String) {
        synthesizer.stopSpeaking(at: .word)
        let utterance = AVSpeechUtterance(string: text)
        synthesizer.speak(utterance)
    }
}
```

이러한 클래스들의 가장 큰 문제점은 두 플랫폼의 공통 인터페이스를 찾기 어렵다는 것입니다. 지금의 예에서도 안드로이드의 TextToSpeech와 iOS의 AVSpeechSynthesizer가 일관되지 못합니다. 안드로이드에서는 Context를 제공해야 합니다. iOS에서는 앞선 음성 요청이 끝났는지 확인해야 합니다. 두 플랫폼 중 하나에서만 음성 합성기 클래스를 사용 전에 초기화해야 한다면 어떻게 될까요? 두 클래스 모두에 initialize 메서드를 추가하고 각 플랫폼에 맞게 구현해야 합니다. 물론 한 플랫폼에서는 메서드 본문이 비어 있을 것입니다. 이처럼 기능을 공통되게 구현하려면 모든 플랫폼의 특성이 합쳐지기 때문에 코드가 복잡해지기 쉽습니다.

프로퍼티 관찰하기

안드로이드는 StateFlow를 관찰하는 기능을 매우 훌륭하게 지원합니다. XML에서 값을 바인딩할 수 있으며, 젯팩 컴포즈에서 이 프로퍼티들을 상태로 간단하게 취합할 수 있습니다.

```kotlin
val title: String by viewModel.title.collectAsState()
```

```
val imgUrl: String by viewModel.imgUrl.collectAsState()
val progress: Int by viewModel.progress.collectAsState()
val timerText: String by viewModel.timerText.collectAsState()
```

스위프트에서는 이렇게 하기가 쉽지 않습니다. 해결 방법이 몇 가지 있지만, 어느 것도 표준은 아닙니다. 추후에 프로퍼티를 관찰하는 표준이 생겼으면 합니다. 한 가지 해결법으로 모코(MOKO) 같은 라이브러리를 사용해 뷰 모델을 관찰 가능한 객체로 바꿀 수 있습니다. 하지만 설정 과정이 필요하고 뷰 모델도 변경해야 합니다.

```
// iOS 스위프트
struct LoginScreen: View {
    @ObservedObject
    var viewModel: WorkoutViewModel = WorkoutViewModel()

    // ...
}
```

StateFlow를 콜백 함수로 관찰할 수 있는 객체로 만들 수도 있습니다. 이를 지원하는 라이브러리를 사용할 수도 있고, 스위프트에서 StateFlow를 취합할 수 있는 간단한 래퍼 클래스를 직접 정의할 수도 있습니다.

```
// 스위프트
viewModel.title.collect(
    onNext: { value in
        // ...
    },
    onCompletion: { error in
        // ...
    }
)
```

앞으로는 더 많은 선택지가 생기겠지만, 현재로서는 이 방법이 코틀린 멀티플랫폼 프로젝트를 만드는 가장 좋은 방법으로 보입니다.

요약

코틀린으로는 다양한 플랫폼에서 동작하는 코드를 구현할 수 있어서 코드를 재사용할 기회가 크게 늘어납니다. 공통 코드를 구현하기 위해 코틀린은 멀티플랫폼 표준 라이브러리를 제공하며, 이미 네트워크 호출, 직렬화, 의존성 주입, 데이터베이스 사용 등의 기능을 지원하는 라이브러리가 다양하게 나와 있습니다. 라이브러리 개발자는 여러 플랫폼을 지원하는 라이브러리를 적은 노력으로 똑같은 시간에 구현할 수 있습니다. 모바일 개발자는 로직을 단 한 번만 구현하여 안드로이드와 iOS 모두에서 사용할 수 있습니다. 이처럼 필요에 따라 다양한 플랫폼에서 코드를 재사용할 수 있습니다. 이번 장을 통해 코틀린 멀티플랫폼 기능이 얼마나 강력한지 느꼈을 것입니다.

연습문제: 멀티플랫폼에서의 LocalDateTime

멀티플랫폼 프로젝트에서 시간을 표현하는 공통 타입을 정의해야 합니다. 이 타입이 java.time 패키지의 LocalDateTime과 똑같이 동작하기를 원합니다. 코틀린/JVM에서는 LocalDateTime을 실제 타입으로 직접 사용하기로 했습니다.

먼저 공통 타입인 LocalDateTime을 정의한 다음, 코틀린/JVM에서는 별칭을 정의하고 코틀린/JS에서는 자바스크립트의 Date를 래핑하는 클래스를 정의하세요.

다음은 각 플랫폼에서 제공해야 하는 expect 요소들입니다.

```
expect class LocalDateTime {
    fun getSecond(): Int
    fun getMinute(): Int
    fun getHour(): Int
    fun plusSeconds(seconds: Long): LocalDateTime
}

expect fun now(): LocalDateTime

expect fun parseLocalDateTime(str: String): LocalDateTime
```

다음 깃허브 저장소에서 이 프로젝트의 시작 코드와 단위 테스트를 확인할 수 있습니다. 프로젝트를 로컬 환경으로 클론하여 문제를 풀어 보세요.

https://github.com/MarcinMoskala/kmp-exercise

7장

자바스크립트 상호운용성

기존 코틀린/JVM 프로젝트의 코드 일부를 웹사이트에서도 사용해야 하는 상황을 생각해 봅시다. 사실 해당 코드를 공통 모듈[1]로 옮기면 되므로 크게 문제가 되는 상황은 아닙니다. 공통 모듈은 자바스크립트와 타입스크립트에서 사용할 수 있는 패키지로 빌드할 수 있고, 이를 npm에 배포하여 다른 개발자들에게 제공할 수도 있습니다.

제가 안키마크다운(AnkiMarkdown)[2]이라는 라이브러리를 만들 때도 비슷한 이런 상황을 겪었습니다. 안키마크다운은 특별한 마크다운으로 플래시카드를 생성하고 안키(Anki) 앱과 동기화해 주는 라이브러리입니다. 처음에는 동기화 기능을 JVM 애플리케이션으로 구현하고 콘솔 창에서 실행했는데, 사용하기 불편했습니다. 추후 노트 관리용으로 옵시디언(Obsidian) 앱을 사용하면서 안키마크다운을 옵시디언 플러그인으로 사용하면 편하겠다는 생각이 들었습니다. 이를 위해 JS로 작성된 동기화 코드가 필요했지만, 아무 문제 없었습니다! 기존 코틀린 코드를 멀티플랫폼 모듈로 옮기고 npm으로 배포하기까지는 몇 시간이면 충분했습니다. 저는 지금도 옵시디언에서 안키마크다운 플러그인을 추가해 사용하고 있습니다.

---

1 현재 구현된 코틀린/JS는 코틀린 코드를 ES5 또는 ES6로 컴파일합니다.
2 안키마크다운 깃허브 저장소: *https://github.com/MarcinMoskala/AnkiMarkdown*

비슷한 상황을 두 번째로 접하게 된 건 스칸즈(Scanz)에서 일할 때였습니다. 코틀린/JVM으로 구현된 복잡한 데스크톱 클라이언트 애플리케이션이 있었는데, 웹 기반으로 새로 만들고 싶어서 공통 코드(서비스, 뷰 모델, 저장소)를 공유 모듈로 추출해서 재사용했습니다. 공유 모듈을 추출하는 것 또한 여러 가지 장단점이 있었지만, 모든 코드를 새로 작성하는 것보다 빨랐습니다. 그뿐 아니라, 안드로이드와 iOS 애플리케이션에서도 공통 모듈을 사용할 수 있게 되었습니다.

마지막으로 공유하고 싶은 이야기는 스도쿠 문제 생성기와 솔버(solver)[3]입니다. 문제 생성기와 솔버는 스도쿠 문제를 생성하거나 풀어 주는 프로그램으로, 스도쿠 풀이법을 알려 주는 책을 쓸 때 이용했습니다. 저는 문제를 보여 주고 직접 풀어보기 편리하도록 리액트 애플리케이션을 구현한 다음, 스도쿠 생성기와 솔버를 공통 모듈로 만들어 npm으로 배포했습니다.

이번 장에서는 제가 터득한 모든 것을 공유하고자 합니다. 코틀린/JVM 프로젝트를 타입스크립트에서 사용하기 편하도록 변환하면서 겪은 난제와 실제로 만든 패키지의 사용법을 소개하겠습니다.

 집필 시점의 코틀린 버전은 1.8.21입니다. 1.8.0 이후의 코틀린/JS는 안정화된 버전이지만, (그레이들 태스크 이름처럼) 제가 설명한 내용의 세부 사항이 다음 버전에서 일부 변하더라도 놀라운 일은 아닐 것입니다.

프로젝트 설정하기

가장 먼저 할 일은 멀티플랫폼 프로젝트 설정입니다. 코틀린 멀티플랫폼 플러그인을 사용한 그레이들 모듈이 필요하며, kotlin 블록에 js가 설정되어야 합니다. 출력 형식을 지정하려면 코드가 실행될 환경에 따라 browser(), nodejs(), 또는 useEsModules()를 js 블록 안에서 호출해야 합니다. 코드를 브라우저 애플리케이션에서 실행하려면 browser()를 사용하고, NodeJS 모듈을 생성하려면 nodejs()를 사용합니다. ES6 모듈을 생성하려면 useEsModules()를 사용합니다.

---

3 스도쿠 생성기와 솔버 깃허브 저장소: *https://github.com/MarcinMoskala/sudoku-generator-solver*

마지막으로, js 블록에서 `binaries.executable()`을 호출합니다. 이 함수는 실행 가능한 .js 파일들을 만들도록 코틀린 컴파일러에 명시적으로 지시하는 기능을 합니다. 그런 다음 `sourceSets` 블록에 jsMain을 명시해야 합니다(JS용 테스트가 필요하면 jsTest도 명시합니다).

```
plugins {
    kotlin("multiplatform") version "1.8.21"
}

kotlin {
    jvm {}
    js(IR) {
        browser()       // 브라우저에서 코드를 실행할 때 필요합니다.
        nodejs()        // Node.js에서 코드를 실행할 때 필요합니다.
        useEsModules()  // .mjs ES6 모듈이 생성됩니다.
        binaries.executable()
    }
    sourceSets {
        val commonMain by getting {
            dependencies {
                // 의존성 명시
            }
        }
        val commonTest by getting
        val jvmMain by getting
        val jvmTest by getting
        val jsMain by getting
        val jsTest by getting
    }
}
```

 js 블록의 IR[4]은 중간 표현(Intermediate Representation) 컴파일러가 사용된다는 뜻입니다. 중간 표현 컴파일러는 소스 맵 생성과 JS 최적화 기능 덕분에 현재 표준으로 자리 잡았습니다. 향후 버전에서는 코틀린/JS 디버깅에도 도움을 줄 것입니다.

현재 `kotlin("js")` 플러그인은 지원이 중단되어서, 자바스크립트를 대상으로 하려면 `kotlin("multiplatform")`만 사용할 수 있습니다.

---

4 (옮긴이) IR(중간 표현)이란 소스 코드를 표현하기 위해 컴파일러나 가상 머신에서 내부적으로 사용하는 데이터 구조 또는 코드를 말합니다.

코틀린/JS 프로젝트를 설정하는 법을 알아보았으니 이제 무엇을 할 수 있는지 살펴보겠습니다.

코틀린/JS를 지원하는 라이브러리 사용하기

모든 의존성을 멀티플랫폼 환경에서 사용할 수는 없습니다. 코틀린/JS를 지원하지 않는 의존성도 많습니다. 특정 의존성이 멀티플랫폼을 지원하지 않는다면 대체할 의존성을 찾거나 플랫폼 종속적인 코드를 구현해야 합니다. 직접 구현하지 않으려면 확실한 멀티플랫폼 라이브러리를 찾아 사용하는 것이 좋습니다. 대표적으로는 코틀린 팀이 제공하는 Kotlinx 직렬화, 코루틴, 케이터 클라이언트가 있습니다.

코틀린/JS 사용하기

코틀린/JS에서도 표준 라이브러리 요소를 포함한 코틀린의 기능 모두를 이용할 수 있습니다. 그래서 코틀린/JVM을 사용할 때와 크게 다르지 않습니다. 하지만 자바 표준 라이브러리는 사용할 수 없기 때문에 대신 자바스크립트가 제공하는 함수를 사용해야 합니다. 예를 들어, 콘솔에 메시지를 출력할 때는 console.log() 함수를 사용합니다.

```
fun printHello() {
    console.log("Hello")
}
```

이 코드처럼 구현할 수 있는 이유는 코틀린/JS가 자바스크립트 함수와 객체를 위한 다양한 선언을 제공하기 때문입니다. 예를 들어, console은 다음과 같이 Console 타입의 최상위 프로퍼티로 선언되어 있습니다. Console 타입은 어떤 값이든 인수로 받을 수 있는 log 함수를 제공합니다.

```
@Suppress("NOT_DOCUMENTED")
public external interface Console {
    public fun dir(o: Any): Unit
    public fun error(vararg o: Any?): Unit
```

```
    public fun info(vararg o: Any?): Unit
    public fun log(vararg o: Any?): Unit
    public fun warn(vararg o: Any?): Unit
}

public external val console: Console
```

console 프로퍼티와 Console 인터페이스 모두 external로 선언되었습니다. 코틀린에서 구현하는 것이 아니라 자바스크립트가 제공한다는 뜻입니다. external로 선언된 요소는 코틀린에서 사용할 수 있지만 직접 구현할 수는 없습니다. 코틀린에서 사용하고 싶은 자바스크립트 요소가 있지만 선언된 것이 없다면 직접 선언할 수도 있습니다. 예를 들어, alert 함수가 필요하면 다음과 같이 선언할 수 있습니다.

```
fun showAlert() {
    alert("Hello")
}

@JsName("alert")
external fun alert(message: String)
```

external 선언이 중첩되고 복잡해지는 경우도 있으며, 'npm 의존성 추가하기' 절에서 그 예를 보여 드리겠습니다.

js 함수를 사용하면 코틀린/JS에서 external 선언 없이 자바스크립트 요소를 호출할 수 있습니다. 이 함수는 문자열로 정의한 자바스크립트 코드를 실행하고 결과를 반환합니다. 예를 들어, 다음 코드와 같이 prompt 함수를 호출할 때 사용할 수 있습니다.

```
fun main() {
    val message = js("prompt('Enter your name')")
    println(message)
}
```

js 함수의 인수로 사용된 문자열은 컴파일 때 확인이 가능해야 하며 어떠한 연산도 없는 순수한 문자열이어야 합니다. 하지만 문자열 안에 코틀린에서 정의한 지역 변수를 사용할 수는 있습니다. 다음 코드에서는 user 변수를 사용하고 있습니다.

```
fun main() {
    val user = "John"
    val surname =
        js("prompt('What is your surname ${user}?')")
    println(surname)
}
```

js의 결과 타입은 dynamic입니다. dynamic은 코틀린/JS용으로 만들어진 특별한 타입으로, 컴파일러가 확인하지 않으며 어떠한 자바스크립트 값도 담을 수 있습니다. 즉, js의 결과는 어떤 변수에든 할당할 수 있으며, 함수를 호출할 수도 있고, 다른 타입으로 캐스팅할 수도 있습니다. 캐스팅이 불가능하다면 런타임에 예외를 던집니다. 예를 들어 js("1")을 Int로 캐스팅할 수 있습니다.

```
fun main() {
    val o: dynamic = js("{name: 'John', surname: 'Foo'}")
    println(o.name)                // John
    println(o.surname)             // Foo
    println(o.toLocaleString())    // [object Object]
    println(o.unknown)             // undefined

    val i: Int = js("1")
    println(i)  // 1
}
```

코틀린에서 json 함수를 이용하여 자바스크립트 객체를 생성할 수 있습니다. json 함수는 String과 Any? 쌍 여러 개를 인수로 받아 Json 타입의 객체를 반환합니다. 중첩된 객체를 만들기 위해서는 키-값 쌍으로 이루어진 인수를 건네야 합니다.

```
import kotlin.js.json

fun main() {
    val o = json(
        "name" to "John",
        "age" to 42,
    )
    print(JSON.stringify(o))  // {"name":"John","age":42}
}
```

지금까지 코틀린/JS 종속적인 구조 중 필수 내용을 살펴보았습니다. 이제부터는 이 기능들을 사용해 무엇을 할 수 있는지 보겠습니다.

패키지 빌딩과 링킹

코틀린/JS를 대상으로 설정한 멀티플랫폼 모듈 또는 단순히 코틀린/JS 모듈을 자바스크립트나 타입스크립트 프로젝트에서 사용하고 싶다고 해 봅시다. 이렇게 하려면 패키지를 빌드해야 합니다. 프로덕션 배포가 준비된 브라우저용 패키지는 jsBrowserProductionLibraryDistribution 그레이들 태스크로 빌드할 수 있습니다. 빌드 결과는 공통 모듈의 build/productionLibrary 디렉터리에서 .js 파일과 .d.ts 파일로 만들어집니다. 파일 이름은 기본적으로 모듈 이름과 같습니다. 다른 이름을 원한다면 kotlin 블록 안의 js 블록에서 moduleName 프로퍼티를 사용해 명시할 수 있습니다.

모듈이 common이라면 :common:jsBrowserProductionLibraryDistribution 태스크를 사용하면 되고, 그 결과는 common/build/productionLibrary 디렉터리에 common.js와 common.d.ts 파일로 만들어집니다.

프로젝트에서 모듈을 정의하지 않아서 최상위 그레이들 파일만 존재한다면 프로젝트 이름이 곧 모듈 이름이 됩니다. 예를 들어, 안키마크다운 프로젝트에서 jsBrowserProductionLibraryDistribution 태스크를 실행하면 /build/productionLibrary 디렉터리에 ankimarkdown.js와 ankimarkdown.d.ts 파일이 만들어집니다.

다음 단계는 패키지를 자바스크립트 또는 타입스크립트 프로젝트와 링크시키기입니다. 생성된 파일을 복사-붙여넣기해도 되지만, 공통 모듈이 바뀔 때마다 똑같은 과정을 반복해야 하므로 정말 불편할 것입니다. 그러니 생성된 파일을 링크하는 방법이 더 낫습니다.

npm이나 yarn을 사용해 자바스크립트 또는 타입스크립트 프로젝트를 관리한다고 가정하겠습니다. 이때 package.json 파일에 공통 모듈 패키지의 의존성을 정의해야 합니다. dependencies 섹션에 패키지가 담긴 디렉터리 경로를 추가하면 됩니다. 경로는 'file:'로 시작하며, 상대 경로를 사용하는 게 좋습니다. 우리의 예제 프로젝트에서는 다음과 같은 형태가 됩니다.

```
// 공통 모듈이 common인 프로젝트
"dependencies": {
    // ...
    "common": "file:../common/build/productionLibrary"
}

// 안키마크다운 프로젝트
"dependencies": {
    // ...
    "AnkiMarkdown": "file:../build/productionLibrary"
}
```

공통 모듈에서 새로운 패키지를 빌드할 때마다 의존성을 재설치하지 않으려면 npm 또는 yarn 링킹을 사용하여 모듈을 링크시켜야 합니다. 파일에 정의된 모듈을 링크시키려면 파일 위치(productionLibrary 디렉터리)로 이동한 다음, npm link 또는 yarn link 명령을 실행합니다. 그리고 자바스크립트 또는 타입스크립트 프로젝트로 이동하여 npm link <module-name> 또는 yarn link <module-name>을 호출합니다. 이 과정을 마친 다음, 프로젝트를 시작하면 jsBrowser ProductionLibraryDistribution 태스크로 새로운 패키지를 빌드하는 즉시 의존성이 변화한 것을 확인할 수 있습니다.

npm에 패키지 배포하기

코틀린 모듈을 npm에 패키지로 배포할 수도 있습니다. dev.petuska.npm. publish 플러그인[5]을 사용해 배포하는 것이 현재 표준으로 자리 잡았습니다. npmPublish 블록에 npm 패키지 블록을 추가하여 이름과 버전을 지정하고, npm 레지스트리를 등록합니다. 다음은 안키마크다운 프로젝트의 설정 파일입니다(이 플러그인을 이용하기 전에 문서를 확인하고 다른 방법이 있는지 찾아보기를 권장합니다).

---

5   dev.petuska.npm.publish 플러그인 깃허브 저장소: *https://github.com/mpetuska/npm-publish*

```
npmPublish {
    packages {
        named("js") {
            packageName.set("anki-markdown")
            version.set(libVersion)
        }
    }

    registries {
        register("npmjs") {
            uri.set(uri("https://registry.npmjs.org"))
            authToken.set(npmSecret)
        }
    }
}
```

마지막 줄의 **npmSecret**은 패키지 발행에 필요한 npm 토큰 문자열입니다. 토큰은 여러분의 npm 계정에서 얻을 수 있습니다.

객체 노출하기

코틀린/JS 모듈의 공용 요소는 모두 다른 코틀린/JS 모듈에서 사용할 수 있습니다. 하지만 자바스크립트나 타입스크립트에서 사용하려면 먼저 노출시켜야 합니다. @JsExport 애너테이션을 사용하면 되며, 클래스, 객체, 함수, 프로퍼티, 최상위 함수와 최상위 프로퍼티에 붙일 수 있습니다. 노출되지 않은 요소는 .d.ts 파일에 포함되지 않습니다. 또한 노출되지 않은 요소의 메서드와 프로퍼티 이름은 .js 파일에서 맹글링[6]됩니다.

코틀린/JS의 다음 파일을 보세요.

```
@JsExport
class A(
    val b: Int
) {
    fun c() { /*...*/ }
}
```

---

6 여기서 맹글링(mangling)이란 생성된 .js 파일에서 이 이름들이 의미 없는 문자들로 바뀐다는 말입니다.

```
@JsExport
fun d() { /*...*/ }

class E(
    val h: String
) {
    fun g() { /*...*/ }
}

fun i() { /*...*/ }
```

jsBrowserProductionLibraryDistribution 태스크로 만들어지는 .d.ts 파일은
다음과 같습니다.

```
type Nullable<T> = T | null | undefined
export class A {
    constructor(b: number);
    get b(): number;
    c(): void;
}
export function d(): void;
export as namespace AnkiMarkdown;
```

보다시피 @JsExport로 노출시키지 않은 클래스 E와 함수 i는 보이지 않습니다.
이 요소들을 다른 코드에서 사용한다면 .js 파일에 존재는 하게 되지만, 프로퍼
티와 함수 이름이 맹글링되기 때문에 자바스크립트나 타입스크립트에서는 사
용할 수 없습니다.

노출되지 않은 코틀린 클래스를 사용할 수 없다는 점은 아주 큰 제약입니다.
가장 간단한 해법은 공통 모듈의 요소들에 @JsExport를 붙이는 것이지만, 여기
에도 문제가 있습니다. kotlin.collections.List 등의 코틀린 표준 라이브러리
리 요소들이 노출되지 않았기 때문에 자바스크립트나 타입스크립트에서 사용
할 수 없습니다. 대신 배열을 사용해야 합니다. Long 타입도 문제입니다. 다른
모든 숫자 타입은 자바스크립트의 number 타입으로 변환되지만, Long은 노출할
수 없기 때문입니다.[7]

---

7 List, Map, Set, Long과 같은 타입을 자바스크립트에 노출할 수 있도록 만드는 논의가 진행 중입니다.
   코틀린과 자바스크립트/타입스크립트를 함께 운용하기 위해 넘어야 할 가장 큰 장애물이기 때문에
   이 타입들이 노출될 수 있기를 간절히 바랍니다.

따라서 선택지는 두 가지입니다.

1. 공통 모듈의 클래스들을 @JsExport로 표시하고, 노출되지 않는 부분을 대체 또는 제거합니다. 리스트 대신 배열을 사용해야 하며 Long 타입을 사용하지 않아야 한다는 뜻입니다. 자바스크립트가 프로젝트의 주 대상이 아니면 이렇게 변경하자는 제안이 받아들여지지 않을 수 있습니다.
2. 자바스크립트나 타입스크립트에서 사용할 모든 클래스의 래퍼 클래스를 생성합니다. 코틀린/JS가 주 대상이 아닌 프로젝트라면 더 나은 방법입니다. 래퍼 클래스의 형태는 다음 예에서 확인할 수 있습니다.

```
@JsExport
@JsName("SudokuGenerator")
class SudokuGeneratorJs {
    private val sudokuGenerator = SudokuGenerator()

    fun generate(): SudokuJs {
        return SudokuJs(sudokuGenerator.generate())
    }
}

@JsExport
@JsName("Sudoku")
class SudokuJs internal constructor(
    private val sudoku: Sudoku
) {
    fun valueAt(position: PositionJs): Int {
        return sudoku.valueAt(position.toPosition())
    }

    fun possibilitiesAt(position: PositionJs): Array<Int> {
        return sudoku.possibilitiesAt(position.toPosition())
            .toTypedArray()
    }

    fun isSolved(): Boolean {
        return sudoku.isSolved()
    }
}

@JsExport
@JsName("Position")
```

```
class PositionJs(
    val row: Int,
    val column: Int
)

fun PositionJs.toPosition() = Position(
    row = row,
    column = column
)

fun Position.toPositionJs() = PositionJs(
    row = row,
    column = column
)
```

 @JsName 애너테이션은 자바스크립트용으로 요소의 이름을 변경할 때 사용합니다. @JsName은 래퍼 클래스에 원본 클래스와 같은 이름을 붙이기 위해 주로 사용합니다. 메서드나 프로퍼티 이름이 맹글링되지 않도록 하는 용도로도 쓰입니다.

다음은 타입스크립트에서의 선언입니다.

```
type Nullable<T> = T | null | undefined
export class SudokuGenerator {
    constructor();
    generate(): Sudoku;
}
export class Sudoku {
    private constructor();
    valueAt(position: Position): number;
    possibilitiesAt(position: Position): Array<number>;
    isSolved(): boolean;
}
export class Position {
    constructor(row: number, column: number);
    get row(): number;
    get column(): number;
}
export as namespace Sudoku;
```

언젠가는 래퍼 클래스를 자동으로 생성하는 코틀린 심벌 처리기(KSP)[8]나 컴파

---

8 코틀린 심벌 처리기와 관련한 자세한 설명은 10장을 참고하세요.

일러 플러그인 라이브러리가 제공되기를 기대하지만, 당장은 수동으로 만들
수밖에 없습니다.

플로우와 상태플로우 노출하기

자바스크립트에서 코틀린 코드를 사용하다 보면 Flow와 StateFlow 같은 코틀
린 코루틴 라이브러리의 타입이 노출되지 않아 자주 어려움을 겪습니다. Flow
와 StateFlow는 MVVM 아키텍처에서 상태와 데이터 스트림을 표현하는 타입
들입니다. 공통 모듈에 다음과 같은 클래스가 있다고 합시다.

```kotlin
class UserListViewModel(
    private val userRepository: UserRepository
) : ViewModel() {
    private val _userList: MutableStateFlow<List<User>> =
        MutableStateFlow(emptyList())
    val userList: StateFlow<List<User>> = _userList

    private val _error: MutableStateFlow<Throwable?> =
        MutableSharedFlow()
    val error: Flow<Throwable?> = _error

    fun loadUsers() {
        viewModelScope.launch {
            userRepository.fetchUsers()
                .onSuccess { _usersList.value = it }
                .onFailure { _error.emit(it) }
        }
    }
}
```

이 클래스는 노출을 시키더라도 자바스크립트에서 사용할 수 없습니다. 노출
되지 않은 StateFlow와 Flow 타입을 사용하고 있기 때문입니다. 따라서 래퍼
클래스를 만들어야 합니다. 먼저 Flow 타입은 관찰 가능한 값을 제공하는 소스
를 뜻합니다. 따라서 이를 래핑하는 타입은 이벤트를 관찰하는 startObserving
메서드와 모든 관찰자를 멈추는 stopObserving 메서드를 제공해야 합니다.

```
@JsExport
interface FlowObserver<T> {
    fun stopObserving()
    fun startObserving(
        onEach: (T) -> Unit,
        onError: (Throwable) -> Unit = {},
        onComplete: () -> Unit = {},
    )
}

fun <T> FlowObserver(
    delegate: Flow<T>,
    coroutineScope: CoroutineScope
): FlowObserver<T> =
    FlowObserverImpl(delegate, coroutineScope)

class FlowObserverImpl<T>(
    private val delegate: Flow<T>,
    private val coroutineScope: CoroutineScope
) : FlowObserver<T> {
    private var observeJobs: List<Job> = emptyList()

    override fun startObserving(
        onEach: (T) -> Unit,
        onError: (Throwable) -> Unit,
        onComplete: () -> Unit,
    ) {
        observeJobs += delegate
            .onEach(onEach)
            .onCompletion { onComplete() }
            .catch { onError(it) }
            .launchIn(coroutineScope)
    }

    override fun stopObserving() {
        observeJobs.forEach { it.cancel() }
    }
}
```

그런데 FlowObserver 생성자는 노출되지 않은 CoroutineScope 타입을 이용하
므로 공개할 수 없습니다. 따라서 FlowObserver 생성자는 코틀린/JS 코드에서
만 사용할 수 있습니다.

StateFlow 타입 또한 관찰 가능한 소스를 나타내며, 항상 값을 가지고 있습니다. 따라서 래퍼 클래스는 현재 상태에 접근하는 value 프로퍼티, 상태 변화를 관찰하는 startObserving 메서드, 모든 관찰자를 멈추는 stopObserving 메서드를 제공해야 합니다. StateFlow는 절대 완료되지 않기 때문에 onComplete 나 onError 메서드를 호출하지 않습니다.

```
@JsExport
interface StateFlowObserver<T> : FlowObserver<T> {
    val value: T
}

fun <T> StateFlowObserver(
    delegate: StateFlow<T>,
    coroutineScope: CoroutineScope
): StateFlowObserver<T> =
    StateFlowObserverImpl(delegate, coroutineScope)

class StateFlowObserverImpl<T>(
    private val delegate: StateFlow<T>,
    private val coroutineScope: CoroutineScope
) : StateFlowObserver<T> {
    private var jobs = mutableListOf<Job>()
    override val value: T
        get() = delegate.value

    override fun startObserving(
        onEach: (T) -> Unit,
        onError: (Throwable) -> Unit = {},
        onComplete: () -> Unit = {},
    ) {
        jobs += delegate
            .onEach(onEach)
            .launchIn(coroutineScope)
    }

    override fun stopObserving() {
        jobs.forEach { it.cancel() }
        jobs.clear()
    }
}
```

List<User>와 Throwable?처럼 UserListViewModel이 노출하는 요소 중 자바
스크립트가 이해하지 못할 수 있는 타입들의 래퍼도 만들어야 합니다. Flow
의 경우 값들을 map 메서드로 매핑하면 되므로 간단하게 처리할 수 있습니다.
StateFlow에서는 객체를 매핑하는 래퍼 클래스를 만들어야 합니다.

```kotlin
fun <T, R> StateFlowObserver<T>.map(
    transformation: (T) -> R
): StateFlowObserver<R> =
    object : StateFlowObserver<R> {
        override val value: R
            get() = transformation(this@map.value)

        override fun startObserving(
            onEach: (T) -> Unit,
            onError: (Throwable) -> Unit = {},
            onComplete: () -> Unit = {},
        ) {
            this@map.observe { onEach(transformation(it)) }
        }

        override fun stopObserving() {
            this@map.stopObserving()
        }
    }
```

이제 자바스크립트와 타입스크립트에서 사용할 수 있는 UserListViewModel을
정의할 수 있습니다.

```kotlin
@JsExport("UserListViewModel")
class UserListViewModelJs internal constructor(
    userRepository: UserRepository
) : ViewModelJs() {
    val delegate = UserListViewModel(userRepository)

    val userList: StateFlow<List<User>> = StateFlowObserver(
        delegate.usersList,
        viewModelScope
    ).map { it.map { it.asJsUser() }.toTypedArray() }

    val error: Flow<Throwable?> = FlowObserver(
        delegate.error.map { it?.asJsError() },
```

```
        viewModelScope
    )

    fun loadUsers() {
        delegate.loadUsers()
    }
}
```

다음은 플로우 상태 관찰을 간소화해 주는 리액트 훅 예시입니다.

```
export function useFlowState<T>(
    property: FlowObserver<T>,
): T | undefined {
    const [state, setState] = useState<T>()
    useEffect(() => {
        property.startObserving((value: T)=>setState(value))
        return () => property.stopObserving()
    }, [property])
    return state
}

// 사용하는 코드
const SomeView = ({app}: { app: App }) => {
    const viewModel = useMemo(() => {
        app.createUserListViewModel()
    }, [])
    const userList = useStateFlowState(viewModel.userList)
    const error = useFlowState(viewModel.error)
    // ...
}
```

래퍼 클래스에는 보일러플레이트 코드가 많을 수밖에 없으니 래퍼 클래스를 자동으로 생성하는 KSP 라이브러리나 컴파일러 플러그인이 있었으면 합니다. 래퍼 클래스는 객체를 추가로 생성하기 때문에 효율적이지 않으므로 특정 애플리케이션을 위한 공통 자바스크립트 모듈을 만드는 일이 가치가 있는지에 대한 논의도 있습니다. 공통 코드에 로직이 많다면 가치가 있겠지만, 그렇지 않다면 자바스크립트에서 코드를 새로 짜는 편이 나을 수 있습니다.

npm 의존성 추가하기

코틀린/JS 프로젝트에 코틀린/JS 의존성을 추가하기는 쉽습니다. 타깃 소스셋의 dependencies 블록에 정의하기만 하면 됩니다. 하지만 npm 의존성을 추가할 때는 할 일이 살짝 늘어납니다. build.gradle.kts 파일의 의존성 목록에 추가할 때 다음과 같이 npm 함수로 감싸야 합니다.

```
// build.gradle.kts
kotlin {
    // ...

    sourceSets {
        // ...
        val jsMain by getting {
            dependencies {
                implementation(npm("@js-joda/timezone", "2.18.0"))
                implementation(npm("@oneidentity/zstd-js", "1.0.3"))
                implementation(npm("base-x", "4.0.0"))
            }
        }

        // ...
    }
}
```

코틀린 의존성은 코틀린 타입을 제공하기 때문에 당연히 코틀린에서 직접 사용할 수 있습니다. 하지만 자바스크립트 요소들에는 코틀린 타입이 따로 없으니 코틀린 코드에서 보이지 않습니다. 따라서 사용하고 싶으면 코틀린에서 직접 정의해야 합니다. 객체, 함수, 클래스, 인터페이스를 external로 정의해야 하는 것입니다. 라이브러리로부터 이 타입들을 임포트해야 한다면 사용할 의존성 전체를 대표하는 객체에 @JsModule 애너테이션을 붙여야 합니다. 다음은 @oneidentity/zstd-js와 base-x 라이브러리를 사용하기 위해 정의한 예시 코드입니다.

```
@JsModule("@oneidentity/zstd-js")
external object zstd {
    fun ZstdInit(): Promise<ZstdCodec>
```

```
    object ZstdCodec {
        val ZstdSimple: ZstdSimple
        val ZstdStream: ZstdStream
    }

    class ZstdSimple {
        fun decompress(input: Uint8Array): Uint8Array
    }

    class ZstdStream {
        fun decompress(input: Uint8Array): Uint8Array
    }
}

@JsModule("base-x")
external fun base(alphabet: String): BaseConverter

external interface BaseConverter {
    fun encode(data: Uint8Array): String
    fun decode(data: String): Uint8Array
}
```

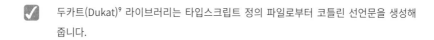 두카트(Dukat)⁹ 라이브러리는 타입스크립트 정의 파일로부터 코틀린 선언문을 생성해 줍니다.

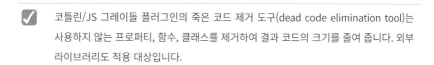 코틀린/JS 그레이들 플러그인의 죽은 코드 제거 도구(dead code elimination tool)는 사용하지 않는 프로퍼티, 함수, 클래스를 제거하여 결과 코드의 크기를 줄여 줍니다. 외부 라이브러리도 적용 대상입니다.

코틀린/JS용 프레임워크와 라이브러리

지금까지 이 책에서 본 문제 대부분은 코틀린과 자바스크립트를 함께 운용하려다 보니 생겨났습니다. 따라서 상호운용성을 제한하거나 없애면 대부분 해결됩니다. npm 패키지를 대신할 수 있는 코틀린/JS 또는 멀티플랫폼 라이브러리가 거의 항상 존재할 것입니다. 이런 라이브러리들은 사용하기에도 편하며 래퍼 클래스를 추가하거나 특별한 의존성을 선언하지 않아도 됩니다. 가장 먼

---

9 두카트 깃허브 저장소: *https://github.com/Kotlin/dukat*

저 젯브레인에서 관리하는 코틀린 래퍼(Kotlin Wrappers) 라이브러리[10]에 원하는 라이브러리가 포함되어 있는지 확인해 보세요. 이 라이브러리는 여러 종류의 브라우저 API와 다양한 유명 자바스크립트 라이브러리들의 래퍼를 놀랄 정도로 많이 갖추고 있습니다.

자바스크립트용으로 요소를 내보내는 대신 순수한 코틀린 언어로만 클라이언트를 제작할 수도 있습니다. 예를 들어, 코틀린 래퍼 라이브러리는 DOM을 조작하거나 HTML DSL을 사용해 뷰를 정의하는 메서드를 제공합니다. 리액트 코틀린(React Kotlin)은 코틀린만 사용해 리액트 애플리케이션을 정의할 수 있게 합니다. KVision처럼 코틀린/JS에서 사용하도록 설계된 프레임워크도 있으며, 젯팩 컴포즈로도 웹사이트를 제작할 수 있습니다.

자바스크립트와 코틀린/JS의 한계

자바스크립트를 대상으로 할 때 가질 수밖에 없는 한계점에 대해 생각해 봐야 합니다. 자바스크립트는 JVM과 본질적으로 다른 플랫폼입니다. 타입이 다르며, 메모리 관리 방법도 다르고, 스레드 모델 역시 다릅니다. 자바스크립트는 단일 스레드에서 실행되므로 블로킹 연산이 불가능합니다.[11] 코틀린/JS 코드에서는 `Dispatchers.IO`를 사용할 수 없다는 뜻입니다.

브라우저의 한계도 고려해야 합니다. 예전에 한 프로젝트에서 핸드셰이킹(handshaking)[12]을 거쳐 자체 제작한 JVM 클라이언트와 웹소켓 연결을 맺었습니다. 그런데 우리에게 필요한 특정 헤더를 브라우저가 지원하지 못해 연결이 불가능하다는 사실이 밝혀졌습니다. 쿠키 헤더와 관련해서도 비슷한 일이 있었습니다. JVM 프로그램에서는 헤더에 원하는 무엇이든 설정할 수 있지만, 브라우저에서는 특정 도메인용으로 설정된 실제 쿠키만 보낼 수 있습니다.

웹은 매우 강력한 플랫폼입니다. 데이터베이스 사용, 오프라인 모드, 백그라

---

10 코틀린 래퍼 라이브러리: *https://github.com/JetBrains/kotlin-wrappers*
11 웹 워커(Web Workers)를 사용하는 브라우저에서는 작업을 다른 스레드에서 시작할 수 있으며, JVM의 스레드와 비슷하게 동작하는 `worker` 블록을 도입하자는 논의도 KEEP(코틀린 진화 및 개선 프로세스)에서 진행 중입니다.
12 (옮긴이) 핸드셰이킹이란 네트워크에서 연결을 맺기 위해 선행되는 과정을 말합니다.

운드 동기화, 공유 워커 등과 같은 웹 브라우저의 기능을 보면 놀랄 수밖에 없습니다. 하지만 동시에 한계도 있기 때문에 브라우저에서 사용할 공통 모듈을 작성할 때는 이러한 한계점들도 미리 알아 두는 게 좋습니다.

한편, 타입 시스템만 놓고 보면 코틀린이 타입스크립트보다 훨씬 제한적입니다. 코틀린에서는 타입 리터럴, 유니온, 인터섹션 타입 등을 표현할 수 없습니다. 타입스크립트는 표현력이 매우 우수하며, 자바스크립트는 동적 언어라서 객체가 할 수 있는 일이 JVM보다 훨씬 많습니다. 따라서 API를 설계할 때 코틀린은 타입스크립트보다 제한적일 수밖에 없습니다.

```
// 코틀린에서 표현할 수 없는 타입의 예
type ProcessResult = number | "success" | Error
```

요약

지금까지 본 것처럼 코틀린 코드를 자바스크립트에 노출하기가 그리 쉽지만은 않습니다. 그렇더라도 자바스크립트에서도 코틀린 코드를 사용할 수 있으므로 자바스크립트를 위한 공통 모듈을 제작하는 것이 의미 있는 작업이 될 수 있습니다. 안키마크다운과 스도쿠 솔버 라이브러리에서는 로직은 무거웠지만 플랫폼 종속적인 기능을 거의 사용하지 않은 덕분에 큰 노력을 들이지 않고 상호운용할 수 있었습니다. 복잡한 애플리케이션이라면 공통 로직을 재사용하기가 훨씬 어렵습니다. 래퍼 클래스를 추가해야 하며, 자바스크립트의 한계 때문에 코드를 수정해야 할 수 있습니다. 공통 모듈로 만드는 일은 가치가 있지만, 여러분의 프로젝트를 자바스크립트와 상호운용하기로 결정하기 전에 모든 장단점을 꼼꼼히 고려해 보세요.

연습문제: 코틀린/JVM 프로젝트를 KMP로 이전하기

다음 프로젝트를 클론하세요.

https://github.com/MarcinMoskala/sudoku-generator-exercise

이 프로젝트는 스도쿠 퍼즐을 만들고 푸는 로직을 구현한 코틀린/JVM 프로젝트입니다. 그런데 타입스크립트로 작성된 리액트 프로젝트에서 이 기능을 사용할 일이 생겼습니다. 프로젝트를 코틀린 멀티플랫폼 프로젝트로 변환하고 'sudoku-generator' 자바스크립트 라이브러리를 만들어 보세요.

문제의 리액트 프로젝트는 web-client 폴더에 있습니다. 여러분이 생성할 라이브러리인 sudoku-generator가 기본 경로인 build/productionLibrary에 존재한다고 설정되어 있습니다. 실행은 npm start 명령으로 할 수 있습니다. 이 프로젝트는 풀기 전과 풀고 난 뒤의 스도쿠 퍼즐을 보여 주는 간단한 기능을 합니다. 이 기능이 동작하게 하려면 코틀린으로 구현된 부분을 코틀린 멀티플랫폼으로 변경해야 합니다. 그리고 스도쿠 생성기를 감싸 자바스크립트용으로 내보낼 코틀린/JS 래퍼를 정의한 다음, 타입스크립트에서 사용할 수 있는 객체들을 노출하면 됩니다.

내보낼 클래스의 이름은 SudokuGenerator여야 합니다. 패키지가 없으며, 생성자는 비어 있고, generateSudoku라는 메서드를 하나 제공해야 합니다. 이 메서드는 인수를 받지 않고, 랜덤한 스도쿠 문제와 정답이 담겨 있는 Sudoku 객체를 반환합니다. Sudoku 객체에는 sudoku와 solved 프로퍼티가 있습니다. 두 프로퍼티 모두 Array<Array<Int?>> 타입입니다.

스도쿠는 SudokuGenerator와 SudokuSolver를 이용해 생성합니다. 두 클래스의 인스턴스는 각각 SudokuGenerator()와 SudokuSolver() 생성자로 만듭니다. 스도쿠 자체는 SudokuGenerator의 generate 메서드로 생성하는데, 이때 Sudoku Solver 인스턴스를 인수로 넘겨야 합니다.

SudokuState를 Array<Array<Int?>>로 변환하려면 다음 함수를 사용합니다.

```
fun SudokuState.toJs(): Array<Array<Int?>> = List(9) { row ->
    List(9) { col ->
        val cell = this.cells[SudokuState.Position(row, col)]
        when (cell) {
            is SudokuState.CellState.Filled -> cell.value
            is SudokuState.CellState.Empty, null -> null
        }
    }.toTypedArray()
}.toTypedArray()
```

힌트:

- 인텔리제이는 코틀린/JVM을 코틀린 멀티플랫폼으로 변경한 사실을 제대로 인지하지 못하는 경우가 많습니다. 이럴 때는 캐시를 초기화하고 인텔리제 이를 재시작하세요. 그리고 잠시만 기다리면 됩니다.
- 생성할 모듈의 이름은 js(IR) 블록의 moduleName 프로퍼티로 설정합니다.
- 타입스크립트 정의를 생성하는 데 문제가 있다면 js(IR) 블록에서 generate TypeScriptDefinitions를 호출해 보세요.
- 그레이들의 jsBrowserProductionLibraryDistribution 태스크를 실행해 라 이브러리를 만든 다음에는 web-client 폴더에서 npm install을 실행하는 걸 잊지 마세요.

3부

메타프로그래밍

코드를 분석하는 도구와 라이브러리는 프로그래밍에 많은 도움이 됩니다. 이러한 도구는 코드를 생성하고 분석하거나 수정할 수도 있습니다. 이를 메타프로그래밍이라고 합니다. 3부에서는 코틀린에서 메타프로그래밍을 사용하는 다양한 방법을 살펴보겠습니다. 다양한 라이브러리에서 메타프로그래밍을 사용하므로, 메타프로그래밍을 이해하면 자주 사용하는 라이브러리의 작동 방식을 이해하는 데 도움이 될 것입니다. 또한 라이브러리 사용법 및 자체 라이브러리를 작성하는 방법을 더욱 깊게 이해할 수 있을 것입니다.

8장

A d v a n c e d   K o t l i n

리플렉션

리플렉션은 프로그램이 런타임에 자신의 소스 코드 심벌을 들여다볼 수 있는 기능입니다. 예를 들면, 다음의 displayPropertiesAsList 함수처럼 클래스의 프로퍼티 모두를 출력하는 데 사용할 수 있습니다.

```kotlin
import kotlin.reflect.full.memberProperties

fun displayPropertiesAsList(value: Any) {
    value::class.memberProperties                    // 모든 멤버 프로퍼티를
        .sortedBy { it.name }                        // 이름 순으로 정렬한 다음
        .map { p -> " * ${p.name}: ${p.call(value)}" }  // 이름과 값을
        .forEach(::println)                          // 출력합니다.
}

class Person(  // 테스트용 클래스
    val name: String,
    val surname: String,
    val children: Int,
    val female: Boolean,
)

class Dog(  // 테스트용 클래스
    val name: String,
    val age: Int,
)
```

```
enum class DogBreed {   // 테스트용 클래스
    HUSKY, LABRADOR, PUG, BORDER_COLLIE
}

// 사용 예
fun main() {
    val granny = Person("Esmeralda", "Weatherwax", 0, true)
    displayPropertiesAsList(granny)
    // * children: 0
    // * female: true
    // * name: Esmeralda
    // * surname: Weatherwax

    val cookie = Dog("Cookie", 1)
    displayPropertiesAsList(cookie)
    // * age: 1
    // * name: Cookie

    displayPropertiesAsList(DogBreed.BORDER_COLLIE)
    // * name: BORDER_COLLIE
    // * ordinal: 3
}
```

리플렉션은 코드를 분석하여 구조에 맞게 동작하는 라이브러리에서 자주 사용
됩니다. 예시 몇 가지를 보겠습니다.

Gson과 같은 라이브러리는 리플렉션을 사용하여 객체를 직렬화 및 역직렬
화합니다. 직렬화 라이브러리는 클래스를 참조하여 어떤 프로퍼티가 필요하
고, 어떤 생성자를 제공하는지 확인합니다. 잠시 뒤에 우리만의 직렬화 클래스
를 직접 구현할 것입니다.

```
data class Car(val brand: String, val doors: Int)

fun main() {
    val json = "{\"brand\":\"Jeep\", \"doors\": 3}"
    val gson = Gson()
    val car: Car = gson.fromJson(json, Car::class.java)
    println(car)     // Car(brand=Jeep, doors=3)
    val newJson = gson.toJson(car)
    println(newJson)  // {"brand":"Jeep", "doors": 3}
}
```

또 다른 예로 코인(Koin)이라는 의존성 주입 프레임워크를 들 수 있습니다. 코인은 리플렉션을 사용해 주입할 타입을 식별하고 적절한 인스턴스를 생성하여 주입해 줍니다.

```kotlin
class MyActivity : Application() {
    val myPresenter: MyPresenter by inject()
}
```

리플렉션은 매우 유용하니 우선 사용법부터 알아봅시다.

 코틀린 리플렉션을 사용하려면 프로젝트에 kotlin-reflect 의존성을 추가해야 합니다. 코틀린 요소를 참조하기 위함이 아니라, kotlin-reflect 의존성이 코틀린 요소 참조에 필요한 대부분의 연산을 제공하기 때문입니다. KotlinReflectionNotSupported Error가 발생하면 kotlin-reflect 의존성이 필요하다는 뜻입니다. 이번 장에서 소개하는 코드들은 이 의존성을 이미 추가했다고 가정하고 작성되었습니다.

클래스 계층구조

깊게 들어가기 전에, 요소 참조 타입들의 일반적인 타입 계층구조부터 봅시다.

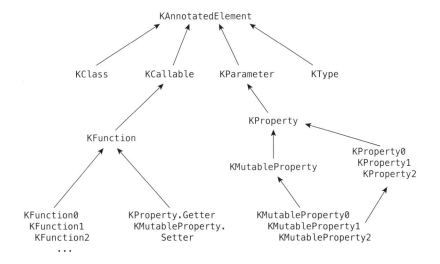

계층구조의 모든 타입은 K로 시작합니다. 코틀린 리플렉션의 타입임을 뜻하며, 자바 리플렉션의 클래스와 구분해 줍니다. 예를 들어, Class는 자바 리플렉션의 타입이며, 대응하는 코틀린 타입은 KClass입니다.

계층구조의 최상위에는 KAnnotatedElement가 보입니다. 여기서 '요소(Element)'는 클래스, 함수, 프로퍼티 등을 뜻하는 용어로, 참조할 수 있는 모든 것을 포괄합니다. 어떤 요소에든 애너테이션을 붙일 수 있습니다. 따라서 이 인터페이스에 annotations 프로퍼티가 존재하며, 해당 요소에 붙어 있는 애너테이션들을 얻을 수 있습니다.

```
interface KAnnotatedElement {
    val annotations: List<Annotation>
}
```

인터페이스를 가리키는 타입이 없는 이유가 궁금할 것입니다. 리플렉션 API에서는 인터페이스를 클래스로 여깁니다. 따라서 인터페이스 참조의 타입도 KClass가 됩니다. 헷갈릴 수는 있지만 정말 편리합니다.

리플렉션의 모든 개념은 서로 연관되어 있어서 깊게 공부하기가 쉽지만은 않습니다. 반면 리플렉션 API 사용법은 아주 직관적이고 배우기도 쉽습니다. 그럼에도 불구하고 리플렉션 API를 여러분이 더 잘 이해할 수 있도록 제가 평소에는 지양하던 일을 하고자 합니다. 바로 필수 클래스의 내부로 들어가, 메서드와 프로퍼티를 살펴보는 일입니다. 지금부터 중간중간 실용적인 예를 곁들여서 리플렉션의 필수 개념들을 설명해 보겠습니다.

함수 참조

콜론 두 개(::)와 함수 이름을 사용하여 함수를 참조할 수 있습니다. 메서드 등의 멤버 참조는 콜론 앞에 대상 타입을 명시합니다.

```
import kotlin.reflect.*

fun printABC() {
    println("ABC")
}
```

```kotlin
fun double(i: Int): Int = i * 2

class Complex(val real: Double, val imaginary: Double) {
    fun plus(number: Number): Complex = Complex(
        real = real + number.toDouble(),
        imaginary = imaginary
    )
}

fun Complex.double(): Complex = Complex(real * 2, imaginary * 2)

fun Complex?.isNullOrZero(): Boolean =
    this == null ||
        (this.real == 0.0 && this.imaginary == 0.0)

class Box<T>(var value: T) {
    fun get(): T = value
}

fun <T> Box<T>.set(value: T) {
    this.value = value
}

fun main() {
    // 최상위 함수 참조
    val f1 = ::printABC
    val f2 = ::double

    // 메서드 참조
    val f3 = Complex::plus
    val f4 = Complex::double
    val f5 = Complex?::isNullOrZero
    val f6 = Box<Int>::get
    val f7 = Box<String>::set
}
```

함수 참조의 결과 타입은 KFunctionX이며, 끝의 X는 매개변수의 수를 뜻합니다. KFunctionX는 각 함수의 매개변수와 결과의 타입 매개변수도 포함하고 있습니다. 예를 들어, printABC 함수의 참조 타입은 KFunction0<Unit>입니다. 메서드 참조에서는 리시버도 또 다른 매개변수로 취급되므로 Complex::double의 타입은 KFunction1<Complex, Complex>가 됩니다.

```
// ...

fun main() {
    val f1: KFunction0<Unit> = ::printABC
    val f2: KFunction1<Int, Int> = ::double
    val f3: KFunction2<Complex, Number, Complex> = Complex::plus
    val f4: KFunction1<Complex, Complex> = Complex::double
    val f5: KFunction1<Complex?, Boolean> = Complex?::isNullOrZero
    val f6: KFunction1<Box<Int>, Int> = Box<Int>::get
    val f7: KFunction2<Box<String>, String, Unit> = Box<String>::set
}
```

클래스 대신 구체적인 인스턴스의 메서드를 참조할 수도 있습니다. 이를 '바운
디드 함수 참조(bounded function reference)'라 하며, 함수 참조와 형태는 같
지만 리시버 타입이 추가되지 않습니다.

```
// ...

fun main() {
    val c = Complex(1.0, 2.0)
    val f3: KFunction1<Number, Complex> = c::plus
    val f4: KFunction0<Complex> = c::double
    val f5: KFunction0<Boolean> = c::isNullOrZero
    val b = Box(123)
    val f6: KFunction0<Int> = b::get
    val f7: KFunction1<Int, Unit> = b::set
}
```

함수 참조를 나타내는 구체적인 타입 모두가 KFunction 타입을 구현합니다. 코
틀린에서 모든 함수는 결과 타입이 있어야 합니다. 그래서 KFunction은 함수의
결과 타입을 유일한 타입 매개변수로 받습니다.

```
// ...

fun main() {
    val f1: KFunction<Unit> = ::printABC
    val f2: KFunction<Int> = ::double
    val f3: KFunction<Complex> = Complex::plus
    val f4: KFunction<Complex> = Complex::double
    val f5: KFunction<Boolean> = Complex?::isNullOrZero
    val f6: KFunction<Int> = Box<Int>::get
    val f7: KFunction<Unit> = Box<String>::set
```

```
    val c = Complex(1.0, 2.0)
    val f8: KFunction<Complex> = c::plus
    val f9: KFunction<Complex> = c::double
    val f10: KFunction<Boolean> = c::isNullOrZero
    val b = Box(123)
    val f11: KFunction<Int> = b::get
    val f12: KFunction<Unit> = b::set
}
```

그렇다면 함수 참조로 무엇을 할 수 있을까요?《코틀린 아카데미: 함수형 프로그래밍》에서 함수 타입이 필요한 곳에서 함수 참조를 람다 표현식 대신 사용할 수 있음을 보여 주었습니다. 예를 들어 다음 코드에서는 함수 참조가 filterNot과 map의 인수로 사용되었습니다.

```
// ...

fun nonZeroDoubled(numbers: List<Complex?>): List<Complex?> =
    numbers
        .filterNot(Complex?::isNullOrZero)
        .filterNotNull()
        .map(Complex::double)
```

코틀린은 내부적으로 함수 참조를 람다 표현식으로 바꿉니다. 그래서 함수 타입이 필요한 곳에 함수 참조를 사용하는 것은 '사실' 리플렉션이 아닙니다. 함수 참조를 이런 식으로 사용하는 건 개발자 편의를 위해서입니다.

```
fun nonZeroDoubled(numbers: List<Complex?>): List<Complex?> =
    numbers
        .filterNot { it.isNullOrZero() }
        .filterNotNull()
        .map { it.double() }
```

이 방식이 가능한 건 KFunction2<Int, Int, Int> 같은 함수 참조 타입이 함수 타입을 구현하기 때문입니다. 지금의 예에서 구현한 함수 타입은 (Int, Int) -> Int입니다. 또한 함수 참조 타입은 마치 함수처럼 호출할 수 있도록 해 주는 invoke 연산자 함수를 포함하고 있습니다.

```
fun add(i: Int, j: Int) = i + j

fun main() {
    val f: KFunction2<Int, Int, Int> = ::add
    println(f(1, 2))          // 3
    println(f.invoke(1, 2))   // 3
}
```

한편 KFunction은 함수 특성을 확인할 수 있는 프로퍼티를 몇 개 제공합니다.

- isInline: Boolean – 함수가 inline이면 true입니다.

- isExternal: Boolean – 함수가 external이면 true입니다.

- isOperator: Boolean – 함수가 operator이면 true입니다.

- isInfix: Boolean – 함수가 infix이면 true입니다.

- isSuspend: Boolean – 함수가 중단 함수이면 true입니다.

```
import kotlin.reflect.KFunction

inline infix operator fun String.times(times: Int) = this.repeat(times)

fun main() {
    val f: KFunction<String> = String::times
    println(f.isInline)    // true
    println(f.isExternal)  // false
    println(f.isOperator)  // true
    println(f.isInfix)     // true
    println(f.isSuspend)   // false
}
```

KCallable 타입에는 프로퍼티가 더 많으며 함수도 몇 개 정의되어 있습니다.
프로퍼티부터 봅시다.

- name: String – 소스 코드에서 선언한 현재 콜러블(Callable)의 이름입니
다. 콜러블에 이름이 없다면 특별한 이름이 부여됩니다. 다음이 대표적인
예입니다.
  ◦ 생성자: '〈init〉'
  ◦ 프로퍼티 접근자: 예컨대 프로퍼티 이름이 'foo'라면 게터의 이름은 '〈get-
  foo〉'이고, 세터의 이름은 '〈set-foo〉'입니다.

- parameters: List<KParameter> – 콜러블의 매개변수 참조 리스트입니다. 매
개변수 참조는 '매개변수 참조' 절에서 별도로 살펴보겠습니다.
- returnType: KType – 콜러블 호출의 결과로 예상되는 타입입니다. KType은
'타입 참조하기' 절에서 별도로 살펴보겠습니다.
- typeParameters: List<KTypeParameter> – 콜러블의 제네릭 타입 매개변수
리스트입니다. KTypeParameter는 '클래스 참조' 절에서 살펴보겠습니다.
- visibility: KVisibility? – 콜러블의 가시성입니다. 코틀린에서 표현할
수 없는 가시성이라면 null이 됩니다. KVisibility는 PUBLIC, PROTECTED,
INTERNAL, PRIVATE 값을 가지는 열거형 클래스입니다.
- isFinal: Boolean – 콜러블이 final이면 true입니다.
- isOpen: Boolean – 콜러블이 open이면 true입니다.
- isAbstract: Boolean – 콜러블이 abstract이면 true입니다.
- isSuspend: Boolean – 콜러블이 중단 함수이면 true입니다(KFunction과
KCallable 모두에 정의되어 있습니다).

```kotlin
import kotlin.reflect.KCallable

operator fun String.times(times: Int) = this.repeat(times)

fun main() {
    val f: KCallable<String> = String::times
    println(f.name)                       // times
    println(f.parameters.map { it.name }) // [null, times]
    println(f.returnType)                 // kotlin.String
    println(f.typeParameters)             // []
    println(f.visibility)                 // PUBLIC
    println(f.isFinal)                    // true
    println(f.isOpen)                     // false
    println(f.isAbstract)                 // false
    println(f.isSuspend)                  // false
}
```

KCallable은 자신을 호출할 때 쓰이는 메서드를 두 가지 제공합니다. 첫 번째
는 call입니다. Any? 타입의 매개변수를 가변 인수로 받으며, 결과 타입인 R은
KCallable의 유일한 타입 매개변수가 됩니다. call 메서드를 호출할 때는 적

절한 타입의 값들을 알맞은 수만큼 제공해야 합니다. 그렇지 않으면 Illegal
ArgumentException을 던집니다. call 메서드를 이용할 때는 선택적 매개변수
들에도 값을 지정해야 합니다.

```kotlin
import kotlin.reflect.KCallable

fun add(i: Int, j: Int) = i + j

fun main() {
    val f: KCallable<Int> = ::add
    println(f.call(1, 2))      // 3
    println(f.call("A", "B"))  // IllegalArgumentException
}
```

두 번째 메서드는 callBy로, 명명된 매개변수를 사용해 함수를 호출합니다. 키
가 KParameter이고 값이 Any?인 맵을 인수로 받으며, 선택적이지 않은 매개변
수 전부를 전달해야 합니다.

```kotlin
import kotlin.reflect.KCallable

fun sendEmail(
    email: String,
    title: String = "",
    message: String = ""
) {
    println(
        """
        Sending to $email
        Title: $title
        Message: $message
        """.trimIndent()
    )
}

fun main() {
    val f: KCallable<Unit> = ::sendEmail
    f.callBy(mapOf(f.parameters[0] to "ABC"))
    // Sending to ABC
    // Title:
    // Message:

    val params = f.parameters.associateBy { it.name }
```

```
    f.callBy(
        mapOf(
            params["title"]!! to "DEF",
            params["message"]!! to "GFI",
            params["email"]!! to "ABC",
        )
    )
    // Sending to ABC
    // Title: DEF
    // Message: GFI

    f.callBy(mapOf())  // IllegalArgumentException
}
```

매개변수 참조

KCallable 타입에는 KParameter 타입의 참조 리스트인 parameters 프로퍼티가 있습니다. KParameter 타입은 다음의 프로퍼티들을 제공합니다.

- index: Int – 현재 매개변수의 인덱스입니다.
- name: String? – 매개변수 이름입니다. 매개변수 이름이 없거나 런타임에 이름을 알 수 없을 때는 null이 됩니다. 이름 없는 매개변수의 예로는 멤버 함수의 this 인스턴스, 확장 함수 또는 확장 프로퍼티의 확장 리시버, 디버 그 정보 없이 컴파일된 자바 메서드의 매개변수를 들 수 있습니다.
- type: KType – 매개변수의 타입입니다.
- kind: Kind – 매개변수의 종류이며, 다음 중 하나가 될 수 있습니다.
  - VALUE: 일반적인 매개변수입니다.
  - EXTENSION_RECEIVER: 확장 리시버입니다.
  - INSTANCE: 디스패치 리시버[1]입니다. 멤버를 호출하는 데 필요한 인스턴 스, 혹은 내부 클래스 생성자에서 이용할 외부 클래스 인스턴스를 뜻합 니다.

---

1 (옮긴이) 디스패치 리시버(dispatch receiver)란 클래스 내부에서 다른 클래스의 확장 함수를 멤버 함수로 정의할 때 전달되는 '클래스의 인스턴스'를 의미합니다. 이고르 워다(Igor Wojda)의 글 '프 로그래머 사전: 확장 리시버 vs 디스패치 리시버(Programmer dictionary: Extension receiver vs Dispatch receiver)'를 참고하세요(https://bit.ly/3xDbpPX).

- isOptional: Boolean — 매개변수가 선택적이면(기본값이 명시되어 있다면) true입니다.
- isVararg: Boolean — 매개변수가 vararg이면 true입니다.

parameters 프로퍼티의 사용법을 보여 드리기 위해 다음의 callWithFakeArgs 함수를 준비했습니다. 이 함수는 선택적이지 않은 매개변수에 상숫값을 넣어 함수 참조를 호출할 때 쓰입니다. 다음 코드를 보면, 이 함수는 입력받은 콜러블의 매개변수들을 가지고 옵니다. 그런 다음 선택적 매개변수는 걸러내고, 남은 매개변수들을 값과 연결시킨 맵을 만듭니다. 값은 fakeValueFor 함수가 제공하는데, 이 함수는 타입이 Int면 항상 123을 반환하고, String이면 매개변수 이름을 포함하는 가짜 값을 만듭니다(typeOf 함수는 나중에 설명하겠습니다). 그런 다음, 이렇게 만들어진 매개변수-값 쌍의 맵을 callBy의 인수로 건네 콜러블을 호출합니다. 마지막에는 callWithFakeArgs을 이용하여 다양한 함수를 실행하는 모습을 볼 수 있습니다.

```kotlin
import kotlin.reflect.KCallable
import kotlin.reflect.KParameter
import kotlin.reflect.typeOf

// 가짜 값을 인수로 사용해 콜러블을 호출하는 함수
fun callWithFakeArgs(callable: KCallable<*>) {
    val arguments = callable.parameters      // 콜러블의 매개변수 획득
        .filterNot { it.isOptional }          // 필수 매개변수만 유지
        .associateWith { fakeValueFor(it) }   // 값과 매핑
    callable.callBy(arguments)                // 콜러블 호출
}

// 매개변수 타입별 가짜 값을 제공하는 함수
fun fakeValueFor(parameter: KParameter) =
    when (parameter.type) {
        typeOf<String>() -> "Fake ${parameter.name}"
        typeOf<Int>() -> 123
        else -> error("Unsupported type")
    }

// 사용 예
fun sendEmail(email: String, title: String, message: String = "") {
    println(
```

```
        """"
        Sending to $email
        Title: $title
        Message: $message
        """.trimIndent()
    )
}

fun printSum(a: Int, b: Int) {
    println(a + b)
}

fun Int.printProduct(b: Int) {
    println(this * b)
}

fun main() {
    callWithFakeArgs(::sendEmail)
    // Sending to Fake email
    // Title: Fake title
    // Message:
    callWithFakeArgs(::printSum)            // 246
    callWithFakeArgs(Int::printProduct)  // 15129
}
```

프로퍼티 참조

프로퍼티 참조는 함수 참조와 비슷하지만 타입 계층구조가 살짝 더 복잡합니다.

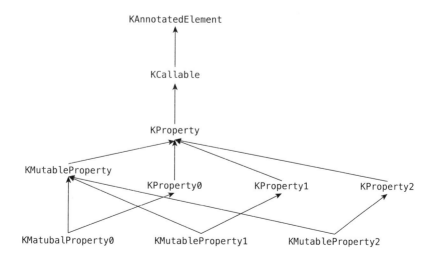

보다시피 모든 종류의 프로퍼티 참조가 KCallable을 구현한 KProperty를 구현
합니다. 프로퍼티를 호출하면 게터를 호출하게 됩니다. 읽기-쓰기 프로퍼티 참
조는 KProperty를 구현한 KMutableProperty를 구현합니다. 그 외에 프로퍼티
호출에 필요한 리시버 수를 명시한 KProperty0, KMutableProperty1 등의 타입
이 있습니다.

- 읽기 전용 최상위 프로퍼티: 리시버 없이 게터를 호출할 수 있기 때문에
  KProperty0를 구현합니다.
- 읽기 전용 멤버 또는 확장 프로퍼티: 리시버 객체가 하나만 필요하므로
  KProperty1을 구현합니다.
- 읽기 전용 멤버 확장 프로퍼티: 게터가 리시버 두 개를 요구하므로(디스패
  치 리시버와 확장 리시버) KProperty2를 구현합니다.
- 읽기-쓰기 최상위 프로퍼티: 리시버 없이 게터를 호출할 수 있기 때문에
  KMutableProperty0를 구현합니다.
- 읽기-쓰기 멤버 또는 확장 프로퍼티: 리시버 객체가 하나만 필요하므로
  KMutableProperty1을 구현합니다.
- 읽기-쓰기 멤버 확장 프로퍼티: 게터와 세터가 리시버 두 개를 요구하므로
  (디스패치 리시버와 확장 리시버) KMutableProperty2를 구현합니다.

프로퍼티도 함수와 같은 방법으로 참조합니다. 즉, ::<프로퍼티 이름> 형태로 참조
하며, 멤버 프로퍼티라면 :: 앞에 클래스 이름을 덧붙입니다. 멤버 확장 함수와
멤버 확장 프로퍼티를 참조하는 구문은 없습니다. 그래서 KProperty2 사용 예
를 소개하려는 목적으로, 다음 절에서 소개할 클래스 참조에서 멤버 확장 프로
퍼티를 사용했습니다.

```
import kotlin.reflect.*
import kotlin.reflect.full.memberExtensionProperties

val lock: Any = Any()
var str: String = "ABC"
```

```
class Box(
    var value: Int = 0
) {
    val Int.addedToBox
        get() = Box(value + this)
}

fun main() {
    val p1: KProperty0<Any> = ::lock
    println(p1)  // val lock: kotlin.Any

    val p2: KMutableProperty0<String> = ::str
    println(p2)  // var str: kotlin.String

    val p3: KMutableProperty1<Box, Int> = Box::value
    println(p3)  // var Box.value: kotlin.Int

    val p4: KProperty2<Box, *, *> = Box::class
        .memberExtensionProperties  // 클래스 참조의 멤버 확장 프로퍼티
        .first()
    println(p4)  // val Box.(kotlin.Int.)addedToBox: Box
}
```

KProperty 타입에는 가리키는 프로퍼티에 종속적인 특성을 나타내는 프로퍼티
들이 있습니다.

- isLateinit: Boolean – 프로퍼티가 lateinit이면 true입니다.
- isConst: Boolean – 프로퍼티가 const이면 true입니다.
- getter: Getter<V> – 프로퍼티 게터를 나타내는 객체의 참조입니다.

KMutableProperty에는 다음 프로퍼티가 하나 더 추가됩니다.

- setter: Setter<V> – 프로퍼티 세터를 나타내는 객체의 참조입니다.

리시버 수를 명시한 KPropertyX 타입들은 프로퍼티 게터를 나타내는 get 함수
를 추가로 제공하며, KMutablePropertyX 타입들은 프로퍼티 세터를 나타내는
set 함수를 추가로 제공합니다. get과 set 함수는 명시된 수만큼의 리시버를
추가 매개변수로 받습니다. 예를 들어 KMutableProperty1의 get 함수는 리시
버를 하나만 받으며, set은 리시버 하나와 값을 받습니다. 추가로, 프로퍼티의

타입을 더 구체적[2]으로 정의하면, 게터와 세터를 참조할 때도 구체적인 타입을
사용하게 됩니다.

```kotlin
import kotlin.reflect.*

class Box(
    var value: Int = 0
)

fun main() {
    val box = Box()
    val p: KMutableProperty1<Box, Int> = Box::value
    println(p.get(box))  // 0
    p.set(box, 999)
    println(p.get(box))  // 999
}
```

클래스 참조

클래스는 <클래스 이름>::class 형태로 참조합니다. 결과 타입은 KClass<T>이며,
여기서 T는 클래스를 나타내는 타입입니다.

```kotlin
import kotlin.reflect.KClass

class A

fun main() {
    val class1: KClass<A> = A::class
    println(class1)  // class A

    val a: A = A()
    val class2: KClass<out A> = a::class
    println(class2)  // class A
}
```

A 타입 변수에는 타입이 A거나 그 서브타입인 객체를 담을 수 있으므로 변수 참
조는 공변입니다.

---

2 (옮긴이) 여기서 구체적인 타입이란 타입을 목적에 맞게 정확한 타입으로 지정한다는 의미입니다.
지금 예시 코드에서 Any 타입을 사용할 수도 있지만 Int 타입을 사용한 것이 타입을 구체화한 예라
고 볼 수 있습니다.

```
import kotlin.reflect.KClass

open class A
class B : A()

fun main() {
    val a: A = B()
    val clazz: KClass<out A> = a::class
    println(clazz)  // class B
}
```

 class는 코틀린의 예약어라서 변수 이름으로 사용할 수 없습니다. 그래서 'clazz'를 대신 사용하는 것이 관례입니다.

클래스 이름에는 두 가지가 있습니다.

- 단순 이름: class 키워드 바로 뒤에 명시한 이름입니다. simpleName 프로퍼티로 읽을 수 있습니다.
- 전체 주소 이름(fully qualified name, 완전한 이름): 패키지와 외부 클래스를 포함한 이름입니다. qualifiedName 프로퍼티로 읽을 수 있습니다.

```
package a.b.c

class D {
    class E
}

fun main() {
    val clazz = D.E::class
    println(clazz.simpleName)     // E
    println(clazz.qualifiedName)  // a.b.c.D.E
}
```

단순 이름과 전체 주소 이름 모두 객체 표현식이나 이름 없는 객체를 참조하면 null을 반환합니다.

```
fun main() {
    val o = object {}
    val clazz = o::class
    println(clazz.simpleName)     // null
```

```
    println(clazz.qualifiedName)  // null
}
```

KClass에는 클래스 종속적인 특성을 확인할 수 있는 프로퍼티가 몇 개 있습니다.

- isFinal: Boolean — 클래스가 final이면 true입니다.
- isOpen: Boolean — 클래스에 open 제어자가 지정되어 있으면 true입니다. 추상 클래스와 봉인된 클래스는 모두 추상 클래스로 간주되지만 false를 반환합니다.
- isAbstract: Boolean — 클래스가 abstract 제어자를 가지고 있으면 true입니다. 봉인된 클래스는 일반적으로 추상 클래스로 간주되지만 false를 반환합니다.
- isSealed: Boolean — 봉인된 클래스라면 true입니다.
- isData: Boolean — 데이터 클래스라면 true입니다.
- isInner: Boolean — 내부 클래스라면 true입니다.
- isCompanion: Boolean — 클래스가 컴패니언 객체라면 true입니다.
- isFun: Boolean — fun 제어자가 붙은 코틀린 함수형 인터페이스라면 true입니다.
- isValue: Boolean — 값 클래스라면 true입니다.

함수처럼 클래스의 가시성도 visibility 프로퍼티로 확인할 수 있습니다.

```
sealed class UserMessages

private data class UserId(val id: String) {
    companion object {
        val ZERO = UserId("")
    }
}

internal fun interface Filter<T> {
    fun check(value: T): Boolean
}
```

```
fun main() {
    println(UserMessages::class.visibility)        // PUBLIC
    println(UserMessages::class.isSealed)          // true
    println(UserMessages::class.isOpen)            // false
    println(UserMessages::class.isFinal)           // false
    println(UserMessages::class.isAbstract)        // false
    println(UserId::class.visibility)              // PRIVATE
    println(UserId::class.isData)                  // true
    println(UserId::class.isFinal)                 // true
    println(UserId.Companion::class.isCompanion)   // true
    println(UserId.Companion::class.isInner)       // false
    println(Filter::class.visibility)              // INTERNAL
    println(Filter::class.isFun)                   // true
}
```

클래스에서 정의된 함수와 프로퍼티를 멤버라고 합니다. 클래스 바깥에서 정
의된 확장 함수는 멤버가 아니지만, 부모 타입에서 정의한 요소는 멤버에 포함
됩니다. 특정 클래스가 정의한 멤버를 '선언된 멤버(declared member)'라고 부
릅니다. 멤버 목록을 얻기 위해 클래스를 참조하는 일은 매우 흔하므로 다음
프로퍼티들은 알아 두는 게 좋습니다.

- members: Collection<KCallable<*>> – 모든 멤버를 반환합니다(부모가 선
  언한 멤버 포함).

- functions: Collection<KFunction<*>> – 모든 멤버 함수를 반환합니다(부
  모가 선언한 멤버 함수 포함).

- memberProperties: Collection<KProperty1<*>> – 모든 프로퍼티를 반환합
  니다(부모가 선언한 프로퍼티 포함).

- declaredMembers: Collection<KCallable<*>> – 현재 클래스가 선언한 멤버
  를 반환합니다.

- declaredFunctions: Collection<KFunction<*>> – 현재 클래스가 선언한 함
  수를 반환합니다.

- declaredMemberProperties: Collection<KProperty1<*>> – 현재 클래스가
  선언한 멤버 프로퍼티를 반환합니다.

```
import kotlin.reflect.full.*

open class Parent {
    val a = 12
    fun b() {}
}

class Child : Parent() {
    val c = 12
    fun d() {}
}

fun Child.e() {}

fun main() {
    println(Child::class.members.map { it.name })
    // [c, d, a, b, equals, hashCode, toString]
    println(Child::class.functions.map { it.name })
    // [d, b, equals, hashCode, toString]
    println(Child::class.memberProperties.map { it.name })
    // [c, a]

    println(Child::class.declaredMembers.map { it.name })
    // [c, d]
    println(Child::class.declaredFunctions.map { it.name })
    // [d]
    println(
        Child::class.declaredMemberProperties.map { it.name }
    )  // [c]
}
```

클래스 생성자는 멤버가 아니며, '리플렉션에서는' 함수로도 취급되지 않습니다. 그래서 생성자 목록은 constructors 프로퍼티를 사용해 별도로 얻습니다.

```
package playground

import kotlin.reflect.KFunction

class User(val name: String) {
    constructor(user: User) : this(user.name)
    constructor(json: UserJson) : this(json.name)
}
```

```
class UserJson(val name: String)

fun main() {
    val constructors: Collection<KFunction
        User::class.constructors

    println(constructors.size)  // 3
    constructors.forEach(::println)
    // fun <init>(playground.User): playground.User
    // fun <init>(playground.UserJson): playground.User
    // fun <init>(kotlin.String): playground.User
}
```

바로 위 슈퍼클래스, 즉 부모 클래스의 참조 타입은 List<KClass<*>>이며,
superclasses 프로퍼티로 얻을 수 있습니다. 그런데 왜 리스트일까요? 리플렉
션에서는 인터페이스도 클래스와 똑같이 취급한다는 점을 기억하세요. 그래서
인터페이스의 타입도 KClass이며, 직접 구현한 인터페이스들도 superclasses
프로퍼티에 포함되어 있습니다. 슈퍼클래스를 명시하지 않았다면 Any가 반환
됩니다. 바로 위뿐 아니라 계층구조 최상위까지의 모든 조상 클래스들과 인터
페이스들을 얻고 싶다면 allSuperclasses 프로퍼티를 이용합니다.

```
import kotlin.reflect.full.allSuperclasses
import kotlin.reflect.full.superclasses

interface I1
interface I2
open class A : I1
class B : A(), I2

fun main() {
    val a = A::class
    println(a.superclasses)     // [class I1, class kotlin.Any]
    println(a.allSuperclasses)  // [class I1, class kotlin.Any]

    val b = B::class
    // superclasses는 바로 위 클래스(인터페이스)만 반환합니다.
    println(b.superclasses)     // [class A, class I2]

    // allSuperclasses는 모든 조상 클래스(인터페이스)를 반환합니다.
    println(b.allSuperclasses)
    // [class A, class I1, class kotlin.Any, class I2]
}
```

한편 타입이 List<KType>인 supertypes 프로퍼티로는 바로 위 슈퍼타입과 직접 구현한 인터페이스들을 얻을 수 있습니다. supertypes 프로퍼티는 엄밀히 말하면 슈퍼타입이 아닌 슈퍼클래스의 리스트를 반환합니다. 슈퍼타입 중 널 가능한 타입은 포함하지 않기 때문입니다.[3] 그렇다면 앞서 살펴본 superclasses 와는 무엇이 다를까요? 둘의 차이는 반환 리스트의 원소 타입인 KClass<*>와 KType에서 옵니다. KClass<*>에서는 제네릭 정보가 소거되지만, KType에서는 타입 인수와 널 가능성 등의 정보가 온전히 유지됩니다.[4]

```
import kotlin.reflect.full.superclasses

interface I1
interface I2
open class A<T> : I1
class B : A<Int>(), I2

fun main() {
    val a = A::class
    println(a.superclasses)  // [class I1, class kotlin.Any]
    println(a.supertypes)    // [I1, kotlin.Any]

    val b = B::class
    println(b.superclasses)  // [class A, class I2]
    // supertypes에는 타입 인수 정보가 살아 있습니다.
    println(b.supertypes)    // [A<kotlin.Int>, I2]
}
```

allSuperclasses에 대응하는 allSupertypes 프로퍼티도 있습니다.

클래스 참조를 사용해 특정 객체가 현재 클래스(또는 인터페이스)의 서브타입인지 확인할 수 있습니다.

```
interface I1
interface I2
open class A : I1
class B : A(), I2
```

---

3 《코틀린 아카데미: 핵심편》의 20장 '코틀린 타입 시스템의 묘미'에서 '클래스와 타입의 관계' 절을 참고하세요.
4 KType에 대한 자세한 설명은 잠시 뒤 '타입 참조하기' 절에서 다룹니다.

```
fun main() {
    val a = A()
    val b = B()
    println(A::class.isInstance(a))   // true
    println(B::class.isInstance(a))   // false
    println(I1::class.isInstance(a))  // true
    println(I2::class.isInstance(a))  // false
    println(A::class.isInstance(b))   // true
    println(B::class.isInstance(b))   // true
    println(I1::class.isInstance(b))  // true
    println(I2::class.isInstance(b))  // true
}
```

제네릭 클래스에는 KTypeParameter 타입인 타입 매개변수가 있습니다. type
Parameters 프로퍼티를 사용하면 클래스가 정의한 모든 타입 매개변수 리스트
를 얻을 수 있습니다.

```
fun main() {
    println(List::class.typeParameters)  // [out E]
    println(Map::class.typeParameters)   // [K, out V]
}
```

중첩 클래스들은 nestedClasses 프로퍼티로 얻습니다.

```
class A {
    class B
    inner class C
}

fun main() {
    println(A::class.nestedClasses)  // [class A$B, class A$C]
}
```

봉인된 클래스라면 sealedSubclasses 프로퍼티로 서브클래스 리스트를 얻을
수 있습니다. 반환 타입은 List<KClass<out T>>입니다.

```
sealed class LinkedList<out T>

class Node<out T>(
    val head: T,
    val next: LinkedList<T>
) : LinkedList<T>()
```

```
object Empty : LinkedList<Nothing>()

fun main() {
    println(LinkedList::class.sealedSubclasses)
    // [class Node, class Empty]
}
```

객체 선언은 인스턴스가 하나뿐이며, 그 참조는 T? 타입인 objectInstance 프로퍼티로 얻을 수 있습니다. 여기서 T는 KClass 타입 매개변수입니다. 해당 클래스가 객체 선언이 아니면 null을 반환합니다.

```
import kotlin.reflect.KClass

sealed class LinkedList<out T>

class Node<out T>(
    val head: T,
    val next: LinkedList<T>
) : LinkedList<T>()

object Empty : LinkedList<Nothing>()

fun printInstance(c: KClass<*>) {
    println(c.objectInstance)
}

fun main() {
    printInstance(Node::class)   // null
    printInstance(Empty::class)  // Empty@XYZ
}
```

직렬화 예시

지금까지 익힌 지식을 바탕으로 실전 예를 구현해 보겠습니다. 객체를 JSON 형태로 직렬화하는 toJson 함수를 정의하는 것이 목표입니다.

```
class Creature(
    val name: String,
    val attack: Int,
    val defence: Int,
)
```

```kotlin
fun main() {
    val creature = Creature(
        name = "Cockatrice",
        attack = 2,
        defence = 4
    )
    println(creature.toJson())
    // {"attack": 2, "defence": 4, "name": "Cockatrice"}
}
```

toJson을 구현하기 위해 몇 가지 헬퍼 함수를 정의하겠습니다. 객체를 인수로 받아 JSON으로 직렬화하는 objectToJson 함수부터 시작하겠습니다. JSON에서 객체는 중괄호 안에 프로퍼티-값 쌍을 따옴표로 구분해 표현합니다. 각각의 쌍은 "<프로퍼티 이름>": <직렬화된 값> 형태로 표기합니다. 다음은 구현 코드입니다.

```kotlin
fun Any.toJson(): String = objectToJson(this)

private fun objectToJson(any: Any) = any::class
    .memberProperties    // 직렬화할 객체의 프로퍼티 리스트
    .joinToString(       // 모든 프로퍼티-값 쌍을 문자열로 변환
        prefix = "{",
        postfix = "}",
        transform = { prop ->
            "\"${prop.name}\": ${valueToJson(prop.call(any))}"
        }
    )
```

objectToJson을 구현하려면 먼저 직렬화할 객체의 프로퍼티 리스트가 필요한데, 객체 참조의 memberProperties나 declaredMemberProperties에서 얻을 수 있습니다. memberProperties는 부모에게서 상속받은 프로퍼티까지 포함한 모든 프로퍼티를 반환하며, declaredMemberProperties는 객체를 생성할 때 선언한 프로퍼티들을 반환합니다.

　프로퍼티 리스트가 준비되면 joinToString 함수를 이용해 모든 프로퍼티-값 쌍을 문자열로 만들 수 있습니다. 이때 전체 문자열을 중괄호로 감싸기 위해 prefix와 postfix 매개변수를 명시해야 합니다. 그런 다음 변환 함수인 transform을 정의하여 프로퍼티-값 쌍을 어떤 형태의 문자열로 변환할지 지정합니다. transform에서는 프로퍼티 참조인 prop의 name으로부터 프로퍼티 이름을

얻고, 프로퍼티 값은 call 메서드로 얻은 뒤 valueToJson 함수를 사용하여 문자열로 변환합니다.

여기서 valueToJson은 '값'을 JSON 문자열로 직렬화하는 함수입니다. JSON 포맷은 다양한 값을 지원하는데, 그 대부분은 단순히 코틀린 문자열 템플릿으로 직렬화할 수 있습니다. null 값, 모든 숫자, 열거형이 여기 포함됩니다. 하지만 문자열은 값을 따옴표로 감싸야 하기 때문에 문자열 템플릿을 이용하지 않습니다. 또한 기본 타입이 아닌 타입은 객체로 취급하여 objectToJson 함수로 직렬화합니다.

```kotlin
private fun valueToJson(value: Any?): String = when (value) {
    null, is Number -> "$value"
    is String, is Enum<*> -> "\"$value\""
    // ...
    else -> objectToJson(value)
}
```

지금까지 간단한 JSON 직렬화 함수를 만드는 법을 보았습니다. 다음은 컬렉션 직렬화용 메서드까지 추가하여 기능을 보강한 모습입니다.

```kotlin
import kotlin.reflect.full.memberProperties

// 직렬화 함수 정의
fun Any.toJson(): String = objectToJson(this)

private fun objectToJson(any: Any) = any::class
    .memberProperties
    .joinToString(
        prefix = "{",
        postfix = "}",
        transform = { prop ->
            "\"${prop.name}\": ${valueToJson(prop.call(any))}"
        }
    )

    private fun valueToJson(value: Any?): String = when (value) {
        null, is Number, is Boolean -> "$value"
        is String, is Enum<*> -> "\"$value\""
        is Iterable<*> -> iterableToJson(value)
        is Map<*, *> -> mapToJson(value)
```

```kotlin
            else -> objectToJson(value)
    }

    private fun iterableToJson(any: Iterable<*>): String = any
        .joinToString(
            prefix = "[",
            postfix = "]",
            transform = ::valueToJson
        )

    private fun mapToJson(any: Map<*, *>) = any.toList()
        .joinToString(
            prefix = "{",
            postfix = "}",
            transform = {
                "\"${it.first}\": ${valueToJson(it.second)}"
            }
        )

// 사용 예
class Creature(
    val name: String,
    val attack: Int,
    val defence: Int,
    val traits: List<Trait>,
    val cost: Map<Element, Int>
)

enum class Element {
    FOREST, ANY,
}

enum class Trait {
    FLYING
}

fun main() {
    val creature = Creature(
        name = "Cockatrice",
        attack = 2,
        defence = 4,
        traits = listOf(Trait.FLYING),
        cost = mapOf(
            Element.ANY to 3,
            Element.FOREST to 2
        )
```

```
    )
    println(creature.toJson())
    // {"attack": 2, "cost": {"ANY": 3, "FOREST": 2},
    // "defence": 4, "name": "Cockatrice",
    // "traits": ["FLYING"]}
}
```

이야기를 마치기 전에, 직렬화할 때 애너테이션을 활용하는 연습을 해 봅시다.
두 가지 애너테이션을 정의하겠습니다. 하나는 @JsonName으로, 직렬화할 때 프
로퍼티 이름을 다르게 지정할 수 있습니다. 다른 하나는 @JsonIgnore로, @Json
Ignore로 지정된 프로퍼티를 직렬화 대상에서 제외합니다.

```
// 애너테이션
@Target(AnnotationTarget.PROPERTY)
annotation class JsonName(val name: String)

@Target(AnnotationTarget.PROPERTY)
annotation class JsonIgnore

// 사용 예
class Creature(
    @JsonIgnore val name: String,
    @JsonName("att") val attack: Int,
    @JsonName("def") val defence: Int,
    val traits: List<Trait>,
    val cost: Map<Element, Int>
)
enum class Element {
    FOREST, ANY,
}
enum class Trait {
    FLYING
}

fun main() {
    val creature = Creature(
        name = "Cockatrice",
        attack = 2,
        defence = 4,
        traits = listOf(Trait.FLYING),
        cost = mapOf(
            Element.ANY to 3,
```

```
        Element.FOREST to 2
    )
)
println(creature.toJson())
// {"att": 2, "cost": {"ANY": 3, "FOREST": 2},
// "def": 4, "traits": ["FLYING"]}
}
```

이 애너테이션들을 반영하려면 objectToJson 함수를 변경해야 합니다. 프로퍼티를 무시하려면 프로퍼티 리스트에 필터를 추가해야 합니다. 필터에서 특정 프로퍼티에 @JsonIgnore 애너테이션이 있는지 확인하려면 annotations 프로퍼티를 사용할 수도 있지만, KAnnotatedElement의 확장 함수인 hasAnnotation을 사용할 수도 있습니다. 또한 이름을 변경하려면 KAnnotatedElement의 확장 함수인 findAnnotation을 사용해 @JsonName 애너테이션을 찾아야 합니다. 다음은 이상의 수정사항을 반영한 코드입니다.

```
private fun objectToJson(any: Any) = any::class
    .memberProperties
    .filterNot { it.hasAnnotation<JsonIgnore>() }
    .joinToString(
        prefix = "{",
        postfix = "}",
        transform = { prop ->
            val annotation = prop.findAnnotation<JsonName>()
            val name = annotation?.name ?: prop.name
            "\"${name}\": ${valueToJson(prop.call(any))}"
        }
    )
```

타입 참조하기

이제 타입 참조인 KType에 대해 알아볼 차례입니다. 타입을 클래스와 혼동하면 안 됩니다. 변수와 매개변수는 클래스가 아닌 타입을 가지고 있습니다. 타입은 널 가능하며 타입 인수를 받을 수 있습니다.[5]

---

5 《코틀린 아카데미: 핵심편》의 20장 '코틀린 타입 시스템의 묘미'에서 클래스와 타입의 차이를 설명했습니다.

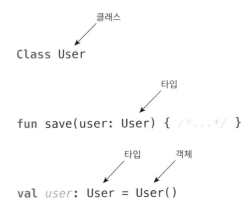

타입과 클래스의 예입니다(《코틀린 아카데미: 핵심편》에서 소개한 그림입니다).

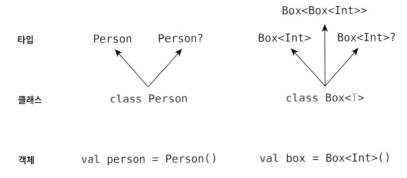

클래스, 타입, 객체 사이의 관계도입니다(《코틀린 아카데미: 핵심편》에서 소개한 그림입니다).

타입을 직접 참조하려면 typeOf 함수를 사용해야 합니다. 이 함수는 널 가능성과 타입 인수 정보도 함께 제공합니다.

```kotlin
import kotlin.reflect.KType
import kotlin.reflect.typeOf

fun main() {
    val t1: KType = typeOf<Int?>()
    println(t1)  // kotlin.Int?
    val t2: KType = typeOf<List<Int?>>()
    println(t2)  // kotlin.collections.List<kotlin.Int?>
    val t3: KType = typeOf<() -> Map<Int, Char?>>()
    println(t3)
    // () -> kotlin.collections.Map<kotlin.Int, kotlin.Char?>
}
```

KType은 isMarkedNullable, arguments, classifier, 이렇게 단 세 개의 프로퍼티만 가진 간단한 클래스입니다.

```
// KType 정의를 간단히 보여 주는 코드
interface KType : KAnnotatedElement {
    val isMarkedNullable: Boolean
    val arguments: List<KTypeProjection>
    val classifier: KClassifier?
}
```

isMarkedNullable 프로퍼티가 가장 간단합니다. 소스 코드에서 타입이 널 가능하다고 표시되어 있으면 true를 반환합니다.

```
import kotlin.reflect.typeOf

fun main() {
    println(typeOf<Int>().isMarkedNullable)   // false
    println(typeOf<Int?>().isMarkedNullable)  // true
}
```

arguments 프로퍼티는 현재 타입의 타입 인수를 제공합니다. List<Int>는 타입이 Int인 인수 하나를 가지고, Map<Long, Char>는 Long과 Char 두 가지 타입 인수를 가집니다. 타입 인수의 타입은 KTypeProjection으로, 타입과 변성 제어자를 포함한 데이터 클래스입니다. 따라서 Box<out String>의 타입 인수는 out String입니다.

```
// KTypeProjection 정의를 간단히 보여 주는 코드
data class KTypeProjection(
    val variance: KVariance?,
    val type: KType?
)
```

```
import kotlin.reflect.typeOf

class Box<T>

fun main() {
    val t1 = typeOf<List<Int>>()
    println(t1.arguments)  // [kotlin.Int]
    val t2 = typeOf<Map<Long, Char>>()
```

```
    println(t2.arguments)  // [kotlin.Long, kotlin.Char]
    val t3 = typeOf<Box<out String>>()
    println(t3.arguments)  // [out kotlin.String]
}
```

마지막으로 소개할 classifier 프로퍼티를 사용하면 타입과 연관된 클래스를 알아낼 수 있습니다. 결과 타입은 KClasss와 KTypeParameter의 슈퍼타입인 KClassifier?입니다. KClass는 클래스 또는 인터페이스를 나타내며, KTypeParameter는 제네릭 타입 매개변수를 나타냅니다. 제네릭 클래스 멤버를 참조할 때는 classifier가 KTypeParameter일 수도 있습니다. 한편, 인터섹션 타입처럼 코틀린에서 표현할 수 없는 타입일 때는 classifier가 null을 반환합니다.

```
import kotlin.reflect.*

class Box<T>(val value: T) {
    fun get(): T = value
}

fun main() {
    val t1 = typeOf<List<Int>>()
    println(t1.classifier)    // class kotlin.collections.List
    println(t1 is KType)      // true
    println(t1 is KClass<*>)  // false
    val t2 = typeOf<Map<Long, Char>>()
    println(t2.classifier)    // class kotlin.collections.Map
    println(t2.arguments[0].type?.classifier)  // class kotlin.Long

    val t3 = Box<Int>::get.returnType.classifier
    println(t3)                        // T
    println(t3 is KTypeParameter)  // true
}

// KTypeParameter 정의
interface KTypeParameter : KClassifier {
    val name: String
    val upperBounds: List<KType>
    val variance: KVariance
    val isReified: Boolean
}
```

타입 리플렉션 예시: 랜덤 값

타입 참조를 어떻게 활용하는지 보여 드리기 위한 예를 준비했습니다. 다음의 ValueGenerator 클래스는 특정 타입의 랜덤 값을 생성하는 randomValue 메서드를 제공합니다. 이 메서드에는 두 가지 형태가 있습니다. 하나는 구체화된 (reified) 타입 인수를 타입으로 받으며, 다른 하나는 일반적인 인수를 타입 참조로 받습니다.

```kotlin
class ValueGenerator(
    private val random: Random = Random,
) {
    inline fun <reified T> randomValue(): T =
        randomValue(typeOf<T>()) as T

    fun randomValue(type: KType): Any? = TODO()
}
```

randomValue 메서드를 구현하다 보니 철학적인 문제에 봉착했습니다. 만약 타입이 널 가능하다면 랜덤 값이 null일 확률은 어떻게 될까요? 이 문제를 해결하기 위해 널 값의 확률을 명시한 설정 클래스를 추가했습니다.

```kotlin
import kotlin.random.Random
import kotlin.reflect.KType
import kotlin.reflect.typeOf

// 설정 클래스
class RandomValueConfig(
    val nullProbability: Double = 0.1,  // 값이 null일 확률
)

class ValueGenerator(
    private val random: Random = Random,
    val config: RandomValueConfig = RandomValueConfig(),
) {
    inline fun <reified T> randomValue(): T =
        randomValue(typeOf<T>()) as T

    fun randomValue(type: KType): Any? = when {
        type.isMarkedNullable -> randomNullable(type)
        // ...
```

```
        else -> error("Type $type not supported")
    }

    private fun randomNullable(type: KType) =
        if (randomBoolean(config.nullProbability)) null
        else randomValue(type.withNullability(false))

    private fun randomBoolean(probability: Double) =
        random.nextDouble() < probability
}
```

이제 기본 타입을 지원할 차례입니다. Boolean은 Random의 nextBoolean을 사용
해 생성할 수 있으므로 가장 간단하게 구현할 수 있습니다. Int도 마찬가지지
만, 0은 특별한 값이므로 설정에 0이 나올 확률을 명시하기로 했습니다.

```
import kotlin.math.ln
import kotlin.random.Random
import kotlin.reflect.KType
import kotlin.reflect.full.isSubtypeOf
import kotlin.reflect.typeOf

class RandomValueConfig(
    val nullProbability: Double = 0.1,
    val zeroProbability: Double = 0.1,  // 값이 0일 확률
)

class ValueGenerator(
    private val random: Random = Random,
    val config: RandomValueConfig = RandomValueConfig(),
) {
    inline fun <reified T> randomValue(): T =
        randomValue(typeOf<T>()) as T

    fun randomValue(type: KType): Any? = when {
        type.isMarkedNullable &&
            randomBoolean(config.nullProbability) -> null
        type == typeOf<Boolean>() -> randomBoolean()
        type == typeOf<Int>() -> randomInt()
        // ...
        else -> error("Type $type not supported")
    }

    private fun randomInt() =
        if (randomBoolean(config.zeroProbability)) 0
```

```
        else random.nextInt()

    private fun randomBoolean() =
        random.nextBoolean()

    private fun randomBoolean(probability: Double) =
        random.nextDouble() < probability
}
```

마지막으로 문자열과 리스트를 생성해야 합니다. 가장 큰 문제는 크기입니다. 랜덤 숫자를 그대로 랜덤 컬렉션의 크기로 사용하면 컬렉션이 너무 커질 수도 있습니다. List<List<List<String>>>과 같은 타입의 랜덤 값은 말 그대로 모든 메모리를 소비할 수 있으며, 가독성도 떨어집니다. 하지만 단위 테스트용 특이 케이스로 사용될 수 있으므로, 크기가 큰 컬렉션 또는 문자열도 생성할 수 있어야 합니다. 실제 프로젝트에서 사용하는 컬렉션과 문자열의 크기는 지수 분포를 따를 것입니다. 대부분은 작고, 일부만 거대합니다. 그래서 지수 분포를 람다 값으로 매개변수화하고, 이 매개변수를 설정할 수 있게끔 만들었습니다. 문자열 길이의 지수 분포 매개변수의 기본값은 0.1로 설정했습니다. 이렇게 하면 함수가 비어 있는 문자열을 만들 확률이 10% 정도이며, 5보다 긴 문자열을 만들 확률은 55%가 됩니다. 리스트에서는 기본값을 0.3으로 지정했습니다. 비어 있는 리스트가 나올 확률은 25%, 원소가 5개보다 많을 확률은 16%에 불과합니다.

```
import kotlin.math.ln
import kotlin.random.Random
import kotlin.reflect.KType
import kotlin.reflect.full.isSubtypeOf
import kotlin.reflect.full.withNullability
import kotlin.reflect.typeOf

class RandomValueConfig(
    val nullProbability: Double = 0.1,
    val zeroProbability: Double = 0.1,
    val stringSizeParam: Double = 0.1,    // 문자열 길이의 지수 분포 값
    val listSizeParam: Double = 0.3,      // 리스트 크기의 지수 분포 값
)
```

```kotlin
class ValueGenerator(
    private val random: Random = Random,
    val config: RandomValueConfig = RandomValueConfig(),
) {
    inline fun <reified T> randomValue(): T =
        randomValue(typeOf<T>()) as T

    fun randomValue(type: KType): Any? = when {
        type.isMarkedNullable -> randomNullable(type)
        type == typeOf<Boolean>() -> randomBoolean()
        type == typeOf<Int>() -> randomInt()
        type == typeOf<String>() -> randomString()
        type.isSubtypeOf(typeOf<List<*>>()) ->
            randomList(type)
        // ...
        else -> error("Type $type not supported")
    }

    private fun randomNullable(type: KType) =
        if (randomBoolean(config.nullProbability)) null
        else randomValue(type.withNullability(false))

    private fun randomString(): String =
        (1..random.exponential(config.stringSizeParam))
            .map { CHARACTERS.random(random) }
            .joinToString(separator = "")

    private fun randomList(type: KType) =
        List(random.exponential(config.listSizeParam)) {
            randomValue(type.arguments[0].type!!)
        }

    private fun randomInt() =
        if (randomBoolean(config.zeroProbability)) 0
        else random.nextInt()

    private fun randomBoolean() = random.nextBoolean()

    private fun randomBoolean(probability: Double) =
        random.nextDouble() < probability

    companion object {
        private val CHARACTERS =
            ('A'..'Z') + ('a'..'z') + ('0'..'9') + " "
    }
}
```

```
private fun Random.exponential(f: Double): Int {
    return (ln(1 - nextDouble()) / -f).toInt()
}
```

지금까지 구현한 객체를 이용해 다양한 랜덤 값을 생성해 봅시다.

```
fun main() {
    val r = Random(1)
    val g = ValueGenerator(random = r)
    println(g.randomValue<Int>())          // -527218591
    println(g.randomValue<Int?>())         // -2022884062
    println(g.randomValue<Int?>())         // null
    println(g.randomValue<List<Int>>())    // [-1171478239]
    println(g.randomValue<List<List<Boolean>>>())
    // [[true, true, false], [], [], [false, false], [],
    // [true, true, true, true, true, true, true, false]]
    println(g.randomValue<List<Int?>?>())
    // [-416634648, null, 382227801]
    println(g.randomValue<String>())          // WjMNxTwDPrQ
    println(g.randomValue<List<String?>>())
    // [VAg, , null, AIKeGp9Q7, 1dqARHjUjee3i6XZzhQ02l, DlG, , ]
}
```

 제대로 동작하는지 확인하기 위해 값이 매번 동일하게 나오게끔 Random 객체의 시드를 1로 설정했습니다.

이 외에도 더 많은 타입을 지원하게 만들 수 있습니다. 예를 들어 classifier 프로퍼티와 constructors를 이용하면 클래스의 인스턴스도 랜덤하게 만들 수 있습니다.

코틀린 리플렉션과 자바 리플렉션

코틀린/JVM에서는 자바 리플렉션 API를 사용할 수 있습니다. 자바 리플렉션 API는 코틀린 리플렉션 API와 비슷하지만 (당연하게도) 코틀린을 고려해 설계되지 않았습니다. 하지만 둘의 타입 계층구조는 비슷합니다. 그래서 코틀린/JVM에서 이용할 수 있는 확장 프로퍼티를 사용하여 두 타입 계층구조를 서로 변환할 수 있습니다. 예를 들어 java 프로퍼티를 사용하면 KClass를 자바

Class로 변환할 수 있으며, javaMethod를 사용하면 KFunction을 Method로 변환할 수 있습니다. 이와 비슷하게, kotlin 접두사로 시작하는 확장 프로퍼티를 사용하면 자바 리플렉션 클래스를 코틀린 리플렉션 클래스로 변환할 수 있습니다. 예를 들어 kotlin 프로퍼티로는 Class를 KClass로 변환할 수 있으며, kotlinFunction 프로퍼티로는 Method를 KFunction으로 변환할 수 있습니다.

```
import java.lang.reflect.*
import kotlin.reflect.*
import kotlin.reflect.jvm.*

class A {
    val a = 123
    fun b() {}
}

fun main() {
    val c1: Class<A> = A::class.java
    val c2: Class<A> = A().javaClass

    val f1: Field? = A::a.javaField
    val f2: Method? = A::a.javaGetter
    val f3: Method? = A::b.javaMethod

    val kotlinClass: KClass<A> = c1.kotlin
    val kotlinProperty: KProperty<*>? = f1?.kotlinProperty
    val kotlinFunction: KFunction<*>? = f3?.kotlinFunction
}
```

캡슐화 깨뜨리기

접근할 수 없는 요소라도 리플렉션을 사용하면 호출할 수 있습니다. 코틀린 리플렉션 API와 자바 리플렉션 API의 isAccessible 프로퍼티를 사용하면 각각의 요소에 지정된 접근성 매개변수를 확인할 수 있습니다. 리플렉션을 사용하면 private 함수를 호출할 수 있으며 private 프로퍼티를 건드릴 수도 있습니다. 물론 절대적으로 필요한 상황이 아니면 접근이 제한된 요소는 건드리지 않아야 합니다.

```kotlin
import kotlin.reflect.*
import kotlin.reflect.full.*
import kotlin.reflect.jvm.isAccessible

class A {
    private var value = 0
    private fun printValue() {
        println(value)
    }
    override fun toString(): String = "A(value=$value)"
}

fun main() {
    val a = A()
    val c = A::class

    // 값을 999로 변경합니다.
    val prop: KMutableProperty1<A, Int>? =
        c.declaredMemberProperties
            .find { it.name == "value" }
                as? KMutableProperty1<A, Int>
    prop?.isAccessible = true
    prop?.set(a, 999)
    println(a)              // A(value=999)
    println(prop?.get(a))  // 999

    // printValue 함수를 호출합니다.
    val func: KFunction<*>? =
        c.declaredMemberFunctions
            .find { it.name == "printValue" }
    func?.isAccessible = true
    func?.call(a)  // 999
}
```

요약

리플렉션은 수많은 라이브러리에서 코드 요소 정의에 특화된 기능을 구현하기 위해 사용하는 강력한 도구입니다. 리플렉션은 무거운 작업이므로 애플리케이션에서 자주 사용하면 안 됩니다. 하지만 다른 방식으로는 불가능한 기능을 제공하므로 사용법을 알아 두는 것이 좋습니다.

연습문제: 함수 호출자

이번 과제는 함수 참조를 호출하는 데 이용하는 클래스를 완성하는 것입니다. 이 클래스는 다음 메서드들을 제공해야 합니다.

- setConstant: 함수 호출 시 인수로 쓸 값을 타입과 함께 설정해 둡니다.
- call: 함수 참조를 호출합니다.
  - 이때 미리 설정해 둔 타입-값 쌍에서 입력 매개변수와 타입이 일치하는 값을 인수로 건넵니다. 예를 들어, 함수 참조가 Int 타입 매개변수를 하나 받는다고 합시다. 그리고 앞서 setConstant 메서드로 Int 타입의 값을 1로 설정해 두었다면, 이 1을 인수로 넣어 함수 참조를 호출합니다.
  - 인수로 건넬 값이 미리 설정되지 않은 상태에서 호출하면 예외를 던져야 합니다.
  - 기본값이 있는 선택적 매개변수일 경우, 설정해 둔 값이 없을 시 기본값을 사용해야 합니다. 설정해 둔 값이 있다면 설정해 둔 값을 인수로 건넵니다.

다음은 구현할 클래스의 기본 뼈대입니다.

```
class FunctionCaller {
    inline fun <reified T> setConstant(value: T) {
        setConstant(typeOf<T>(), value)
    }

    fun setConstant(type: KType, value: Any?) {
        TODO()
    }

    fun <T> call(function: KFunction<T>): T {
        TODO()
    }
}
```

다음은 사용 예입니다.

```
fun printStrIntNum(str: String, int: Int, num: Number) {
    println("str: $str, int: $int, num: $num")
```

```
}

fun printWithOptionals(l: Long = 999, s: String) {
    println("l: $l, s: $s")
}

fun main() {
    val caller = FunctionCaller()
    caller.setConstant("ABC")
    caller.setConstant(123)
    caller.setConstant(typeOf<Number>(), 3.14)
    caller.call(::printStrIntNum)
    // str: ABC, int: 123, num: 3.14
    caller.call(::printWithOptionals)
    // l: 999, s: ABC
}
```

연습문제 깃허브 저장소의 advanced/reflection/FunctionCaller.kt 파일에서 시
작 코드, 사용 예시, 단위 테스트를 확인할 수 있습니다. 프로젝트를 로컬 환경
으로 클론하여 문제를 풀어 보세요.

힌트: 선택적 매개변수를 지원하려면 call 대신 callBy를 사용해야 합니다.

정답은 책 뒤편의 '연습문제 해답'에서 확인할 수 있습니다.

연습문제: 객체를 JSON으로 직렬화

이번 과제는 코틀린 객체를 JSON으로 직렬화하는 함수를 구현하는 것입니다.
결과로 나오는 텍스트는 클래스의 멤버 프로퍼티 모두를 포함해야 합니다. 원
시 타입, 이터러블(JSON 배열로 출력), 맵 타입(JSON 객체로 출력)을 지원해야
합니다. 중첩 객체도 지원해야 합니다. 외부 라이브러리를 사용하면 안 됩니
다. 오직 코틀린 리플렉션만 사용해야 합니다.

다음 애너테이션들을 지원해야 합니다.

- @SerializationName: 프로퍼티에 적용하여 JSON 결과에서 이름을 변경합
  니다.
- @SerializationIgnore: 프로퍼티에 적용하여 JSON 결과에서 제외합니다.
- @SerializationNameMapper: 클래스나 프로퍼티에 적용하여 커스텀 이름 매

퍼를 지정합니다. 매퍼는 NameMapper 인터페이스를 구현해야 합니다. 매퍼
는 객체 선언이 될 수도 있고, 인수가 없는 생성자가 될 수도 있습니다.

- @SerializationNameIgnoreNulls: 클래스에 적용하여 JSON 결과에서 모든
  널 프로퍼티를 무시합니다.

```kotlin
@Target(AnnotationTarget.PROPERTY)
annotation class SerializationName(val name: String)

@Target(AnnotationTarget.PROPERTY)
annotation class SerializationIgnore

@Target(AnnotationTarget.PROPERTY, AnnotationTarget.CLASS)
annotation class SerializationNameMapper(
    val mapper: KClass<out NameMapper>
)

@Target(AnnotationTarget.CLASS)
annotation class SerializationIgnoreNulls

interface NameMapper {
    fun map(name: String): String
}

fun serializeToJson(value: Any): String = TODO()
```

다음은 사용 예입니다.

```kotlin
@SerializationNameMapper(SnakeCaseName::class)
@SerializationIgnoreNulls
class Creature(
    val name: String,
    @SerializationName("att")
    val attack: Int,
    @SerializationName("def")
    val defence: Int,
    val traits: List<Trait>,
    val elementCost: Map<Element, Int>,
    @SerializationNameMapper(LowerCaseName::class)
    val isSpecial: Boolean,
    @SerializationIgnore
    var used: Boolean = false,
    val extraDetails: String? = null,
)
```

```kotlin
object LowerCaseName : NameMapper {
    override fun map(name: String): String = name.lowercase()
}

class SnakeCaseName : NameMapper {
    val pattern = "(?<=.)[A-Z]".toRegex()
    override fun map(name: String): String =
        name.replace(pattern, "_$0").lowercase()
}

enum class Element {
    FOREST, ANY,
}

enum class Trait {
    FLYING
}

fun main() {
    val creature = Creature(
        name = "Cockatrice",
        attack = 2,
        defence = 4,
        traits = listOf(Trait.FLYING),
        elementCost = mapOf(
            Element.ANY to 3,
            Element.FOREST to 2
        ),
        isSpecial = true,
    )
    println(serializeToJson(creature))
    // {"att": 2, "def": 4,
    // "element_cost": {"ANY": 3, "FOREST": 2},
    // "isspecial": true, "name": "Cockatrice",
    // "traits": ["FLYING"]}
}
```

연습문제 깃허브 저장소의 advanced/reflection/JsonSerializer.kt 파일에서 시작 코드, 사용 예시, 단위 테스트를 확인할 수 있습니다. 프로젝트를 로컬 환경으로 클론하여 문제를 풀어 보세요.

정답은 책 뒤편의 '연습문제 해답'에서 확인할 수 있습니다.

연습문제: 객체를 XML로 직렬화

이번 과제는 코틀린 객체를 XML로 직렬화하는 함수를 구현하는 것입니다. 결과로 나오는 텍스트는 클래스의 멤버 프로퍼티 모두를 포함해야 합니다. 중첩 객체도 지원해야 합니다. 외부 라이브러리를 사용하면 안 됩니다. 오직 코틀린 리플렉션만 사용해야 합니다.

다음 애너테이션들을 지원해야 합니다.

- @SerializationName: 프로퍼티에 적용하여 XML 결과에서 이름을 변경합니다.
- @SerializationIgnore: 프로퍼티에 적용하여 XML 결과에서 제외합니다.
- @SerializationNameMapper: 클래스나 프로퍼티에 적용하여 커스텀 이름 매퍼를 지정합니다. 매퍼는 NameMapper 인터페이스를 구현해야 합니다. 매퍼는 객체 선언이 될 수도 있고, 인수가 없는 생성자가 될 수도 있습니다.
- @SerializationNameIgnoreNulls: 클래스에 적용하여 XML 결과에서 모든 널 프로퍼티를 무시합니다.

```kotlin
@Target(AnnotationTarget.PROPERTY)
annotation class SerializationName(val name: String)

@Target(AnnotationTarget.PROPERTY)
annotation class SerializationIgnore

@Target(AnnotationTarget.PROPERTY, AnnotationTarget.CLASS)
annotation class SerializationNameMapper(
    val mapper: KClass<out NameMapper>
}

@Target(AnnotationTarget.CLASS)
annotation class SerializationIgnoreNulls

interface NameMapper {
    fun map(name: String): String
}

fun serializeToXml(value: Any): String = TODO()
```

다음은 사용 예입니다. XML 결과에는 들여쓰기가 포함되면 안 되지만, 책에서는 가독성을 위해 추가하였습니다.

```kotlin
fun main() {
    data class SampleDataClass(
        val externalTxnId: String,
        val merchantTxnId: String,
        val reference: String
    )

    val data = SampleDataClass(
        externalTxnId = "07026984141550752666",
        merchantTxnId = "07026984141550752666",
        reference = "MERCHPAY"
    )

    println(serializeToXml(data))
    // <SampleDataClass>
    //     <externalTxnId>07026984141550752666<externalTxnId>
    //     <merchantTxnId>07026984141550752666<merchantTxnId>
    //     <reference>MERCHPAY<reference>
    // </SampleDataClass>

    @SerializationNameMapper(UpperSnakeCaseName::class)
    @SerializationIgnoreNulls
    class Book(
        val title: String,
        val author: String,
        @SerializationName("YEAR")
        val publicationYear: Int,
        val isbn: String?,
        @SerializationIgnore
        val price: Double,
    )

    @SerializationNameMapper(UpperSnakeCaseName::class)
    class Library(
        val catalog: List<Book>
    )

    val library = Library(
        catalog = listOf(
            Book(
                title = "The Hobbit",
                author = "J. R. R. Tolkien",
```

```
                    publicationYear = 1937,
                    isbn = "978-0-261-10235-4",
                    price = 9.99,
            ),
            Book(
                    title = "The Witcher",
                    author = "Andrzej Sapkowski",
                    publicationYear = 1993,
                    isbn = "978-0-575-09404-2",
                    price = 7.99,
            ),
            Book(
                    title = "Antifragile",
                    author = "Nassim Nicholas Taleb",
                    publicationYear = 2012,
                    isbn = null,
                    price = 12.99,
            )
        )
    )

    println(serializeToXml(library))
    // <LIBRARY>
    //      <CATALOG>
    //          <BOOK>
    //              <AUTHOR>J. R. R. Tolkien<AUTHOR>
    //              <ISBN>978-0-261-10235-4<ISBN>
    //              <YEAR>1937<YEAR>
    //              <TITLE>The Hobbit<TITLE>
    //          </BOOK>
    //          <BOOK>
    //              <AUTHOR>Andrzej Sapkowski<AUTHOR>
    //              <ISBN>978-0-575-09404-2<ISBN>
    //              <YEAR>1993<YEAR>
    //              <TITLE>The Witcher<TITLE>
    //          </BOOK>
    //          <BOOK>
    //              <AUTHOR>Nassim Nicholas Taleb<AUTHOR>
    //              <YEAR>2012<YEAR>
    //              <TITLE>Antifragile<TITLE>
    //          </BOOK>
    //      <CATALOG>
    // </LIBRARY>
}
```

연습문제 깃허브 저장소의 advanced/reflection/XmlSerializer.kt 파일에서 시작 코드와 단위 테스트를 확인할 수 있습니다. 프로젝트를 로컬 환경으로 클론하여 문제를 풀어 보세요.

정답은 책 뒤편의 '연습문제 해답'에서 확인할 수 있습니다.

연습문제: DSL에 기초한 의존성 주입 라이브러리

이번 과제는 간단한 의존성 주입 라이브러리를 구현하는 것입니다. 구현할 클래스의 이름은 Registry이며, 의존성을 등록해 두는 역할을 합니다. 구체적으로는 다음 메서드들을 제공해야 합니다.

- register: 필요할 때마다 매번 생성되는 일반적인 의존성을 등록합니다. '타입'과 '해당 타입의 인스턴스를 반환하는 람다 표현식'을 인수로 받습니다. 이 람다 표현식의 스코프에서 Registry를 사용하여 또 다른 의존성을 얻을 수 있어야 합니다.
- signleton: 단 한 번만 생성해 재사용하는 싱글턴 의존성을 등록합니다. '타입'과 '해당 타입의 인스턴스를 반환하는 람다 표현식'을 인수로 받습니다. 마찬가지로 이 람다 표현식의 스코프에서 Registry를 사용하여 또 다른 의존성을 얻을 수 있어야 합니다.
- get: 지정한 타입의 인스턴스를 반환합니다. 해당 타입이 싱글턴으로 등록되었다면 항상 같은 인스턴스를 반환합니다. 타입이 일반적인 의존성으로 등록되었다면 호출될 때마다 새로운 인스턴스를 반환합니다.
- exists: 지정한 타입이 등록되었다면 true를, 등록되지 않았다면 false를 반환합니다.

이상의 메서드들은 모두 두 가지 버전으로 제공되어야 합니다. 하나는 구체화된 타입 매개변수(<reified T>)를 지정한 인라인 형태이고, 다른 하나는 KType 매개변수를 받고 인라인이 아닌 형태입니다.

또한 Registry 인스턴스를 DSL 스타일로 생성해 주는 최상위 함수인 registry를 구현해야 합니다. 이 함수는 리시버가 Registry인 람다 표현식을 받고, Registry

인스턴스를 반환합니다. 이 람다 표현식의 스코프에서 Registry를 사용하여
의존성들을 등록할 수 있어야 합니다.

다음은 사용 예입니다.

```
data class UserConfiguration(val url: String)

interface UserRepository {
    fun get(): String
}

class RealUserRepository(
    private val userConfiguration: UserConfiguration,
) : UserRepository {
    override fun get(): String =
        "User from ${userConfiguration.url}"
}

class UserService(
    private val userRepository: UserRepository,
    private val userConfiguration: UserConfiguration,
) {
    fun get(): String = "Got ${userRepository.get()}"
}

fun main() {
    val registry: Registry = registry {
        singleton<UserConfiguration> {
            UserConfiguration("http://localhost:8080")
        }
        normal<UserService> {
            UserService(
                userRepository = get(),
                userConfiguration = get(),
            )
        }
        singleton<UserRepository> {
            RealUserRepository(
                userConfiguration = get(),
            )
        }
    }

    val userService: UserService = registry.get()
    println(userService.get())  // Got User from http://localhost:8080
```

```
    val ur1 = registry.get<UserRepository>()
    val ur2 = registry.get<UserRepository>()
    println(ur1 === ur2)        // true

    val uc1 = registry.get<UserService>()
    val uc2 = registry.get<UserService>()
    println(uc1 === uc2)        // false
}
```

연습문제 깃허브 저장소의 advanced/reflection/DependencyInjection.kt 파일에서 사용 예시와 단위 테스트를 확인할 수 있습니다. 프로젝트를 로컬 환경으로 클론하여 문제를 풀어 보세요.

정답은 책 뒤편의 '연습문제 해답'에서 확인할 수 있습니다.

9장

A   d   v   a   n   c   e   d   K   o   t   l   i   n

애너테이션 처리

자바 5는 자바 개발 방식을 완전히 바꾸는 새로운 도구인 애너테이션 처리를 도입하였습니다. 스프링(Spring), 하이버네이트(Hibernate), 룸(Room), 대거 (Dagger)를 비롯한 많은 자바 라이브러리가 애너테이션 처리에 의존하고 있습니다. 현재 자바 개발에서 애너테이션 처리는 필수 요소이며, 코틀린/JVM 개발도 마찬가지라고 할 수 있습니다. 이런 현실과 달리, 대부분의 자바 개발자와 코틀린/JVM 개발자는 애너테이션이 어떻게 동작하는지 깊이 이해하고 있지 않습니다. 자동차 운전자가 자동차의 작동 원리를 알 필요가 없는 것과 같은 원리죠. 하지만 애너테이션 처리를 이해한다면 기존 라이브러리를 디버깅하거나, 새로운 라이브러리 혹은 도구를 직접 개발할 수도 있습니다. 이번 장에서는 애너테이션 처리의 원리를 설명하고 커스텀 애너테이션 처리기를 구현하는 방법까지 알아보겠습니다.

참고로, 애너테이션 처리는 javac를 여전히 필요로 하므로 코틀린/JVM에서만 작동합니다. 달리 말해, 코틀린/JS나 코틀린/네이티브 등에서는 사용할 수 없습니다. 또한 javac의 애너테이션 처리는 비용이 많이 들기 때문에 코틀린은 코틀린만의 애너테이션 처리기를 갖추기로 했습니다. 그 결과로 구글은 애너테이션 처리의 직접적인 후계자인 코틀린 심벌 처리기(Kotlin Symbol Processing, KSP)라는 개념을 도입했습니다. KSP는 다음 장에서 살펴볼 것이며, 이번 장은 KSP를 완전히 이해하기 위한 도입부 또는 전제조건이 될 것입니다.

처음 만드는 애너테이션 처리기

애너테이션을 처리하는 방식은 아주 간단합니다. 먼저 '처리기(processor)'라고 하는 클래스를 정의합니다. 처리기란 소스 코드를 분석하며 (일반적으로 코드를 포함하고 있는) 추가적인 파일을 생성하는 클래스를 말합니다. 하지만 기존 코드를 변경하지는 않습니다. 제 친구의 아이디어를 바탕으로 간단한 라이브러리를 구현하는 예를 보여 드리겠습니다. 실제 프로젝트에서 사용한 적은 없지만, 멋진 예로서 손색이 없습니다. 기반 아이디어를 이해하기 위해 풀고자 하는 문제부터 살펴봅시다. 단위 테스트용 가짜 객체(fake object)를 만들기 쉽게 하려고 많은 클래스가 인터페이스를 구현하도록 정의됩니다. 다음 코드의 MongoUserRepository를 보세요. UserRepository 인터페이스를 구현하고 있으며, 단위 테스트용 가짜 클래스인 FakeUserRepository가 준비되어 있습니다.

```kotlin
// 인터페이스
interface UserRepository {
    fun findUser(userId: String): User?
    fun findUsers(): List<User>
    fun updateUser(user: User)
    fun insertUser(user: User)
}

// 애플리케이션에서 사용할 실제 클래스
class MongoUserRepository : UserRepository {
    override fun findUser(userId: String): User? = TODO()
    override fun findUsers(): List<User> = TODO()
    override fun updateUser(user: User) {
        TODO()
    }
    override fun insertUser(user: User) {
        TODO()
    }
}

// 테스트용 가짜 클래스
class FakeUserRepository : UserRepository {
    private var users = listOf<User>()

    override fun findUser(userId: String): User? =
        users.find { it.id == userId }
```

```
        override fun findUsers(): List<User> = users

        override fun updateUser(user: User) {
            val oldUsers = users.filter { it.id == user.id }
            users = users - oldUsers + user
        }

        override fun insertUser(user: User) {
            users = users + user
        }
}
```

UserRepository의 형태는 MongoUserRepository가 노출하고 싶은 메서드에 의해 결정됩니다. 이런 상황이라면 클래스와 인터페이스가 함께 바뀌는 경우가 많기 때문에 MongoUserRepository의 public 메서드를 보고 UserRepository를 자동 생성하면 편리할 것입니다.[1] 애너테이션 처리를 이용하면 이러한 기능을 구현할 수 있습니다.

```
// 인터페이스 자동 생성용 애너테이션 추가
@GenerateInterface("UserRepository")
class MongoUserRepository : UserRepository {
    override fun findUser(userId: String): User? = TODO()
    override fun findUsers(): List<User> = TODO()
    override fun updateUser(user: User) {
        TODO()
    }
    override fun insertUser(user: User) {
        TODO()
    }
}

class FakeUserRepository : UserRepository {
    private var users = listOf<User>()

    override fun findUser(userId: String): User? =
        users.find { it.id == userId }
```

---

1 현대적인 JVM 개발 트렌드와 반대되는 아이디어입니다. 일반적으로 리포지터리를 정의하는 인터페이스는 주로 도메인 계층에 속하며, 그 구현체들은 데이터 계층에 만들어집니다. 게다가 이론상 인터페이스로 정의한 추상 개념을 토대로 리포지터리를 만드는 게 순서입니다. 따라서 지금 만드는 애너테이션 처리기의 용도는 아주 제한적입니다. 하지만 예시로서는 손색이 없습니다.

```
    override fun findUsers(): List<User> = users

    override fun updateUser(user: User) {
        val oldUsers = users.filter { it.id == user.id }
        users = users - oldUsers + user
    }

    override fun insertUser(user: User) {
        users = users + user
    }
}
```

 프로젝트의 전체 코드는 다음 깃허브 저장소에서 확인할 수 있습니다.
https://github.com/MarcinMoskala/generateinterface-ap

기능을 구현하려면 다음 두 가지를 정의해야 합니다.

- @GenerateInterface 애너테이션
- 애너테이션에 기반해 적절한 인터페이스를 생성하는 처리기

처리기는 별도 모듈에서 정의해야 합니다. 처리기 코드는 제품 코드와 함께 배포되지 않고 컴파일 과정에서 쓰이기 때문입니다. 애너테이션은 간단한 선언문에 불과하며, 애너테이션을 이용할 프로젝트와 애너테이션 처리기에서 애너테이션에 접근할 수 있어야 합니다. 따라서 애너테이션 역시 별도 모듈에 두어야 합니다. 그래서 다음의 두 모듈을 추가로 정의했습니다.

- generateinterface-annotations: @GenerateInterface 애너테이션을 포함한 일반 모듈
- generateinterface-processor: 애너테이션 처리기를 정의할 모듈

편의를 위해 두 모듈 모두 코틀린으로 만들 것이지만, 자바나 그루비 같은 다른 JVM 언어로 구현할 수도 있습니다.

메인 모듈[2] 설정에서 앞의 두 모듈을 사용해야 합니다. 애너테이션을 포함하

---

2 '메인 모듈'은 애너테이션 처리를 사용할 모듈을 의미합니다.

고 있는 모듈을 추가하는 방법은 다른 의존성을 추가하는 것과 비슷합니다. 한편 코틀린에서 애너테이션을 처리하려면 kapt 플러그인을 사용해야 합니다.[3] 그레이들을 사용한다고 가정하면[4] 다음과 같은 방법으로 새로 만들 두 모듈을 메인 모듈에 의존성으로 추가할 수 있습니다.

```
// build.gradle.kts
plugins {
    kotlin("kapt") version "<your_kotlin_version>"
}

dependencies {
    implementation(project(":generateinterface-annotations"))
    kapt(project(":generateinterface-processor"))
    // ...
}
```

작업한 프로젝트를 라이브러리로 배포하려면 애너테이션과 애너테이션 처리기를 별도의 모듈로 퍼블리시해야 합니다.

generateinterface-annotation 모듈에 필요한 것은 다음과 같이 애너테이션을 정의한 간단한 파일입니다.

```
package academy.kt

import kotlin.annotation.AnnotationTarget.CLASS

@Target(CLASS)
annotation class GenerateInterface(val name: String)
```

generateinterface-processor 모듈에서는 애너테이션 처리기를 구현합니다. 모든 애너테이션 처리기는 AbstractProcessor 클래스를 상속해야 합니다.

```
package academy.kt

class GenerateInterfaceProcessor : AbstractProcessor() {
    // ...
}
```

---

3 kapt(Kotlin Annotation Processing Tool)는 현재 유지(maintenance) 모드로 관리되고 있습니다. 즉, 최신 코틀린 및 자바 버전과 호환되게끔 관리만 할 뿐, 새로운 기능을 추가할 계획은 없다고 합니다.
4 인텔리제이의 내장 컴파일러는 kapt와 애너테이션 처리를 직접적으로 지원하지 않습니다.

이 클래스가 애너테이션 처리기로 사용됨을 명시하는 파일도 필요합니다. src/main/resources/META-INF/services 경로에 javax.annotation.processing.Processor라는 파일을 생성하고, 처리기의 전체 주소 이름(fully qualified name)을 명시하면 됩니다.

`academy.kt.GenerateInterfaceProcessor`

 구글 오토서비스(Google AutoService) 라이브러리를 사용한다면 처리기에 `@Auto Service(Processor::class.java)` 애너테이션을 붙이기만 하면 됩니다.

처리기에서는 다음 메서드들을 오버라이딩합니다.

- `getSupportedAnnotationTypes`: 처리기가 반응할 애너테이션들을 명시합니다. 반환 타입은 `Set<String>`이며, 원소 각각이 애너테이션의 전체 주소 이름(`qualifiedName` 프로퍼티)이어야 합니다. 이름이 "*"라면 처리기가 모든 애너테이션에 관심이 있다는 뜻이 됩니다.
- `getSupportedSourceVersion`: 처리기가 지원하는 최신 자바 소스 버전을 지정합니다. 가장 최신 버전까지 지원하려면 `SourceVersion.latestSupported()`를 사용하면 됩니다.
- `process`: 애너테이션을 실질적으로 처리하고 코드를 생성하는 메서드입니다. `getSupportedAnnotationTypes`에 기초해 선택된 애너테이션들과 Round Environment의 참조를 인수로 받습니다. `RoundEnvironment`는 처리기가 실행되는 프로젝트의 소스 코드를 분석할 수 있게 해 줍니다. 매 라운드(round)마다 컴파일러는 애너테이션된 요소가 더 있는지 확인합니다. 애너테이션된 요소는 라운드마다 새로 만들어질 수 있으므로, 처리할 요소가 이전 라운드에서 새로 생겨났을 수 있기 때문입니다. 이 작업을 새로운 요소가 없을 때까지 반복합니다. 반환 타입은 `Boolean`으로, 인수로 받은 애너테이션들이 이 처리기의 대상인지 여부를 알려 줍니다. `true`를 반환하면 다른 처리기는 이 애너테이션들을 받지 못할 것입니다. 지금의 예에서는 커스텀 애너테이션을 다루기 때문에 `true`를 반환할 것입니다. 또한 이번 프로젝트에서는

RoundEnvironment 참조만 필요하며, 인터페이스를 생성할 별도의 메서드로 generateInterfaces를 구현할 것입니다.

```kotlin
class GenerateInterfaceProcessor : AbstractProcessor() {

    override fun getSupportedAnnotationTypes(): Set<String> =
        setOf(GenerateInterface::class.qualifiedName!!)

    override fun getSupportedSourceVersion(): SourceVersion =
        SourceVersion.latestSupported()

    override fun process(
        annotations: Set<TypeElement>,
        roundEnv: RoundEnvironment
    ): Boolean {
        generateInterfaces(roundEnv)
        return true
    }

    private fun generateInterfaces(
        roundEnv: RoundEnvironment
    ) {
        // ...
    }
}
```

애너테이션 처리기를 구현하는 시점에는 처리기가 실행되는 프로젝트의 일반적인 클래스나 함수 참조에 접근할 수 없습니다. 참조하려면 프로젝트를 컴파일해야 하지만, 처리기는 컴파일 단계보다 앞서 실행됩니다. 애너테이션 처리기는 선언된 코드 요소들을 나타내는 별도의 타입 계층구조를 기반으로 하기에 본질적인 한계가 있을 수밖에 없습니다. 애너테이션 처리기는 대상 코드에서 쓰인 타입들의 내부를 들여다 볼 수 있지만, 함수를 실행하거나 클래스를 초기화할 수는 없습니다.

이제 generateInterfaces 메서드 구현에 초점을 맞춰봅시다. 이 메서드는 먼저 @GenerateInterface 애너테이션이 붙어 있는 모든 요소를 찾아야 합니다. RoundEnvironment의 getElementsAnnotatedWith 메서드를 이용하면 타입이 Element인 요소들의 참조 세트를 얻을 수 있습니다. 이번 예에서 정의한 애너

테이션은 클래스 전용이므로(@Target 메타-애너테이션으로 지정했음), 모든
요소가 TypeElement 타입이라고 기대할 수 있습니다. 입력받은 세트를 안전하
게 캐스팅하기 위해 filterIsInstance 메서드를 사용한 뒤, forEach 메서드로
결괏값을 순회하면 됩니다.

```
private fun generateInterfaces(roundEnv: RoundEnvironment) {
    roundEnv
        .getElementsAnnotatedWith(
            GenerateInterface::class.java
        )
        .filterIsInstance<TypeElement>()
        .forEach(::generateInterface)
}

private fun generateInterface(annotatedClass: TypeElement) {
    // ...
}
```

이제 애너테이션된 요소 각각에서 generateInterface 함수를 호출하여 필요한
인터페이스를 생성할 수 있습니다. 먼저 애너테이션에 명시된 인터페이스 이
름을 찾겠습니다. annotatedClass 매개변수에서 애너테이션 참조를 얻을 수 있
으며, 이 값으로부터 애너테이션된 클래스 이름을 읽을 수 있습니다. 모든 애
너테이션 프로퍼티는 정적이므로 애너테이션 처리기의 애너테이션 참조에서
얻을 수 있습니다.

```
val interfaceName = annotatedClass
    .getAnnotation(GenerateInterface::class.java)
    .name
```

인터페이스가 위치할 패키지도 정해야 합니다. 애너테이션된 클래스와 같은
패키지로 정하겠습니다. 패키지는 AbstractProcessor의 processingEnv에 있는
elementUtils의 getPackageOf 함수로 얻을 수 있습니다.

```
val interfacePackage = processingEnv
    .elementUtils
    .getPackageOf(annotatedClass)
    .qualifiedName
    .toString()
```

마지막으로 애너테이션된 클래스의 public 메서드를 찾아야 합니다. enclosed Elements 프로퍼티를 사용하면 모든 내부 요소를 얻을 수 있습니다. 그런 다음 메서드이면서 public 제어자를 가진 요소를 찾으면 됩니다. 모든 메서드는 ExecutableElement 인터페이스를 구현하므로 안전하게 캐스팅하기 위해 filter IsInstance를 다시 사용합니다.

```
val publicMethods = annotatedClass.enclosedElements
    .filter { it.kind == ElementKind.METHOD }
    .filter { Modifier.PUBLIC in it.modifiers }
    .filterIsInstance<ExecutableElement>()
```

찾은 값들을 기초로 이제 인터페이스를 표현하는 파일을 빌드할 수 있습니다. 그리고 실제 파일로 쓰기 위해 processingEnv.filter 프로퍼티를 사용할 것입니다. 파일을 만드는 라이브러리는 많지만, 잘 알려져 있고 사용하기 간편한 자바포잇(JavaPoet)을 사용하기로 했습니다. 자바포잇은 스퀘어(Square)에서 만든 오픈 소스 라이브러리입니다. buildInterfaceFile 메서드로 자바 파일을 추출하고, 이 메서드의 결괏값을 파일로 쓰기 위해 writeTo를 사용했습니다.

```
private fun generateInterface(annotatedClass: TypeElement) {
    val interfaceName = annotatedClass
        .getAnnotation(GenerateInterface::class.java)
        .name

    val interfacePackage = processingEnv
        .elementUtils
        .getPackageOf(annotatedClass)
        .qualifiedName
        .toString()

    val publicMethods = annotatedClass.enclosedElements
        .filter { it.kind == ElementKind.METHOD }
        .filter { Modifier.PUBLIC in it.modifiers }
        .filterIsInstance<ExecutableElement>()

    buildInterfaceFile(
        interfacePackage,
        interfaceName,
        publicMethods
    ).writeTo(processingEnv.filer)
}
```

참고로, 코틀린포잇(KotlinPoet) 라이브러리를 사용하면 자바 파일 대신 코틀린 파일을 생성합니다. 하지만 다음 두 가지 이유 때문에 자바 파일로 생성하기로 했습니다.

1. 코틀린 파일로 만들면 처리기를 코틀린/JVM용 프로젝트[5]에서만 사용할 수 있습니다. 반면 자바 파일로 생성하면 코틀린/JVM뿐만 아니라 자바, 스칼라, 그루비 같은 다른 JVM 언어에서도 처리기를 사용할 수 있습니다.[6]
2. 자바 요소 참조들은 코틀린 코드 생성에 적합하지 않을 수 있습니다. 예를 들어, 자바의 `java.lang.String`은 코틀린의 `kotlin.String`으로 번역됩니다. 자바 참조에 의존한다면 생성된 코틀린 코드의 매개변수로 `java.lang.String`을 사용해야 해서 정확하게 동작하지 않을 가능성이 있습니다. 물론 해결책은 있지만, 예제를 간단하게 만들기 위해 자바 파일을 생성했습니다.

이제 요소들을 빌드해 봅시다. 자바포잇은 빌더 패턴으로 설계되어서 우리에게 필요한 모든 수준의 요소들을 체계적으로 생성할 수 있습니다. 패키지 선언과 생성할 인터페이스가 담긴 파일부터 빌드하겠습니다.

```
// 인터페이스 파일을 생성하는 함수
private fun buildInterfaceFile(
    interfacePackage: String,
    interfaceName: String,
    publicMethods: List<ExecutableElement>
): JavaFile = JavaFile.builder(
    interfacePackage,                              // 패키지 선언
    buildInterface(interfaceName, publicMethods)  // 인터페이스 빌드
).build()
```

인터페이스를 빌드하려면 인터페이스의 이름을 지정하고 빌드된 메서드들을 추가해야 합니다.

---

5 이런 프로젝트에서는 프로젝트 빌드에 코틀린 컴파일러를 사용합니다.
6 이런 프로젝트에서는 프로젝트 빌드에 자바 컴파일러를 사용합니다.

```
// 인터페이스를 빌드하는 함수
private fun buildInterface(
    interfaceName: String,
    publicMethods: List<ExecutableElement>
): TypeSpec = TypeSpec
    .interfaceBuilder(interfaceName)  // 인터페이스 이름 지정
    .addMethods(publicMethods.map(::buildInterfaceMethod)) // 메서드 빌드 & 추가
    .build()
```

메서드를 빌드하려면 메서드 참조로부터 이름과 제어자를 얻어 지정하고, abstract 제어자를 추가합니다. 마찬가지로 매개변수, 애너테이션, 결과 타입도 똑같이 설정합니다. 참고로 ExecutableElement에 보면 annotationMirrors라는 프로퍼티가 있습니다. 이를 정적 get 메서드를 사용해 AnnotationSpec으로 변환할 수 있습니다.

```
// 인터페이스의 메서드를 빌드하는 함수
private fun buildInterfaceMethod(
    method: ExecutableElement
): MethodSpec = MethodSpec
    .methodBuilder(method.simpleName.toString())  // 메서드 이름 설정
    .addModifiers(method.modifiers)                // 제어자 설정
    .addModifiers(Modifier.ABSTRACT)               // abstract 제어자 추가
    .addParameters(                                // 매개변수 설정
        method.parameters
            .map(::buildInterfaceMethodParameter) // 매개변수 빌드
    )
    .addAnnotations(                               // 애너테이션 설정
        method.annotationMirrors
            .map(AnnotationSpec::get)
    )
    .returns(method.returnType.toTypeSpec())       // 결과 타입 설정
    .build()
```

이 메서드에서는 toTypeSpec이라는 확장 함수를 사용합니다. 이 함수는 처리기 클래스 바깥에 정의해 뒀습니다.

```
private fun TypeMirror.toTypeSpec() = TypeName.get(this)
    .annotated(this.getAnnotationSpecs())

private fun AnnotatedConstruct.getAnnotationSpecs() =
    annotationMirrors.map(AnnotationSpec::get)
```

메서드 매개변수 빌드는 타입이 VariableElement인 매개변수 참조부터 시작하겠습니다. 이 참조를 이용하여 타입 명세를 만들고 매개변수 이름을 찾았습니다. 또한 각 매개변수에서 사용된 애너테이션들을 그대로 가져와 추가했습니다.

```kotlin
// 인터페이스 메서드의 매개변수를 빌드하는 함수
private fun buildInterfaceMethodParameter(
    variableElement: VariableElement
): ParameterSpec = ParameterSpec
    .builder(
        variableElement.asType().toTypeSpec(),  // 타입 명세
        variableElement.simpleName.toString()   // 매개변수 이름
    )
    // 애너테이션 설정
    .addAnnotations(variableElement.getAnnotationSpecs())
    .build()
```

드디어 필요한 작업을 모두 마쳤습니다. 이제 메인 모듈을 다시 빌드하면 @GenerateInterface 애너테이션을 사용한 코드를 컴파일할 수 있습니다.

```kotlin
@GenerateInterface( name: "UserRepository")
class MongoUserRepository: UserRepository {
    override fun findUser(userId: String): User? = TODO()
    override fun findUsers(): List<User> = TODO()
    override fun updateUser(user: User) { TODO() }
    override fun insertUser(user: User) { TODO() }
}

class FakeUserRepository: UserRepository {
    private var users = listOf<User>()

    override fun findUser(userId: String): User? =
        users.find { it.id == userId }
```

인텔리제이에서 UserRepository 구현으로 점프하여 처리기가 생성한 자바 코드를 살펴볼 수도 있습니다. 생성된 코드의 기본 경로는 build/generated/source/kapt/main입니다. 인텔리제이의 그레이들 플러그인은 이 경로를 소스 코드 폴더로 인식하므로, 인텔리제이에서 바로 탐색해 볼 수 있습니다.

```java
interface UserRepository {
    @Nullable
    User findUser(@NotNull String userId);

    @NotNull
    List<User> findUsers();

    void updateUser(@NotNull User user);

    void insertUser(@NotNull User user);
}
```

생성된 클래스 숨기기

UserRepository가 동작하려면 먼저 프로젝트가 빌드되어야 합니다. 새로 연 프로젝트이거나 @GenerateInterface 애너테이션을 추가한 직후라면, 아직 UserRepository 인터페이스가 생성되지 않아 코드가 잘못된 것처럼 보입니다.

```kotlin
@GenerateInterface( name: "UserRepository")
class MongoUserRepository: UserRepository {
    override fun findUser(userId: String): User? = TODO()
    override fun findUsers(): List<User> = TODO()
    override fun updateUser(user: User) { TODO() }
    override fun insertUser(user: User) { TODO() }
}

class FakeUserRepository: UserRepository {
    private var users = listOf<User>()

    override fun findUser(userId: String): User? =
        users.find { it.id == userId }
```

프로젝트가 빌드되고 난 뒤에 코드가 올바른지 알 수 있다면 정말 불편할 것입니다. 따라서 많은 라이브러리가 생성된 클래스들을 리플렉션 뒤로 숨깁니다. 생성된 클래스들을 코드에서 직접 명시하지 않고 리플렉션으로 얻어온다는 뜻입니다. 리플렉션으로 런타임에 얻어오기 때문에 당장은 해당 클래스가 존재하지 않아도 전혀 문제 될 게 없습니다. 예를 들어, 유명한 모킹 라이브러리인 모키토(Mockito)는 애너테이션 처리로 목 객체를 생성하고 주입합니다. 테스트 코드에서 @Mock과 @InjectMocks 같은 애너테이션을 사용하면 됩니다. 이 애너테이션들을 기초로, 모키토의 애너테이션 처리기는 필요한 목 객체와 목이 주입된 객체를 생성하는 메서드가 담긴 파일을 만듭니다. 모키토의 정적 initMocks 메서드를 사용하면 각각의 테스트 전에 이 메서드를 호출할 수 있습니다. initMocks 메서드는 생성된 클래스 중 목 객체를 주입할 클래스를 찾고, 그 클래스의 메서드를 호출하는 역할을 합니다. 이 덕분에 호출된 클래스가 무엇인지 알 필요가 없으며, 프로젝트를 빌드하기 전이라도 아무런 에러를 발생하지 않습니다.

```
class MockitoInjectMocksExamples {

    @Mock
    lateinit var emailService: EmailService

    @Mock
    lateinit var smsService: SMSService

    @InjectMocks
    lateinit var notificationSender: NotificationSender

    @BeforeEach
    fun setup() {
        MockitoAnnotations.initMocks(this)
    }
    // ...
}
```

스프링 같은 프레임워크는 좀 더 간단한 방식을 사용합니다. 개발자는 스프링 프레임워크를 사용해 애플리케이션이 어떻게 동작할지 정의하며, 스프링 프레임워크는 개발자가 정의한 애너테이션 요소에 기반해 완전한 백엔드 애플리케이션을 생성합니다. 스프링은 우리가 만든 정의를 호출하므로, 생성된 코드를 호출할 필요가 없습니다. 애플리케이션이 스프링 클래스를 통해 시작될 것임을 명시하기만 하면 됩니다.

```kotlin
@RestController
class WelcomeResource {

    @Value("\${welcome.message}")
    private lateinit var welcomeMessage: String

    @Autowired
    private lateinit var configuration: BasicConfiguration

    @GetMapping("/welcome")
    fun retrieveWelcomeMessage(): String = welcomeMessage

    @RequestMapping("/dynamic-configuration")
    fun dynamicConfiguration(): Map<String, Any?> = mapOf(
        "message" to configuration.message,
        "number" to configuration.number,
        "key" to configuration.isValue,
    )
}
```

커스텀 진입점을 정의할 수도 있습니다. 이 경우, 생성된 클래스를 실행하는 데 리플렉션을 이용합니다.

```kotlin
@SpringBootApplication
open class MyApp {
    companion object {
        @JvmStatic
        fun main(args: Array<String>) {
            SpringApplication.run(MyApp::class.java, *args)
        }
    }
}
```

리플렉션을 사용해 생성된 클래스를 참조하는 함수 뒤에 숨기는 이 방식은 자주 사용되는 편입니다. 실제로 수많은 라이브러리에서 채택하는 방법입니다.

요약

애너테이션 처리는 수많은 자바 라이브러리에서 사용되는 아주 강력한 JVM 도구입니다. 애너테이션 처리기는 라이브러리 사용자가 지정한 애너테이션에 기초해 새로운 파일을 생성합니다. 애너테이션 처리라는 아이디어는 간단하지만, 구현하기는 매우 어려울 수 있습니다. 요소 참조들을 다뤄야 하고 코드를 생성하는 로직을 구현해야 하기 때문입니다. 또한 애너테이션 처리를 이용할 프로젝트를 먼저 빌드해야 이 파일들이 생성되므로, 애너테이션을 사용하는 개발자에게 불편함을 느끼게 합니다. 이것이 런타임에 리플렉션을 이용해 이 요소들을 참조하는 API를 제공하는 라이브러리가 많은 이유입니다.

코틀린 관점에서 보면, 애너테이션 처리의 가장 큰 제약은 코틀린/JVM에서만 동작한다는 점입니다. 코틀린/JS와 코틀린/네이티브, 또는 멀티플랫폼 모듈에서는 사용할 수 없다는 뜻입니다. 구글이 이 문제를 해결하기 위해 사용한 코틀린 심벌 처리기를 다음 장에서 함께 만나봅시다.

연습문제: 애너테이션 처리로 실행 시간 측정 래퍼 만들기

이번 과제는 커스텀 애너테이션 처리기를 구현하는 것이며, 처리기를 적용해 Measured 애너테이션이 있는 퍼블릭 메서드의 실행 시간을 측정하는 래퍼 클래스를 만드는 것입니다.

애너테이션 처리기는 Measured 애너테이션이 있는 메서드를 하나 이상 가진 클래스의 래퍼 클래스를 생성해야 합니다.

래퍼 클래스는 같은 패키지에 속한 자바 클래스가 되어야 하며, Measured 접두사가 있는 이름을 가져야 합니다.

래퍼 클래스에는 두 개의 생성자가 필요합니다. 하나는 원본 클래스의 인스턴스를 매개변수로 받아야 하며, 다른 하나는 기본 생성자로 원본 클래스의 인스턴스를 생성합니다.

원본 클래스와 똑같은 메서드를 가져야 하지만, Measured 애너테이션이 있는 메서드는 실행 시간을 측정하고 'from took ms' 형식으로 실행 시간을 출력해야 합니다.

예를 들어, 다음과 같은 원본 클래스가 있다고 합시다.

```
package academy.kt

class TokenService {
```

```
    @Measured
    fun getToken(): String {
        Thread.sleep(1000)
        return "ABCD"
    }
}
```

처리기를 적용하면 다음 래퍼 클래스가 생성되어야 합니다.

```
package academy.kt;

import java.lang.String;
import org.jetbrains.annotations.NotNull;

class MeasuredTokenService {
    private TokenService wrapper;

    MeasuredTokenService(TokenService wrapper) {
        this.wrapper = wrapper;
    }

    MeasuredTokenService() {
        this.wrapper = new TokenService();
    }

    @NotNull
    public final String getToken() {
        long before = System.currentTimeMillis();
        java.lang.String value = wrapper.getToken();
        long after =          System.currentTimeMillis();
        System.out.println("getToken from TokenService took "
                        + (afte\r - before) + " ms");
        return value;
    }
}
```

다음과 같은 원본 클래스가 있다고 합시다.

```
package academy.kt

class UserService(
    private val tokenService: TokenService
) {
```

```kotlin
    @Measured
    fun findUser(id: Int): User {
        tokenService.getToken()
        Thread.sleep(1000)
        return User("$id")
    }

    @Measured
    fun findUsers(): User {
        Thread.sleep(1000)
        return User("")
    }
}
```

처리기를 적용하면 다음 래퍼 클래스가 생성되어야 합니다.

```java
package academy.kt;

import org.jetbrains.annotations.NotNull;

class MeasuredUserService {
    private UserService wrapper;

    MeasuredUserService(UserService wrapper) {
        this.wrapper = wrapper;
    }

    MeasuredUserService(@NotNull TokenService tokenService) {
        this.wrapper = new UserService(tokenService);
    }

    @NotNull
    public final User findUser(int id) {
        long before = System.currentTimeMillis();
        academy.kt.User value = wrapper.findUser(id);
        long after = System.currentTimeMillis();
        System.out.println("findUser from UserService took "
                        + (after\ - before) + " ms");
        return value;
    }

    @NotNull
    public final User findUsers() {
        long before = System.currentTimeMillis();
        academy.kt.User value = wrapper.findUsers();
```

```
        long after = System.currentTimeMillis();
        System.out.println("findUsers from UserService took "
                            + (afte\r - before) + " ms");
        return value;
    }
}
```

생성된 클래스의 사용법은 다음과 같습니다.

```
fun main() {
    val tokenService = TokenService()
    val userService = UserService(tokenService)
    val measuredService = MeasuredUserService(tokenService)
    val user = measuredService.findUser(12)
    // findUser from UserService took 200Xms
    val user2 = measuredService.findUsers()
    // findUser from UserService took 100Xms

    val measuredTokenService = MeasuredTokenService(tokenService)
    val token = measuredTokenService.getToken()
    // getToken from TokenService took 100Xms
}
```

코틀린 코드를 생성하려면 자바 포잇(Java Poet)을 사용하세요. 래핑된 클래스
에는 타입 매개변수가 없다고 가정합니다.

  다음 프로젝트에서 설정 파일과 사용 예시를 제공하므로 프로세서 처리 부
분만 구현하면 됩니다.

https://github.com/MarcinMoskala/measured-wrapper-ap

10장

코틀린 심벌 처리

코틀린 재단은 자바 애너테이션 처리를 대체할 수단으로 코틀린 심벌 처리 (KSP) 도구[1]를 도입하였습니다. KSP는 자바 애너테이션 처리와 비슷하게 동작 하지만, 더 빠르고 더 세련되며 코틀린에 특화되어 설계되었습니다. KSP를 사 용하여 컴파일 타임에 프로젝트 코드를 분석하고 파일을 생성하는 처리기를 정의할 수 있습니다. 가장 큰 장점은 코틀린만으로 작성할 수 있으면서도, 모 든 대상 플랫폼과 공유 모듈에서 사용할 수 있다는 것입니다.

코틀린 심벌 처리는 자바의 애너테이션 처리와 비교하여 많은 점이 개선되 었습니다. 먼저, KSP는 코틀린 코드를 이해할 수 있기 때문에 확장 함수와 중 단 함수처럼 코틀린에 특화된 기능을 적절하게 구현할 수 있으며, 이 기능을 자바 코드를 처리하는 데도 사용할 수 있습니다. 코틀린 코드를 생성하기 위해 자바포잇(JavaPoet) 대신에 코틀린포잇(KotlinPoet)을 자유롭게 사용할 수 있 습니다. KSP를 사용하면 코드 요소를 참조하기가 아주 편리합니다. KSP API는 더 모던하며 이름도 더 일관됩니다. 위험하게 다운캐스팅하는 일은 거의 없이, 메서드와 프로퍼티에 의지할 수 있습니다. 마지막으로, KSP API는 지연 방식 으로 설계되어 있어[2] 일반적으로 애너테이션 처리보다 빠릅니다. 실제로 KSP

---

1 KSP는 코틀린 재단 회원인 구글이 2021년부터 개발한 프로젝트입니다.
2 KSP에서 말하는 '지연'은 API가 구체적인 타입 대신에 참조만 먼저 제공하도록 설계되었다는 뜻입니다. 참조 상태로 가지고 있다가 실제로 대상이 필요할 때 구체적인 코드 요소로 해석됩니다.

를 사용한 애너테이션 처리기는 kapt보다 최대 2배 정도 빠릅니다. KSP는 중간에 스터브 클래스나 그레이들 javac 태스크를 생성하지 않기 때문입니다.[3]

애너테이션 처리와 마찬가지로, 간단한 프로젝트를 구현하면서 KSP를 알아보겠습니다.

처음 만드는 KSP 처리기

이전 장에서 만든 라이브러리를 자바 애너테이션 처리 대신 KSP를 사용하여 다시 구현해 보겠습니다. 즉, 대상 클래스의 public 메서드들을 모두 포함하는 인터페이스를 생성할 것입니다. 다음은 이 라이브러리를 테스트하기 위한 코드입니다.

```
@GenerateInterface("UserRepository")
class MongoUserRepository<T> : UserRepository {

    override suspend fun findUser(userId: String): User? =
        TODO()

    override suspend fun findUsers(): List<User> = TODO()

    override suspend fun updateUser(user: User) {
        TODO()
    }

    @Throws(DuplicatedUserId::class)
    override suspend fun insertUser(user: User) {
        TODO()
    }
}

class FakeUserRepository : UserRepository {
    private var users = listOf<User>()

    override suspend fun findUser(userId: String): User? =
        users.find { it.id == userId }

    override suspend fun findUsers(): List<User> = users
```

---

3 KSP 문서에 따른 설명입니다.

```
    override suspend fun updateUser(user: User) {
        val oldUsers = users.filter { it.id == user.id }
        users = users - oldUsers + user
    }

    override suspend fun insertUser(user: User) {
        if (users.any { it.id == user.id }) {
            throw DuplicatedUserId
        }
        users = users + user
    }
}
```

앞의 코드에 KSP를 적용하면 다음의 인터페이스가 생성되어야 합니다.

```
interface UserRepository {
    suspend fun findUser(userId: String): User?

    suspend fun findUsers(): List<User>

    suspend fun updateUser(user: User)

    @Throws(DuplicatedUserId::class)
    suspend fun insertUser(user: User)
}
```

 프로젝트 전체 코드는 다음 깃허브 저장소에서 확인할 수 있습니다.
https://github.com/MarcinMoskala/generateinterface-ksp

먼저 KSP 처리기를 별도 모듈인 generateinterface-processor에서 정의합니
다. 애너테이션을 정의하는 모듈은 generateinterface-annotation이라고 하겠
습니다.

메인 모듈 설정에 두 모듈을 추가해야 합니다.[4] 애너테이션 정의를 담고 있는
generateinterface-annotation 모듈은 다른 의존성과 똑같은 방법으로 추가하
면 됩니다. KSP를 사용하려면 ksp 플러그인을 사용해야 합니다. 프로젝트에서
그레이들을 사용하고 있다면 메인 모듈의 의존성을 다음과 같이 정의합니다.

---

4 여기서 '메인 모듈'은 KSP 처리를 사용하는 모듈을 뜻합니다.

```kotlin
// build.gradle.kts
plugins {
    id("com.google.devtools.ksp")
    // ...
}

dependencies {
    implementation(project(":generateinterface-annotations"))
    ksp(project(":generateinterface-processor"))
    // ...
}
```

프로젝트를 라이브러리로 배포하려면 애너테이션과 처리기를 별도의 패키지로 퍼블리시해야 합니다.

앞의 예에서 KSP는 테스트 소스로 사용되지 않습니다. 테스트하려면 ksp Test 설정도 추가해야 합니다.

```kotlin
// build.gradle.kts
plugins {
    id("com.google.devtools.ksp")
}

dependencies {
    implementation(project(":generateinterface-annotations"))
    ksp(project(":generateinterface-processor"))
    kspTest(project(":generateinterface-processor"))
    // ...
}
```

generateinterface-annotations 모듈에서 필요한 건 애너테이션을 정의한 파일이 전부입니다.

```kotlin
package academy.kt

import kotlin.annotation.AnnotationTarget.CLASS

@Target(CLASS)
annotation class GenerateInterface(val name: String)
```

generateinterface-processor 모듈에서는 두 가지 클래스를 정의해야 합니다.

첫 번째 클래스는 처리기 제공자입니다. 처리기 제공자는 SymbolProcessor

Provider 인터페이스를 구현하고 create 함수를 오버라이딩해야 합니다. create
함수는 SymbolProcessor 인스턴스를 생성합니다. 이 함수에서 이용하는 환경
(environment)은 처리기에 여러 가지 도구를 주입할 때 이용되는 객체입니다.
한편 SymbolProcessorProvider와 SymbolProcessor는 모두 인터페이스라서 우
리가 만들 처리기를 단위 테스트하기 편하게 만들어 줍니다.

```kotlin
class GenerateInterfaceProcessorProvider
    : SymbolProcessorProvider {

    override fun create(
        environment: SymbolProcessorEnvironment
    ): SymbolProcessor =
        GenerateInterfaceProcessor(
            codeGenerator = environment.codeGenerator,
        )
}
```

이렇게 만든 처리기 제공자는 src/main/resources/META-INF/services 경로의
com.google.devtools.ksp.processing.SymbolProcessorProvider라는 특별한
파일에 등록해 둬야 합니다. 등록할 때는 전체 주소 이름(fully qualified name)
을 이용합니다.

academy.kt.GenerateInterfaceProcessorProvider

드디어 처리기를 구현할 준비가 되었습니다. 심벌 처리기 클래스는 Symbol
Processor 인터페이스를 구현한 다음 process 함수만 오버라이딩하면 됩니
다. 처리기는 지원하는 애너테이션이나 언어 버전을 명시할 필요가 없습니다.
process 함수는 애너테이션이 붙어 있는 요소들의 리스트를 반환해야 하는데,
우선은 빈 리스트를 반환하도록 구현해 두겠습니다. 애너테이션된 요소의 타
입인 KSAnnotated에 대해서는 '다중 라운드 처리' 절에서 설명할 것입니다.

```kotlin
class GenerateInterfaceProcessor(
    private val codeGenerator: CodeGenerator,
) : SymbolProcessor {

    override fun process(resolver: Resolver): List<KSAnnotated> {
        // ...
```

```
        return emptyList()
    }
}
```

처리 과정의 핵심은 프로젝트 분석 결과에 기반해 코틀린 파일을 생성하는 부분입니다. 이 과정에서 KSP API와 코틀린포잇을 사용할 것입니다. 애너테이션된 클래스들을 찾고 각 클래스로부터 인터페이스 생성을 시작하기 위해 KSP API의 진입점인 리졸버(resolver, 심벌 해석기)를 먼저 사용합니다.

```
override fun process(resolver: Resolver): List<KSAnnotated> {
    resolver
        .getSymbolsWithAnnotation(      // 애너테이션 이름 확인
            GenerateInterface::class.qualifiedName!!
        )
        // 애너테이션된 클래스 필터링
        .filterIsInstance<KSClassDeclaration>()
        .forEach(::generateInterface)  // 각각의 인터페이스 생성

    return emptyList()  // 여전히 빈 리스트 반환
}

private fun generateInterface(annotatedClass: KSClassDeclaration) {
    // ...
}
```

generateInterface 함수에서는 먼저 인터페이스의 이름을 확인합니다. 인터페이스 참조를 찾아 그 이름을 읽어 오면 됩니다.

```
val interfaceName = annotatedClass
    .getAnnotationsByType(GenerateInterface::class)
    .single()
    .name
```

 getAnnotationsByType을 사용하려면 처리기 클래스에 @OptIn(KspExperimental ::class) 애너테이션을 달아 두어야 합니다. 즉, 지금의 예제 프로젝트에서는 Generate InterfaceProcessor에 이 애너테이션이 필요합니다.

애너테이션이 붙어 있는 클래스의 패키지를 그대로 인터페이스 패키지로 사용합니다.

```
val interfacePackage = annotatedClass
    .qualifiedName      // 전체 주소 이름에서
    ?.getQualifier()  // 주소 부분을 얻습니다.
    .orEmpty()
```

 KSP가 코틀린을 모델링하는 방법은 프로그래밍 명명법을 이해하는 사람들에게 매우 직
관적이므로 따로 설명하지 않을 것입니다. 코틀린 리플렉트(Kotlin Reflect)가 코드 요소
를 모델링하는 방법과도 아주 비슷합니다. 모든 클래스, 함수, 프로퍼티를 설명하는 데 많
은 분량을 할애할 수도 있지만, 그다지 도움이 되지는 않습니다. 이 모든 것을 일일이 외
워두고 싶은 사람은 없을 것입니다. 보통은 당장 사용할 API에 대한 지식만 있으면 되므
로 그때그때 문서를 읽거나 구글링하여 답을 찾는 것이 더 편합니다. 책에서는 적용 방법,
빠지기 쉬운 함정, 쉽게 파악할 수 없는 아이디어에 대해 설명하는 편이 낫습니다.

클래스 참조의 public 메서드를 찾으려면 getDeclaredFunctions 메서드를 사용
해야 합니다. getAllFunctions 메서드는 (Any의 hashCode와 equals 같은) 부모
의 메서드까지 반환하기 때문에 적합하지 않습니다. 코틀린에서 메서드로 취
급되는 생성자 또한 걸러내야 합니다.

```
val publicMethods = annotatedClass
    .getDeclaredFunctions()
    .filter { it.isPublic() && !it.isConstructor() }
```

그런 다음 지금까지 정의한 변수들을 이용해 인터페이스를 생성하고, 코틀린
포잇을 사용해 파일로 저장하겠습니다. dependencies 객체에 대해서는 잠시 후
'의존성과 점진적 처리' 절에서 설명합니다.

```
val fileSpec = buildInterfaceFile(
    interfacePackage,
    interfaceName,
    publicMethods
)

val dependencies = Dependencies(
    aggregating = false,
    annotatedClass.containingFile!!
)

fileSpec.writeTo(codeGenerator, dependencies)
```

이제 인터페이스를 빌드하는 메서드를 구현해 봅시다. 첫 번째로, 파일을 빌드하는 buildInterfaceFile 메서드를 정의합니다.

```
private fun buildInterfaceFile(
    interfacePackage: String,                    // 패키지 이름
    interfaceName: String,                       // 인터페이스 이름
    publicMethods: Sequence<KSFunctionDeclaration>,  // 메서드 목록
): FileSpec = FileSpec
    .builder(interfacePackage, interfaceName)
    .addType(buildInterface(interfaceName, publicMethods))
    .build()
```

인터페이스를 빌드할 때는 인터페이스 이름과 빌드할 함수들만 지정하면 됩니다. 참고로, public 메서드들을 표현하는 매개변수의 타입은 KSP에서 자주 사용하는 '시퀀스'이므로 마지막에 '리스트'로 변환해 처리해야 합니다(KSP는 효율을 위해 대부분의 작업을 지연 처리합니다).

```
private fun buildInterface(
    interfaceName: String,
    publicMethods: Sequence<KSFunctionDeclaration>,
): TypeSpec = TypeSpec
    .interfaceBuilder(interfaceName)  // 이름 지정
    .addFunctions(                    // 메서드 추가
        publicMethods
            .map(::buildInterfaceMethod).toList()     // 리스트로 변환
    )
    .build()
```

메서드 정의를 빌드하는 메서드는 좀 더 복잡합니다. 함수 이름 지정에는 getShortName을 사용합니다. 함수에 딸린 제어자는 별도 함수에서 설정하고, 매개변수 매핑에도 또 다른 함수를 사용하겠습니다. 주어진 함수의 반환 타입과 같은 결과 타입을 지정하고, 함수가 가지는 애너테이션을 그대로 추가하지만 결과 타입과 애너테이션 모두 코틀린포잇 객체로 매핑되어야 합니다.

```
private fun buildInterfaceMethod(
    function: KSFunctionDeclaration,
): FunSpec = FunSpec
    .builder(function.simpleName.getShortName())  // 메서드 이름
    .addModifiers(buildFunctionModifiers(function.modifiers))  // 제어자 추가
    .addParameters(  // 매개변수 추가
```

```
        function.parameters
            .map(::buildInterfaceMethodParameter)  // 매개변수 매핑
    )
    .returns(function.returnType!!.toTypeName())   // 결과 타입 지정
    .addAnnotations(  // 애너테이션 추가
        function.annotations
            .map { it.toAnnotationSpec() }
            .toList()
    )
    .build()
```

KSP 값 매개변수를 코틀린포잇 매개변수 명세로 매핑하는 것은 쉬운 일이 아
닙니다. 그래서 매개변수 참조와 같은 이름, 같은 타입, 같은 애너테이션을 갖
는 매개변수를 빌드하는 커스텀 함수를 작성했습니다.

```
private fun buildInterfaceMethodParameter(
    variableElement: KSValueParameter,
): ParameterSpec = ParameterSpec
    .builder(
        variableElement.name!!.getShortName(),
        variableElement.type.toTypeName(),
    )
    .addAnnotations(
        variableElement.annotations
            .map { it.toAnnotationSpec() }.toList()
    )
    .build()
```

제어자를 매핑하는 건 쉽지만, 인터페이스 메서드는 기본적으로 추상 메서드
여야 하므로 abstract 제어자를 추가하고, 인터페이스에서는 허용되지 않는
override와 불필요한 open 제어자를 무시해야 합니다.

```
private fun buildFunctionModifiers(
    modifiers: Set<Modifier>
) = modifiers
    .filterNot { it in IGNORED_MODIFIERS }
    .plus(Modifier.ABSTRACT)
    .mapNotNull { it.toKModifier() }

companion object {
    val IGNORED_MODIFIERS =
        listOf(Modifier.OPEN, Modifier.OVERRIDE)
}
```

KSP 처리의 결과로 생성된 파일들은 build/generated/ksp/main/kotlin 경로에서 확인할 수 있습니다. 이 파일들은 빌드된 결과와 묶어 (jar나 apk 형태로) 배포할 수 있습니다. KSP 버전 1.8.10~1.0.9부터는 생성된 코틀린 코드가 프로젝트 소스셋의 일부로 취급됩니다. 그 덕분에 생성된 요소들을 인텔리제이가 인식할 수 있으며 프로젝트 코드에서 직접 사용할 수 있습니다.

```
 3    import ...
 6
 7    public interface UserRepository {
 8        public fun findUser(userId: String): User?
 9
10        public fun findUsers(): List<User>
11
12        public fun updateUser(user: User): Unit
13
14        public fun insertUser(user: User): Unit
15    }
```

KSP 테스트하기

KSP에서는 CodeGenerator와 같은 타입을 인터페이스로 정의한 덕분에, 가짜 객체를 만들고 처리기의 단위 테스트를 구현하기가 쉽습니다. 또한 로그 메시지와 생성된 파일들을 포함하여 컴파일된 결과 전체를 검증할 수 있는 방법도 있습니다.

현재 KSP 컴파일 결과 검증에 가장 많이 사용되는 라이브러리는 '코틀린 컴파일 테스팅(Kotlin Compile Testing)'입니다. 이 라이브러리는 룸(Room), 대거(Dagger), 모시(Moshi) 같은 다른 유명 라이브러리들에서 사용하고 있습니다. 코틀린 컴파일 테스팅은 컴파일 환경을 설정하고, 코드를 컴파일하며, 컴파일 결과를 검증하는 용도로 쓰입니다. 컴파일 환경에는 추가할 수 있는 애너테이션 처리기, KSP 프로바이더, 컴파일러 플러그인의 개수에 제한이 없습니다.

예제 프로젝트에서는 앞서 만든 GenerateInterfaceProcessorProvider로 컴파일하고, 소스 코드를 테스트하고, 컴파일 결과가 예상한 대로 나오는지 확인할 것입니다. 다음은 이상의 내용을 검증하는 함수입니다.

```kotlin
private fun assertGeneratedFile(
    sourceFileName: String,
    @Language("kotlin") source: String,
    generatedResultFileName: String,
    @Language("kotlin") generatedSource: String  // 예상 결과
) {
    val compilation = KotlinCompilation().apply {
        inheritClassPath = true
        kspWithCompilation = true
        sources = listOf(
            // 소스 파일 설정
            SourceFile.kotlin(sourceFileName, source)
        )
        symbolProcessorProviders = listOf(
            // 심벌 처리기 제공자 설정
            GenerateInterfaceProcessorProvider()
        )
    }

    val result = compilation.compile()  // 컴파일
    assertEquals(OK, result.exitCode)   // 컴파일 성공 여부 확인

    val generated = File(  // 컴파일 결과로 생성된 파일
        compilation.kspSourcesDir,
        "kotlin/$generatedResultFileName"
    )
    assertEquals(  // 예상 결과와 실제 결과 비교
        generatedSource.trimIndent(),     // 예상 결과
        generated.readText().trimIndent()  // 실제 결과
    )
}
```

이 함수를 이용하면 특정 애너테이션 클래스로 생성되는 코드가 올바른지 쉽
게 확인할 수 있습니다.

```kotlin
class GenerateInterfaceProcessorTest {
    @Test
    fun `should generate interface for simple class`() {
        assertGeneratedFile(
            sourceFileName = "RealTestRepository.kt",
            source = """
                import academy.kt.GenerateInterface
```

```
                    @GenerateInterface("TestRepository")
                    class RealTestRepository {
                        fun a(i: Int): String = TODO()
                        private fun b() {}
                    }
                """,
                generatedResultFileName = "TestRepository.kt",
                generatedSource = """
                    import kotlin.Int
                    import kotlin.String
                    public interface TestRepository {
                        public fun a(i: Int): String
                    }
                """
            )
        }

        // ...
    }
```

결과 파일을 읽어 내용을 비교하는 대신, 생성된 클래스를 로딩하여 리플렉션으로 분석할 수도 있습니다.

한편, 코틀린 컴파일 테스팅 라이브러리를 사용하면, 애너테이션을 잘못 사용하고 있는 코드를 발견했을 때 미리 지정한 메시지를 출력하고 실패하는 테스트도 만들 수 있습니다.

```
class GenerateInterfaceProcessorTest {
    // ...
    @Test
    fun `should fail when incorrect name`() {
        assertFailsWithMessage(
            sourceFileName = "RealTestRepository.kt",
            source = """
                import academy.kt.GenerateInterface

                @GenerateInterface("")
                class RealTestRepository {
                    fun a(i: Int): String = TODO()
                        private fun b() {}
                }
            """,
```

```
            message = "Interface name cannot be empty"
        )
    }
    // ...
}
```

의존성과 점진적 처리

파일 생성에는 시간이 걸리기 때문에 효율을 높여 주는 방법이 다양하게 고안되어 왔습니다. 그중 주목할 만한 방법으로 '점진적 처리(incremental processing)'가 있습니다. 아이디어는 간단합니다. 프로젝트가 처음 컴파일될 때는 모든 파일을 처리합니다. 하지만 다시 컴파일하면 변경된 파일만 처리합니다.

A.kt 파일에는 A 클래스가, B.kt 파일에는 B 클래스가 정의되어 있다고 합시다. 두 클래스 모두에 @GenerateInterface 애너테이션이 붙어 있습니다.

```
// A.kt
@GenerateInterface("IA")
class A {
    fun a()
}

// B.kt
@GenerateInterface("IB")
class B {
    fun b()
}
```

점진적 처리 모드는 기본으로 활성화되어 있습니다. 그래서 이 프로젝트를 처음 컴파일하면 GenerateInterfaceProcessor가 IA.kt와 IB.kt 파일을 생성합니다. A.kt와 B.kt를 수정하지 않은 채로 프로젝트를 다시 컴파일하면 Generate InterfaceProcessor는 아무런 파일도 생성하지 않습니다. (공백 추가처럼) A.kt를 살짝 수정한 후 프로젝트를 다시 컴파일하면, IA.kt만 다시 생성되어 이전 빌드 때 만든 IA.kt를 대체합니다.

점진적 처리는 별다른 노력 없이 이용할 수 있는 매우 강력한 기법입니다. 하지만 우리가 만든 라이브러리가 오동작하게 만드는 실수를 예방하려면 제대로 이해해야 합니다.

재처리할 파일을 구분하기 위해 KSP는 더티니스(dirtiness)라는 개념을 도입했습니다. 더티(dirty)란 누군가 손을 대서(수정해서) 더럽혀졌다는 뜻입니다. 따라서 더티 파일은 재처리 대상입니다. 처리기가 시작되면, 리졸버(Resolver)의 메서드인 getAllFiles와 getSymbolsWithAnnotation은 더티 파일과 더티 파일의 요소만 반환합니다.

- Resolver::getAllFiles: 더티 파일 참조만 반환합니다.
- Resolver::getSymbolsWithAnnotation: 더티 파일의 심벌만 반환합니다.

getDeclarationsFromPackage와 getClassDeclarationByName 같은 대부분의 리졸버 메서드는 여전히 모든 파일을 반환합니다. 하지만 어떤 심벌을 처리할지 결정할 때 주로 사용하는 메서드는 getAllFiles와 getSymbolsWithAnnotation 입니다.

그렇다면 파일은 어떻게 하면 더티해지고, 또 어떻게 하면 다시 클린해질까요? 지금의 예제 프로젝트에서는 단순합니다. 입력 파일 하나당 하나의 출력 파일을 생성합니다. 따라서 입력 파일이 변경되면 더티 상태가 됩니다. 더티 상태의 입력 파일에 해당하는 출력 파일이 만들어지면 입력 파일은 다시 클린한 상태가 됩니다. 하지만 상황이 훨씬 복잡해질 수도 있습니다. 입력 파일 하나로부터 여러 가지 출력 파일을 생성하거나, 여러 개의 입력 파일로부터 하나의 출력 파일을 만들 수도 있습니다. 또는 어떤 출력 파일은 다른 여러 출력 파일에 의존할 수도 있습니다.

애너테이션이 붙어 있는 원소뿐 아니라 그 부모도 파일 생성에 관여하는 상황을 생각해 봅시다. 따라서 부모가 변경되면 파일이 재처리되어야 합니다.

```
// A.kt
@GenerateInterface
open class A {
    // ...
}
```

```
// B.kt
class B : A() {  // A를 상속
    // ...
}
```

재처리할 코드를 정하기 위해, KSP는 처리기의 도움을 받아 어떤 입력 소스 코드가 어떤 출력 파일과 연관되는지 확인합니다. 더 구체적으로 말하면, 새로운 파일이 생성될 때마다 의존성을 명시해야 합니다. 이를 위해 Dependencies 클래스를 사용합니다. Dependencies는 생성자 매개변수로 aggregating과 파일 의존성(의존하는 파일)을 받습니다. 참고로 파일 의존성 매개변수의 타입은 KSFile이며, 개수 제한이 없습니다. 현재 프로젝트에서는 '생성된 파일'이 해당 파일 생성에 이용된 '애너테이션이 있는 클래스를 정의한 파일'에만 의존한다고 명시합니다.

```
val dependencies = Dependencies(
    aggregating = false,
    annotatedClass.containingFile!!  // 파일 의존성
)
val file = codeGenerator.createNewFile(
    dependencies,
    packageName,
    fileName
)
```

애너테이션된 클래스의 부모와 같이 다른 파일에도 의존하게 하려면 해당 내용을 명시해야 합니다. Dependencies 클래스의 파일 의존성 매개변수는 가변 길이 인수를 허용하여 원하는 수만큼의 의존성을 명시할 수 있습니다.

```
// 대상 클래스의 부모 클래스들까지 포함하여 반환하는 함수
fun classWithParents(
    classDeclaration: KSClassDeclaration
): List<KSClassDeclaration> =
    classDeclaration.superTypes
        .map { it.resolve().declaration }
        .filterIsInstance<KSClassDeclaration>()
        .flatMap { classWithParents(it) }
        .toList()
        .plus(classDeclaration)
```

```
val dependencies = Dependencies(
    aggregating = ann.dependsOn.isNotEmpty(),
    *classWithParents(annotatedClass)
        .mapNotNull { it.containingFile }
        .toTypedArray()
)
```

파일 의존성은 다음과 같은 목적으로 사용합니다.

- 현재 있는 파일과 관련 없는 파일을 제거할지 결정합니다.
- 파일이 더티 상태인지 결정합니다.

규칙상, 출력 파일에 영향을 주는 입력 파일 중 하나라도 더티 상태라면 출력 파일의 다른 모든 의존성 또한 더티가 되어야 합니다. 이러한 관계를 전이 (transitive)라고 합니다. 다음과 같은 상황을 생각해 봅시다.

출력 파일 OA.kt가 A.kt와 B.kt에 의존하면,

- A.kt가 변경되면 → A.kt와 B.kt가 모두 더티 상태가 됩니다.
- B.kt가 변경되면 → B.kt와 A.kt가 모두 더티 상태가 됩니다.

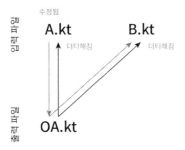

A.kt가 변경되면 A.kt와 B.kt 모두 더티 상태가 됩니다.

이어서, OA.kt가 A.kt와 B.kt에 의존하고, OB.kt가 B.kt와 C.kt에 의존하며, OD.kt가 D.kt와 E.kt에 의존한다면,

- A.kt가 변경되면 → A.kt, B.kt, C.kt가 더티 상태가 됩니다.
- B.kt가 변경되면 → A.kt, B.kt, C.kt가 더티 상태가 됩니다.
- C.kt가 변경되면 → A.kt, B.kt, C.kt가 더티 상태가 됩니다.

- D.kt가 변경되면 → D.kt, E.kt가 더티 상태가 됩니다.
- E.kt가 변경되면 → D.kt, E.kt가 더티 상태가 됩니다.

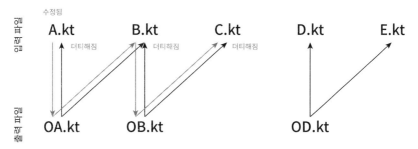

A.kt가 변경되면 A.kt, B.kt, C.kt가 더티 상태가 됩니다.

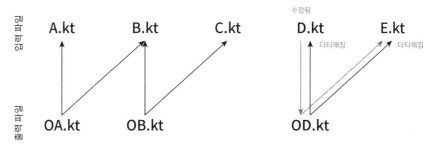

D.kt가 변경되면 D.kt와 E.kt가 더티 상태가 됩니다.

보다시피 의존성을 추가하면 더 많은 파일이 더티 상태가 되어, 재처리할 파일이 늘어납니다.

그렇다면 다른 모든 처리 결과를 이용하거나 애너테이션된 모든 요소를 취합하는 파일은 어떻게 될까요? 이런 파일을 애그리거트(aggregate, 집약)라고 하며, 의존성 생성 시 aggregating 매개변수를 true로 설정하면 됩니다. 입력 값들 중 하나라도 변화가 생기면 애그리거트의 결과값에 영향을 주며, 애그리거트가 의존하는 입력 파일 모두가 재처리됩니다. 다음과 같은 상황을 생각해 보세요.

OA.kt는 A.kt에, OB.kt는 B.kt에 의존하며, OC.kt는 애그리거트이며 C.kt와 D.kt에 의존한다면,

- A.kt가 변경되면 → A.kt, C.kt, D.kt가 더티 상태가 됩니다.
- B.kt가 변경되면 → B.kt, C.kt, D.kt가 더티 상태가 됩니다.
- C.kt가 변경되면 → C.kt, D.kt가 더티 상태가 됩니다.
- D.kt가 변경되면 → C.kt, D.kt가 더티 상태가 됩니다.

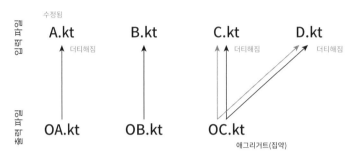

A.kt가 변경되면 A.kt, C.kt, D.kt가 더티 상태가 됩니다.

복잡해 보이지만, 점진적 처리를 이용하기는 아주 쉽습니다. 대부분의 경우에는 aggregating을 false로 설정하며(다른 파일에 영향받지 않는 격리된 파일로 설정), 출력 파일을 생성할 때 직접적으로 이용하는 파일에만 의존합니다. 즉, 주로 관심 애너테이션이 있는 요소를 담고 있는 파일에만 의존합니다.

```
val dependencies = Dependencies(
    aggregating = false,
    annotatedClass.containingFile!!
)
val file = codeGenerator.createNewFile(
    dependencies,
    packageName,
    fileName
)
```

파일을 생성하는 데 다른 파일들을 참고한다면 그 파일들도 의존성으로 추가해야 합니다. 여러 파일에 의존하는 파일은 애그리거트로 설정합니다. 그리고 어떤 파일이 변경되든, 애그리거트가 의존하는 파일은 모두 더티 상태가 된다는 사실을 잊지 마세요.

다중 라운드 처리

KSP는 '다중 라운드 처리(multiple round processing)' 모드를 지원합니다. 다
중 라운드 처리란 필요 시 같은 process 함수를 여러 번 호출한다는 뜻입니다.
예를 들어, 간단한 의존성 주입 프레임워크에서 객체를 만드는 클래스를 생성
하는 데 KSP를 이용하는 상황을 떠올려 봅시다. 다음 클래스들이 있다고 합
시다.

```
@Single
class UserRepository {
    // ...
}

@Provide
class UserService(
    val userRepository: UserRepository
) {
    // ...
}
```

우리는 KSP 처리기가 다음 프로바이더들을 생성해 주길 원합니다.

```
class UserRepositoryProvider :
    SingleProvider<UserRepository>() {

    private val instance = UserRepository()

    override fun single(): UserRepository = instance
}

class UserServiceProvider : Provider<UserService>() {
    private val userRepositoryProvider =
        UserRepositoryProvider()

    override fun provide(): UserService =
        UserService(userRepositoryProvider.single())
}
```

문제는 KSP 처리기가 생성하는 UserServiceProvider가 마찬가지로 KSP 처리
기가 생성하는 UserRepositoryProvider에 의존한다는 것입니다. UserService

Provider를 생성하려면 UserRepositoryProvider를 생성하는 클래스를 참조해야 합니다. 그러니 먼저 첫 번째 라운드에서 UserRepositoryProvider를 생성하고, 두 번째 라운드에서 UserServiceProvider를 생성해야 합니다. 어떻게 하면 될까요? process에서 지금 라운드에서는 생성할 수 없지만 다음 라운드에서 생성하고자 하는 애너테이션된 요소 리스트를 반환해야 합니다. 그리고 다음 라운드에서 Resolver의 getSymbolsWithAnnotation은 이전 라운드에서 생성되지 않은 요소들만 반환할 것입니다. 이런 식으로 지연된 심벌 해석을 여러 라운드에 걸쳐 처리할 수 있습니다.

```
class ProviderGenerator(
    private val codeGenerator: CodeGenerator,
) : SymbolProcessor {
    override fun process(
        resolver: Resolver
    ): List<KSAnnotated> {
        val provideSymbols = resolver
            .getSymbolsWithAnnotation(
                Provide::class.qualifiedName!!
            )
        val singleSymbols = resolver
            .getSymbolsWithAnnotation(
                Single::class.qualifiedName!!
            )
        val symbols = (singleSymbols + provideSymbols)
            .filterIsInstance<KSClassDeclaration>()

        val notProcessed = symbols
            .filterNot(::generateProvider)

        return notProcessed.toList()
    }
    // ...
}
```

지금 예에서 첫 번째 라운드 때는 UserRepositoryProvider가 없기 때문에 두 클래스를 모두 생성할 수는 없습니다. 대신에 UserServiceProvider를 먼저 생성하고, 두 번째 라운드에서 UserRepositoryProvider를 생성합니다. 다중 라운드 처리는 처리기가 자기 자신 또는 또 다른 처리기에서 생성하는 요소를 이용해야 할 때 유용합니다.

간단한 사용 예를 다음 깃허브 저장소에서 확인할 수 있습니다.

https://github.com/MarcinMoskala/DependencyInjection-KSP

멀티플랫폼 프로젝트에서 KSP 사용하기

KSP를 멀티플랫폼 프로젝트에서도 사용할 수 있습니다. 빌드 설정만 적절히 바꿔 주면 됩니다. 구체적으로는, ksp를 컴파일 대상별 dependencies 블록이 아닌, 최상위 dependencies 블록에 정의합니다. 이 블록 안에서 어떤 대상 플랫폼이 어떤 처리기를 사용할지 지정합니다.

```
plugins {
    kotlin("multiplatform")
    id("com.google.devtools.ksp")
}

kotlin {
    jvm {
        withJava()
    }
    linuxX64() {
        binaries {
            executable()
        }
    }
    sourceSets {
        val commonMain by getting
        val linuxX64Main by getting
        val linuxX64Test by getting
    }
}

dependencies {
    add("kspCommonMainMetadata", project(":test-processor"))
    add("kspJvm", project(":test-processor"))
    add("kspJvmTest", project(":test-processor"))
    // 테스트 코드셋이 없기 때문에 아무것도 하지 않습니다.
    add("kspLinuxX64Test", project(":test-processor"))
    // kspLinuxX64 소스는 처리되지 않습니다.
}
```

요약

KSP는 애너테이션 또는 우리가 만든 정의에 기반해 코드를 생성할 때 라이브러리에서 사용할 수 있는 강력한 도구입니다. 룸(Room)과 대거(Dagger) 같이 프로그래밍을 쉽게 만들어 주는 라이브러리들이 이미 KSP를 사용하고 있습니다. KSP는 자바 애너테이션 처리보다 빠르고, 코틀린을 더 잘 이해하고 있으며, 멀티플랫폼 프로젝트에서도 사용할 수 있습니다. 이번 장을 통해서 여러분은 멋진 라이브러리를 구현하는 데 KSP가 유용하다는 사실을 알았을 것입니다. 또한 라이브러리를 직접 제작하지 않더라도, 현재 이용 중인 라이브러리를 더 잘 이해하고 활용할 수 있을 것입니다.

KSP의 가장 큰 한계점은 파일만 생성하고 기존 코드의 동작 방식은 바꿀 수 없다는 것입니다. 기존 코드의 동작 방식을 바꾸려면 다음 장에서 배울 코틀린 컴파일러 플러그인을 이용해야 합니다.

연습문제: KSP로 처리 시간 측정 래퍼 만들기

이번 과제는 커스텀 코틀린 심벌 처리기를 구현하는 것이며, 처리기를 적용해 Measured 애너테이션이 있는 퍼블릭 메서드의 실행 시간을 측정하는 래퍼 클래스를 만드는 것입니다.

애너테이션 처리기는 Measured 애너테이션이 있는 메서드를 하나 이상 가진 클래스의 래퍼 클래스를 생성해야 합니다.

래퍼 클래스는 같은 패키지에 속한 자바 클래스가 되어야 하며, Measured 접두사가 있는 이름을 가져야 합니다.

래퍼 클래스에는 두 개의 생성자가 필요합니다. 하나는 원본 클래스의 인스턴스를 매개변수로 받아야 하며, 다른 하나는 기본 생성자로 원본 클래스의 인스턴스를 생성합니다.

원본 클래스와 똑같은 메서드를 가져야 하지만, Measured 애너테이션이 있는 메서드는 실행 시간을 측정하고 'from took ms' 형식으로 실행 시간을 출력해야 합니다.

예를 들어, 다음과 같은 원본 클래스가 있다고 합시다.

```
package academy.kt

class TokenService {

    @Measured
    fun getToken(): String {
        Thread.sleep(1000)
        return "ABCD"
    }
}
```

처리기를 적용하면 다음 래퍼 클래스가 생성되어야 합니다.

```
package academy.kt

class MeasuredTokenService(
    val wrapper: TokenService,
) {
    constructor() : this(TokenService())

    fun getToken(): String {
        val before = System.currentTimeMillis()
        val value = wrapper.getToken()
        val after = System.currentTimeMillis()
        println("getToken from TokenService took ${after - before\} ms")
        return value
    }
}
```

다음과 같은 원본 클래스가 있다고 합시다.

```
package academy.kt

class UserService(
    private val tokenService: TokenService
) {

    @Measured
    fun findUser(id: Int): User {
        tokenService.getToken()
        Thread.sleep(1000)
        return User("$id")
    }
}
```

```
    @Measured
    fun findUsers(): User {
        Thread.sleep(1000)
        return User("")
    }
}
```

처리기를 적용하면 다음 래퍼 클래스가 생성되어야 합니다.

```
package academy.kt

class MeasuredUserService(
    val wrapper: UserService,
) {
    constructor(tokenService: TokenService) : this(
        UserService(tokenService)
    )

    fun findUser(id: Int): User {
        val before = System.currentTimeMillis()
        val value = wrapper.findUser(id)
        val after = System.currentTimeMillis()
        println("findUser from UserService took ${after - before}\ms")
        return value
    }

    fun findUsers(): User {
        val before = System.currentTimeMillis()
        val value = wrapper.findUsers()
        val after = System.currentTimeMillis()
        println("findUsers from UserService took ${after - before\} ms")
        return value
    }
}
```

생성된 클래스의 사용법은 다음과 같습니다.

```
fun main() {
    val tokenService = TokenService()
    val userService = UserService(tokenService)
    val measuredService = MeasuredUserService(tokenService)
    val user = measuredService.findUser(12)
    // findUser from UserService took 200Xms
    val user2 = measuredService.findUsers()
```

```
    // findUser from UserService took 100Xms

    val measuredTokenService = MeasuredTokenService(tokenService)
    val token = measuredTokenService.getToken()
    // getToken from TokenService took 100Xms
}
```

코틀린 코드를 생성하려면 자바 포잇(Java Poet)을 사용하세요. 래핑된 클래스에는 타입 매개변수가 없다고 가정합니다.

　다음 프로젝트에서 설정 파일과 사용 예시를 제공하므로 프로세서 처리 부분만 구현하면 됩니다.

https://github.com/MarcinMoskala/measured-wrapper-ksp

다음 프로젝트는 간단한 KSP 프로젝트 템플릿으로, 이전 프로젝트보다 더 많은 코드를 작성해야 합니다.

https://github.com/MarcinMoskala/ksp-template

KSP 프로젝트를 어떻게 구현할 수 있는지 살펴보기 위해 다음 프로젝트를 참고할 수 있습니다.

- *https://github.com/MarcinMoskala/generateinterface-ksp* — 클래스에 대한 인터페이스를 생성합니다.
- *https://github.com/MarcinMoskala/DependencyInjection-KSP* — 간단한 의존성 주입 기능을 가진 클래스를 생성합니다.

11장

코틀린 컴파일러 플러그인

코틀린 컴파일러는 코틀린 코드를 컴파일하는 프로그램임과 동시에, IDE가 코드를 완성하고 경고를 띄우는 등의 기능을 제공하기 위해 이용하는 분석 도구이기도 합니다. 다른 많은 프로그램처럼 코틀린 컴파일러도 자신의 동작에 변화를 줄 수 있는 플러그인을 사용할 수 있습니다. 코틀린 컴파일러 플러그인은 확장(extension)이라는 특별한 클래스를 확장한 뒤, 레지스트라(registrar)[1]를 사용해 등록합니다. 확장은 특정 단계에서 컴파일러에 의해 호출되어, 해당 단계의 결과를 변경할 수 있습니다. 예를 들면, 컴파일러가 클래스의 슈퍼타입을 생성할 때 호출하는 플러그인을 등록하면, 추가적인 슈퍼타입들이 결과로 나올 수 있습니다. 컴파일러 플러그인으로 할 수 있는 일은 어떤 확장을 지원하느냐에 따라 달라집니다. 현재 이용 가능한 확장은 나중에 살펴보기로 하고, 우선은 컴파일러 동작 방식에 관한 필수 지식부터 살펴봅시다.

컴파일러 프런트엔드와 백엔드

코틀린은 멀티플랫폼 언어입니다. 다양한 플랫폼용의 저수준 코드를 동일한 소스 코드로부터 생성할 수 있다는 뜻입니다. 코틀린 컴파일러는 크게 다음의 두 부분으로 구성됩니다.

---

1 (옮긴이) 레지스트라는 등록 대행자를 뜻하며, 여기서는 확장 클래스를 등록하는 클래스를 의미합니다.

- 프런트엔드: 코틀린 코드를 파싱하여 백엔드가 이해할 수 있고 코틀린 코드 분석에 사용할 수 있는 형태로 변환합니다.
- 백엔드: 프런트엔드에서 받은 형태를 기준으로 실제 저수준 코드를 생성합니다.

컴파일러 프런트엔드는 대상 플랫폼에 무관하여, 멀티플랫폼 모듈을 컴파일할 때 프런트엔드의 결과물을 재사용할 수 있습니다. 하지만 지금은 K2 프런트엔드가 오래된 K1 프런트엔드를 대체해 나가는 시기라서 컴파일러 프런트엔드에 엄청난 변화가 일어나고 있습니다.

컴파일러 백엔드는 컴파일 대상 플랫폼에 특화되어 있습니다. 즉, JVM, JS, 네이티브, WASM 각각이 서로 다른 백엔드를 가지고 있습니다. 공유하는 부분도 있지만, 본질적으로 서로 다릅니다.

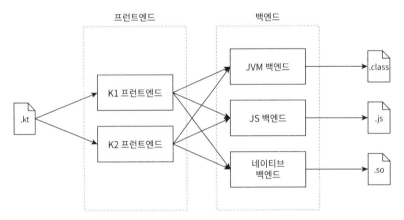

컴파일러 프런트엔드는 코틀린 코드를 파싱하고 분석하여 백엔드로 보낼 형태로 변환하는 역할을 합니다. 이 결과를 받아 각 백엔드는 플랫폼에 특화된 파일들을 생성합니다. 프런트엔드는 대상 플랫폼과는 무관하지만, 오래된 K1과 새로운 K2라는 두 종류의 프런트엔드가 존재합니다. 백엔드는 각각의 대상 플랫폼에 특화되어 있습니다.

인텔리제이 같은 IDE에서 코틀린으로 코드를 작성하면 다양한 경고와 에러를 표시해 주고, 가용한 요소를 제안하거나, 코드를 자동으로 완성해 줍니다. 하지만 인텔리제이 자체가 코틀린을 분석하지는 않습니다. 이러한 기능 모두는 코틀린 컴파일러가 IDE에 제공하는 API를 활용해 구현됩니다. 이때 IDE와의 통신을 프런트엔드가 담당합니다.

각각의 백엔드는 프런트엔드가 제공하는 데이터 형태를 코틀린 '중간 표현 (intermediate representation)'으로 변환하는 부분을 공유합니다. K2에서는 이 형태를 FIR(Frontend Intermediate Representation, 프런트엔드 중간 표현)이라 고 부릅니다. 플랫폼 특화 파일들은 이 중간 표현에 기초하여 생성됩니다.

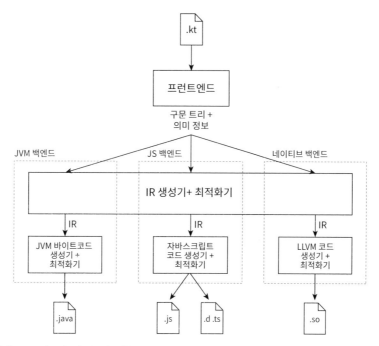

각 백엔드는 프런트엔드가 제공하는 형태를 코틀린 중간 표현으로 변환하는 부분을 공유합니다. 코틀린 중 간 표현은 대상 플랫폼에 특화된 파일을 생성하는 데 사용됩니다.

컴파일러의 프런트엔드와 백엔드가 어떻게 동작하는지 더 자세하게 알아보려 면 아만다 힌치만-도밍게스(Amanda Hinchman-Dominguez)나 미카일 글루키 크(Mikhail Glukhikh) 등이 작성한 발표 자료나 문서 등을 참고하세요. 지금까 지 설명한 정도만으로도 컴파일러 플러그인을 공부하기에는 충분하므로 이 책 에서는 더 깊이 들어가지 않겠습니다.

컴파일러 확장

코틀린 컴파일러 확장(Kotlin Compiler extension)도 프런트엔드용과 백엔드 용으로 구분할 수 있습니다. 모든 프런트엔드 확장의 이름은 Fir로 시작하며 Extension으로 끝납니다. 다음은 현재 지원되는 K2 확장의 전체 목록입니다.[2]

- FirStatusTransformerExtension: 요소의 상태(가시성, 제어자 등)가 설정될 때 호출되며 상태를 변경할 수 있습니다. 올-오픈(All-open) 컴파일러 플러 그인에서 적절한 애너테이션이 있는 모든 클래스를 open으로 만들기 위해 사용합니다. 대표적으로 스프링 프레임워크가 사용합니다.

- FirDeclarationGenerationExtension: 코틀린 파일에 선언문을 추가로 생성 할 목적으로 사용합니다. 컴파일 단계에 따라 이 확장의 각기 다른 메서드 가 호출되며, 클래스나 메서드 같이 각기 다른 종류의 요소를 생성할 수 있 습니다. 코틀린 직렬화 플러그인(Kotlin Serialization plugin) 등의 여러 플 러그인에서 직렬화 메서드를 생성하기 위해 사용합니다.

- FirAdditionalCheckersExtension: 컴파일러가 코드를 검사할 때 호출하는 검사기(checker)를 추가로 명시합니다. 인텔리제이가 보여 주는 에러와 경 고를 추가할 수도 있습니다.

- FirSupertypeGenerationExtension: 컴파일러가 클래스의 슈퍼타입을 생성 할 때 호출되며, 슈퍼타입들을 추가할 수 있게 해 줍니다. 예를 들어, 클래 스 A가 B를 상속하고 C를 구현한다고 해 봅시다. 이 상태에서 FirSupertype GenerationExtension이 A의 슈퍼타입으로 D와 F도 필요하다고 판단하면, 컴 파일러는 A의 슈퍼타입으로 B, C, D, F가 있다고 생각합니다. 코틀린 직렬화 플러그인을 포함한 많은 플러그인이 이 확장을 사용합니다. 코틀린 직렬화 플러그인의 경우 @Serializer 애너테이션이 붙어 있는 모든 클래스의 슈퍼 타입으로 적절한 타입 인수를 가진 KSerializer를 설정하는 용도로 사용합 니다.

- FirTypeAttributeExtension: 애너테이션을 기반으로 타입에 속성을 추가하

---

2 K1 확장은 지원 중단(deprecated)되었으므로 다루지 않겠습니다.

거나 속성에 기반해 애너테이션을 정할 수 있습니다. 실험 기능인 코틀린 할당 플러그인(Kotlin Assignment plugin)에서 사용하고 있습니다. 이 플러그인에서는 숫자 타입에 양수 또는 음수 애너테이션을 붙이고, 이 정보를 이용해 규약이 깨지면 에러를 던집니다. 이 책의 예제 프로젝트에서 이용하는 라이브러리 코드에서 사용합니다.

- FirExpressionResolutionExtension: 함수가 호출될 때 암묵적 확장 리시버를 추가합니다. 실험 기능인 코틀린 할당 플러그인에서 사용합니다. 예를 들어, injectAlgebra<T>()가 호출되면 Algebra<T>를 암묵적 리시버로 주입합니다.

- FirSamConversionTransformerExtension: 컴파일러가 자바 SAM 인터페이스를 코틀린 함수 타입으로 변경할 때 호출되며, 결과 타입을 변경할 수 있습니다. SAM-with-receiver 컴파일러 플러그인에서 SAM 인터페이스를 변경할 때 애너테이션된 일반 함수 타입 대신 리시버가 있는 함수 타입을 생성하는 목적으로 사용합니다.

- FirAssignExpressionAltererExtension: 변수에 값을 할당하는 코드를 다른 형태의 문장으로 변경합니다. 실험 기능인 코틀린 할당 플러그인에서 할당 연산자 오버로딩을 허용하기 위해 이 확장을 이용합니다.

- FirFunctionTypeKindExtension: 함수 타입을 추가로 등록합니다. 예제 프로젝트에서 이용하는 라이브러리 코드에서 사용합니다.

- FirDeclarationsForMetadataProviderExtension: 코틀린 메타데이터에 선언문을 추가할 수 있게 합니다. 코틀린 직렬화 플러그인에서 역직렬화 생성자를 생성하거나 메서드가 직접 역직렬화할 수 있게 만드는 목적으로 사용합니다. 추후에 용도가 변경될 수 있습니다.

- FirScriptConfiguratorExtension: 컴파일러가 스크립트를 처리할 때 호출됩니다. 스크립트의 설정을 변경할 수 있습니다. 추후에 용도가 변경될 수 있습니다.

- FirExtensionSessionComponent: 세션에 확장 세션 컴포넌트를 추가하는 용도로 사용합니다. 다르게 표현하면, 컴포넌트를 등록하여 다른 확장에서 재사용할 수 있게 해 줍니다. 다양한 플러그인에서 FirExtensionSessionComponent

를 활용합니다. 예를 들면, 코틀린 직렬화 플러그인은 파일에 직렬화기 캐시를 유지하는 컴포넌트를 등록하거나 파일 애너테이션에서 KClass를 먼저 등록하는 목적으로 사용합니다. 추후에 용도가 변경될 수 있습니다.

> ⚠ 조심하세요! K1 프런트엔드는 지원이 중단되고 추후 제거될 예정이라서, 이번 장에서는 K2 프런트엔드 확장만 이야기합니다. 하지만 현재 K2 컴파일러 프런트엔드가 기본으로 사용되지는 않습니다. K2 컴파일러 프런트엔드를 사용하려면 코틀린 버전이 1.9.0-베타 이상이어야 하며, 컴파일러 옵션으로 -Pkotlin.experimental.tryK2=true를 추가해야 합니다.

지금까지 본 것처럼 플러그인을 활용하면 컴파일과 분석에 변화를 줄 수 있습니다. 경고를 띄울 수도 있고 에러를 일으켜 컴파일을 중단시킬 수도 있습니다. 특정 요소의 가시성을 변경하여 결과 코드의 동작과 IDE의 제안 기능에 영향을 줄 수 있습니다.

백엔드용 확장은 IrGenerationExtension 하나뿐입니다. FIR(프런트엔드 중간 표현)로부터 IR(코틀린 중간 표현)을 생성한 다음, 플랫폼 특화 파일들을 생성하기 전에 사용합니다. IrGenerationExtension의 용도는 IR 트리 변경입니다. 생성되는 코드의 거의 모든 것을 바꿀 수 있습니다. 자칫하면 코드가 동작하지 못하게 변경하기 쉬우므로, 반드시 조심해서 사용해야 합니다. 한편 IrGenerationExtension은 코드 분석에는 영향을 주지 않기 때문에 IDE 제안이

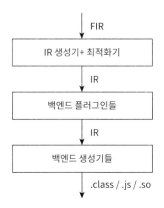

백엔드 플러그인 확장은 FIR로부터 IR을 생성하고 난 다음, 플랫폼 특화 파일들을 생성하기 전에 사용됩니다.

나 경고 같은 기능을 바꿀 수는 없습니다.

백엔드가 IDE 분석에 아무런 영향을 줄 수 없다는 사실을 확실히 해 두고 싶습니다. IrGenerationExtension으로 클래스에 메서드를 추가하더라도, 인텔리제이는 추가된 메서드를 인식할 수 없습니다. 따라서 인텔리제이는 추가된 메서드를 직접 호출할 수 없으며, 오직 리플렉션으로만 호출할 수 있습니다. 반면 프런트엔드 FirDeclarationGenerationExtension으로 클래스에 추가한 메서드는 IDE가 존재를 알고 있기 때문에 직접 호출할 수 있습니다.

유명한 코틀린 플러그인 대부분은 다양한 프런트엔드와 백엔드 확장을 활용합니다. 예를 들어, 코틀린 직렬화 플러그인은 직렬화와 역직렬화에 사용되는 모든 함수를 백엔드 확장으로 생성합니다. 그리고 암묵적인 슈퍼타입, 확인문, 선언문을 추가할 때는 프런트엔드 확장을 이용합니다.

지금까지 코틀린 컴파일러 플러그인과 관련된 필수 지식을 학습했습니다. 이제부터는 좀 더 실용적인 측면을 보여 주는 예를 몇 가지 살펴봅시다.

유명한 컴파일러 플러그인들

컴파일러 플러그인을 사용하는 라이브러리는 이미 많습니다. 다음은 그중 가장 유명한 제품들입니다.

- 코틀린 직렬화(Kotlin Serialization): 코틀린 클래스의 직렬화 메서드를 생성하는 플러그인입니다. 멀티플랫폼이며, 리플렉션 대신 컴파일러 플러그인을 사용하기 때문에 아주 효율적입니다.
- 젯팩 컴포즈(Jetpack Compose): 컴파일러 플러그인을 사용해 뷰 요소 정의를 지원하는 UI 프레임워크입니다. 모든 컴포저블(composable) 함수는 프레임워크가 UI를 생성할 때 사용하는 특별한 형태로 변환됩니다.
- 애로우 메타(Arrow Meta): 옵틱스(optics)와 리파인드 타입(refined type) 같은 함수형 프로그래밍 언어의 특징을 지원하는 강력한 플러그인입니다. 관점 지향 프로그래밍(Aspect Oriented Programming)도 지원합니다.
- 파슬라이즈(Pacelize): 코틀린 클래스용 Parcelable 인터페이스의 구현 코드를 생성하는 플러그인입니다. 이미 존재하는 클래스에 적절한 메서드를 추

가하기 위해 컴파일러 플러그인을 이용합니다.

- 올-오픈(All-open): 특정 애너테이션이 있는 모든 클래스를 open으로 설정하는 플러그인입니다. 스프링 프레임워크는 올-오픈을 사용해 @Component 애너테이션이 있는 모든 클래스를 open으로 설정합니다(클래스의 프록시를 만들기 위해서입니다).

대부분의 플러그인은 둘 이상의 확장을 사용합니다. 그중 간단한 플러그인인 파슬라이즈를 살펴봅시다. 파슬라이즈는 다음 확장들만 사용합니다.

- IrGenerationExtension: 내부적으로 사용할 함수와 프로퍼티를 생성합니다.
- FirDeclarationGenerationExtension: 프로젝트를 컴파일할 때 필요한 함수를 생성합니다.
- FirAdditionalCheckersExtension: 에러와 경고를 보여 줍니다.

코틀린 컴파일러 플러그인은 build.gradle(.kts) 파일의 plugins 블록에 정의합니다.

```
plugins {
    id("kotlin-parcelize")
}
```

일부 플러그인은 개별 그레이들 플러그인에 포함되어 배포됩니다.

모든 클래스를 open으로 설정하기

모든 클래스를 open으로 설정하는 간단한 과제부터 시작해 봅시다. 특정 애너테이션 중 하나라도 있는 클래스 모두를 open으로 설정하는 올-오픈 플러그인에서 착안한 과제입니다. 하지만 이번 예에서는 (애너테이션 유무와 상관없이) 단순히 모든 클래스를 open으로 설정할 것입니다.

이번 과제에 필요한 의존성은 kotlin-compiler-embeddable뿐입니다. 플러그인을 정의할 때 사용할 클래스들을 제공하는 의존성입니다.

KSP 또는 애너테이션 처리 때와 마찬가지로 레지스트라 파일을 resources/

META-INF/services 경로에 추가해야 합니다. 파일 이름은 CompilerPlugin Registrar의 전체 주소 이름인 org.jetbrains.kotlin.compiler.plugin.Compile PluginRegistrar이어야 합니다. 이 파일에는 여러분이 작성할 레지스트라 클래스의 전체 주소 이름을 적습니다. 현재 프로젝트에서는 com.marcinmoskala. AllOpenComponentRegistrar로 하겠습니다.

```
// org.jetbrains.kotlin.compiler.plugin.CompilerPluginRegistrar 파일
com.marcinmoskala.AllOpenComponentRegistrar
```

AllOpenComponentRegistrar 레지스트라는 확장 레지스트라를 등록해야 합니다. 현재 프로젝트에서는 확장 레지스트라의 이름을 FirAllOpenExtension Registrar라고 짓겠습니다. 이 확장 레지스트라는 확장을 등록하는 역할을 합니다. 참고로 레지스트라는 설정에 접근할 수 있어서 플러그인에 매개변수를 넘길 수 있지만, 이번 프로젝트에서는 설정을 이용하지 않겠습니다. 우리가 만들 확장은 단지 FirStatusTransformerExtension을 확장한 클래스입니다. 메서드로는 needTransformStatus와 transformStatus를 가지고 있습니다. needTransformStatus는 변환을 적용할지를 결정하며, transformStatus는 변환을 수행합니다. 예제 프로젝트에서는 이전 상태에 관계없이 확장을 모든 클래스에 적용하여 상태를 open으로 변경할 것입니다.

```
@file:OptIn(ExperimentalCompilerApi::class)

class AllOpenComponentRegistrar : CompilerPluginRegistrar() {
    override fun ExtensionStorage.registerExtensions(
        configuration: CompilerConfiguration
    ) {
        // 우리가 만들 확장 레지스트라를 등록합니다.
        FirExtensionRegistrarAdapter
            .registerExtension(FirAllOpenExtensionRegistrar())
    }

    override val supportsK2: Boolean
        get() = true
    }

// 직접 만든 확장 레지스트라
class FirAllOpenExtensionRegistrar : FirExtensionRegistrar(){
```

```
    override fun ExtensionRegistrarContext.configurePlugin() {
        +::FirAllOpenStatusTransformer
    }
}

// 직접 만든 확장
class FirAllOpenStatusTransformer(
    session: FirSession
) : FirStatusTransformerExtension(session) {
    override fun needTransformStatus(
        declaration: FirDeclaration
    ): Boolean = declaration is FirRegularClass

    override fun transformStatus(
        status: FirDeclarationStatus,
        declaration: FirDeclaration
    ): FirDeclarationStatus =
        status.transform(modality = Modality.OPEN)
}
```

이 코드는 간단하지만, 실제 올-오픈 플러그인은 특정 애너테이션 중 하나로
애너테이션된 클래스만 open으로 설정하기 때문에 좀 더 복잡합니다. 올-오픈
플러그인의 FirAllOpenExtensionRegistrar는 특정 클래스가 open인지 여부를
판단하기 위해 FirAllOpenStatusTransformer가 사용할 플러그인을 등록합니
다. 자세히 알아보고 싶다면 코틀린 깃허브 저장소[3]의 plugins/allopen 폴더를
참고하세요.

타입 변경하기

다음으로 살펴볼 에는 '리시버가 있는 SAM(SAM-with-receiver)' 컴파일러 플러
그인입니다. 특정 애너테이션이 있는 SAM 인터페이스로부터 생성된 함수 타입
을 리시버가 있는 함수 타입으로 변경하는 플러그인입니다. 예제 프로젝트에
서는 FirSamConversionTransformerExtension을 사용할 텐데, 이번에 구현할 플
러그인에 매우 특화된 확장이라고 말할 수 있습니다. SAM 인터페이스를 함수
타입으로 변경할 때만 호출되며, 생성되는 타입을 변경할 수 있기 때문입니다.

---

3 코틀린 깃허브 저장소: *https://github.com/JetBrains/kotlin*

이번 예에서 추가하는 타입은 IDE가 인식할 수 있고 코드에서 직접 사용할 수 있기 때문에 더욱 흥미로울 것입니다. 다음은 이번 확장을 간소화한 코드입니다. 전체 구현 코드는 코틀린 깃허브 저장소의 plugins/sam-with-receiver 폴더에서 확인할 수 있습니다.

```kotlin
class FirScriptSamWithReceiverConventionTransformer(
    session: FirSession
) : FirSamConversionTransformerExtension(session) {
    override fun getCustomFunctionTypeForSamConversion(
        function: FirSimpleFunction
    ): ConeLookupTagBasedType? {
        val containingClassSymbol = function
            .containingClassLookupTag()
            ?.toFirRegularClassSymbol(session)
            ?: return null

        return if (shouldTransform(it)) {
            val parameterTypes = function.valueParameters
                .map { it.returnTypeRef.coneType }
            if (parameterTypes.isEmpty()) return null

            createFunctionType(   // 리시버가 있는 함수 타입 생성
                getFunctionType(it),
                parameters = parameterTypes.drop(1),
                receiverType = parameterTypes[0],
                rawReturnType = function.returnTypeRef.coneType
            )
        } else null
    }
    // ...
}
```

getCustomFunctionTypeForSamConversion 함수가 null을 반환하지 않는다면 SAM 인터페이스가 생성할 타입을 덮어씁니다. 이번 예에서 이 함수가 변환 여부를 결정하며, 변환하기로 판단했다면 createFunctionType 함수를 이용해 리시버가 있는 함수 타입을 생성합니다.

코틀린 컴파일러는 FIR로 표현되는 다양한 요소를 생성해 주는 빌더 함수들을 제공합니다. 예제에서는 buildSimpleFunction 또는 buildRegularClass이며, 대부분은 간단한 DSL을 제공합니다. 이 코드에서 createFunctionType 함수는

ConeLookupTagBasedType을 대체할 '리시버가 있는 함수 타입'의 표현을 생성합니다. SAM 인터페이스로부터 자동 생성된 타입들을 이 함수 타입으로 대체하는 것입니다. 이상이 타입 변경 플러그인의 핵심적인 동작 방식입니다.

함수 래퍼 생성하기

다음 문제를 생각해 봅시다. 코틀린 중단 함수는 코틀린 코드에서만 호출할 수 있습니다. 자바에서 호출하려면 코루틴의 중단 함수를 호출하는 코드를 run Blocking으로 감싸 일반 함수 형태로 만들어야 합니다.

```
suspend fun suspendFunction() = …

fun blockingFunction() = runBlocking { suspendFunction() }
```

이런 식으로 중단 함수의 래퍼를 자동 생성하는 플러그인을 만들어 두면 백엔드와 프런트엔드 모두에서 활용할 수 있습니다.

백엔드 플러그인에서 중단 함수의 IR에 래퍼 함수를 추가로 생성해 넣으려면 IrGenerationExtension 확장을 이용해야 합니다. 이렇게 만들어진 래퍼 함수는 플랫폼 특화 코드에도 존재하므로 자바와 그루비 등 다른 언어에서 사용할 수 있습니다. 문제는 래퍼 함수를 코틀린 코드에서 볼 수 없다는 점입니다. 다른 언어에서는 사용할 수 있으니 상관없다고 생각할 수도 있지만, 이러한 한계가 있다는 사실은 인지하고 있어야 합니다. kotlin-jvm-blocking-bridge라는 오픈 소스 플러그인은 백엔드 플러그인을 사용해 중단 함수의 블로킹 래퍼 함수를 생성해 줍니다. 이 플러그인의 소스 코드는 *https://github.com/Him188/kotlin-jvm-blocking-bridge*에서 확인할 수 있습니다.

프런트엔드 플러그인은 중단 함수의 래퍼 함수를 FIR로 생성해야 합니다. 이럴 때는 FirDeclarationGenerationExtension 확장을 이용합니다. FIR에 추가된 함수는 컴파일 과정에서 자연스럽게 IR과 플랫폼 특화 코드로 만들어집니다. 래퍼 함수들을 인텔리제이에서도 볼 수 있으므로 코틀린과 자바 모두에서 사용할 수 있습니다. 하지만 이런 플러그인은 K2 컴파일러만 지원할 것이라서 코틀린 2.0 이상을 사용해야 합니다. 이전 버전도 지원하려면 K1용 확장을 추가로 정의해야 합니다.

플러그인 구현 예제

코틀린 컴파일러 플러그인은 아직 공식 문서로 정리되지 않았습니다. 더욱이, 생성된 결과물이 기존 코드의 동작을 깨뜨리지 않도록 세심하게 신경 써야 해서 커스텀 플러그인을 정의하는 일은 매우 어렵습니다. 플러그인을 새로 정의하고자 한다면, 먼저 코틀린 컴파일러 소스 코드의 plugins 폴더에서 이미 구현된 플러그인들을 분석해 보기를 추천합니다.

이 폴더에는 K2 플러그인뿐 아니라 K1 플러그인과 KSP 기반 플러그인도 있습니다. K2 플러그인만 신경 쓰면 되므로 나머지는 무시하면 됩니다.

지원하는 전체 확장 목록은 FirExtensionRegistrar 클래스에서 확인할 수 있습니다. 컴파일러가 확장을 어떻게 사용하는지 분석하려면 각 확장의 open 메서드들이 어떻게 사용되는지를 찾아보면 됩니다. 인텔리제이에서 Ctrl 키(맥에서는 command 키)를 누른 상태로 메서드 이름을 클릭하면 사용하고 있는 코드로 이동할 수 있습니다. 그러면 코틀린 컴파일러의 어디에서 해당 확장을 사용하고 있는지 알 수 있습니다. 다만, 문서화되지 않은 모든 지식은 추후에 변경되기 쉽다는 점에 주의해야 합니다.

요약

지금까지 본 것처럼 코틀린 컴파일러 플러그인이 할 수 있는 일은 코틀린 컴파일러가 지원하는 확장에 의해 결정됩니다. 컴파일러의 프런트엔드에서는 확장의 기능이 제한적이므로 현재 코틀린 컴파일러 플러그인으로 프런트엔드에서 할 수 있는 일은 몇 가지 특정 기능으로 제한되어 있습니다. 반면 백엔드에서는 생성되는 중간 표현을 어떤 형태로든 바꿀 수 있습니다. 따라서 다양한 방법으로 활용할 수 있지만, 응용할 수 있지만 코드를 망가뜨리기도 쉽습니다.

코틀린 컴파일러 플러그인은 등장한 지 얼마 되지 않은 기술입니다. 공식 문서도 없고 변경이 잦습니다. 코드를 쉽게 깨뜨리기 때문에 각별히 주의해서 사용해야 하지만, 잘 활용하면 상식을 뒤엎는 기능을 구현할 수도 있습니다. 이번 장에서 코틀린 컴파일러 플러그인이 어떻게 동작하는지와 무엇을 할 수 있는지에 대해 가볍게 훑어보았습니다. 핵심 개념과 가능성을 파악하기에 충분했기를 바랍니다.

다음 장에서는 코드 개발을 도와주는 다른 도구인 정적 분석 도구를 살펴보겠습니다. 코드를 생성할 수 없다는 측면에서는 KSP나 컴파일러 플러그인과 비교하면 제한적입니다. 하지만 개발 과정에 엄청난 영향을 주고 더 나은 코드를 작성하도록 도와준다는 점에서 정적 분석 도구 또한 아주 강력한 도구라 할 수 있습니다.

12장

정적 분석 도구

 이번 장은 제 지인 중 정적 분석 도구를 가장 잘 아는 니콜라 코르티(Nicola Corti)가 작성했습니다. 니콜라는 코틀린용 정적 분석 도구인 디텍트(detekt)[1]의 공동 관리자이며, 디텍트의 규칙 다수를 직접 구현하였습니다. 유명한 연사이자 현직 프로그래머입니다.

관용적으로 사용되는 패턴을 알고 적절하게 사용하는 기술을 갖추었는지가 코틀린 초보 개발자와 경력 개발자를 구분하는 기준이라고 할 수 있습니다. "Hello, World!"나 간단한 for 문을 작성하는 법을 배우는 데는 몇 시간도 채 걸리지 않지만, 제네릭, 위임, 리플렉션 같은 고급 기술을 배우는 데는 훨씬 오랜 시간이 걸립니다. 고급 패턴을 완벽하게 소화하려면 몇 년의 경험이 필요한 경우도 있습니다. 어느 누구도 주니어 코틀린 개발자가 애너테이션 처리기를 능숙하게 구현할 거라고 기대하지는 않습니다.

반복되는 패턴을 발견하고 적용하는 일은 컴퓨터 과학 분야에서 항상 문제가 되었습니다. 그래서 컴파일러 같은 프로그래밍 도구를 만드는 개발자들은 반복되는 패턴을 식별하는 도구인 **정적 분석 도구**(static analyzer)도 고안해 냈습니다. 이 책을 읽음으로써 반복되는 패턴을 숙달하는 데 한 걸음 더 다가설 수 있지만, 패턴을 자동으로 발견하고 적용하는 도구를 사용한다면 다음 단계

---

1 디텍트 홈페이지: *https://detekt.dev/*

로 나아갈 수 있습니다. 예를 들어, 정적 분석 도구를 사용하면《코틀린 아카데미: 이펙티브 코틀린》에서 소개한 패턴 다수를 여러분의 코드에 자동으로 적용할 수 있습니다.

하지만 정적 분석 도구의 실질적인 힘은 커스터마이징 능력에서 옵니다. 커스터마이징이 가능하기 때문에 '자신만의' 패턴을 찾고 강제할 수 있습니다. 수백 명이 함께 하는 거대한 프로젝트에 참여하고 있다면 코드 리뷰에만 의존할수는 없습니다. 자동화하고, 개발자들의 합의를 이끌어 내고, 갈등을 중재하는도구가 반드시 필요합니다. 이것이 고급 코틀린 개발자라면 정적 분석 도구를사용해야 하는 이유입니다.

이번 장에서는 정적 분석 도구의 기본 개념을 살펴보고, 코틀린에서 가장 유명한 정적 분석 도구인 **디텍트**의 사용법을 배워 보겠습니다.

정적 분석 도구란?

이름에서 알 수 있듯이, 정적 분석 도구는 코드를 '정적'으로 분석합니다. 즉, 코드를 실행하지 않고[2] 버그와 반복되는 패턴을 찾는 도구입니다.

코드를 실행하는 건 일반적으로 비용이 많이 드는 작업입니다. 코틀린/JVM에서는 자바 가상 머신을 구동해야 하고, 안드로이드에서는 코드를 실행할 에뮬레이터나 실제 기기가 필요합니다. 버그를 예방하는 대표적인 기술 하나는자동화된 테스트 작성입니다. 프로덕션 환경으로 배포하기 전에 버그를 걸러주는 좋은 도구죠. 하지만 실행할 환경이 갖춰져야 하며 코드 크기가 커질수록실행 비용 역시 기하급수적으로 커집니다.

반면에 정적 분석 도구는 코드를 실행하지 않은 채 분석하기 때문에 실행 환경이 전혀 필요하지 않습니다. 예를 들어, 사용하지 않는 변수를 선언했다고경고하기 위해 코드를 실행할 필요는 없습니다. 정적 분석 도구는 여러분이 선언한 모든 변수를 추적하여 실제로 어딘가에서 접근하는지를 파악할 수 있습니다. 선언했지만 아무 곳에서도 접근하지 않은 변수는 대부분 사용되지 않으

---

2   정적 분석 도구의 친숙한 예로 맞춤법 검사기를 들 수 있습니다. 문서나 이메일을 작성할 때 알게 모르게 매일 사용하고 있을 것입니다. 컴파일러 또한 코드를 컴파일하는 과정에서 경고를 보여 주기 때문에 정적 분석 도구의 한 형태라고 할 수 있습니다.

며, 제거할 수 있습니다.[3]

정적 분석 도구는 대상 언어의 특성을 활용해 코드가 정확한지 판단합니다. 예를 들어, 코틀린 타입 시스템으로 타입을 추론하고, 타입 정보를 이용해 마치 코틀린 컴파일러처럼 체계적으로 분석할 수 있습니다. 간단한 예를 준비했습니다.

```kotlin
fun getTheAnswer(answer: String = "24"): String {
    return answer?.reversed()!!
}
```

getTheAnswer 함수가 정확히 "42"를 반환한다면 올바르게 동작하는 것입니다. 단위 테스트를 작성하여 기대하는 값이 나오는지 확인할 수도 있지만, 잠깐 보는 것만으로도 몇 가지 잠재된 문제를 찾을 수 있습니다. answer의 타입은 널 가능하지 않은 String이므로 안전 호출(?.)과 널 아님 어설션(!!) 연산자를 사용할 필요가 없습니다. 대신 반환 표현식을 return answer.reversed()로 간략화할 수 있습니다.[4]

정적 분석 도구는 이 외에도 다양한 검사를 수행하여 코드 전반에 코딩 스타일 가이드를 강제하는 데 도움을 줍니다(예: 필요없는 import 제거). 잠재적인 버그를 예방하는 종류의 검사도 있습니다(예: 표현식의 반환값이 무시되고 사용되지 않을 때 경고).

정적 분석 도구를 린터(linter)라고도 합니다. 린터는 1970년대에 C 언어용으로 처음 개발된 정적 분석 도구인 '린트(lint)'에서 유래했습니다. 린트는 옷에 흔히 생기는 보풀을 뜻합니다. 린터는 코드를 검사하여 수많은 크고 작은 결함과 잠재 문제를 찾아냅니다.

---

3 여기서는 사용하지 않은 변수를 검사하는 과정을 지나치게 단순화했습니다. 접근하지 않더라도 변수를 유지해야 하는 상황도 많습니다. 예를 들어, 라이브러리 모듈의 public 변수라면 당장 접근하지 않더라도 제거하면 안 됩니다. 사용하지 않는 변수 검사에 대해 자세히 알고 싶다면 디텍트의 UnusedPrivateMember 규칙 설명을 참고하세요(*https://detekt.dev/docs/rules/style/#unusedprivate-member*).
4 간략화된 코드는 예시로만 생각하세요. 실제로는 코드를 간략화하지 않더라도 컴파일하는 동안 컴파일러가 알아서 간략화합니다.

실제 보풀 제거기(linter)입니다. 이와 비슷하게 정적 분석 도구는 코드를 검사하여 프로덕션 환경으로 배포되기 전에 잠재적인 버그와 문제점을 찾아냅니다. 이 사진은 크리에이티브 커먼스 라이선스로 공개되어 있습니다(*https://www.pexels.com/photo/woman-in-black-long-sleeve-shirt-holding-a-lint-roller-6865186/*).

이쯤이면 정적 분석 도구의 목표가 코드 리뷰와 아주 비슷하다고 생각될 것입니다.

여러분이 동료 개발자의 코드를 리뷰한다면, 코드를 읽고 잠재적인 버그가 있는지 찾아볼 것입니다. 정적 분석 도구와 코드 리뷰는 상호 보완적이지만 차이가 있습니다. 정적 분석 도구는 반복되는 코딩 문제를 찾고 자동화하는 데 도움이 되며, 코드 리뷰는 고품질 코드를 보장하고 변경된 코드를 배포하는 책임을 함께 지는 데 의의가 있습니다. 안타깝게도 정적 분석 도구는 아직 개발자들의 의도가 무엇인지까지는 확실하게 이해하지 못합니다. 그래서 악의적인 코드를, 혹은 정적 분석 도구의 모든 검사를 통과하도록 구현된 '아름답게 망가진 코드'를 배포할 가능성이 여전히 있습니다.

아마도 그리 멀지 않은 미래에 발전된 AI 모델을 적용한 정적 분석 도구가 코드 리뷰를 완전히 자동화하는 데 커다란 역할을 할 것입니다. 집필 시점까지는 코드 리뷰가 여전히 개발 프로세스의 필수 단계로써 광범위하게 채택되고 있습니다.

학계에서 정적 분석 도구는 방대한 연구 주제입니다. 연구원들은 코드가 요구 조건을 만족하고 예상대로 동작함을 수학적으로 검증하기 위한 다양한 기술(정형 기법)을 고안했습니다. 코드 동작을 수학적으로 검증하는 일은 다양한 사업에서 아주 중요한 요소가 될 수 있습니다(의학이나 우주 산업에서 활용되는 소프트웨어를 생각해 보세요).

이번 장에서 코드를 검사하고 검증하는 정형 기법 모두를 다루는 건 무리입니다. 이에 대한 문헌은 많이 있으니 관심이 있다면 따로 살펴보기 바랍니다. 대신 여기서는 코틀린 생태계에 존재하는 도구들을 십분 활용할 수 있도록 코틀린용 정적 분석 도구의 종류와 예를 소개하겠습니다.

분석 도구 종류

온갖 검사와 자동화를 제공하는 정적 분석 도구가 많기 때문에, 전체 생태계를 깔끔하게 분류하기는 어렵습니다. 이번 절에서는 가장 많이 쓰이는 분류 체계를 소개하겠습니다. 대략적인 분류이며, 여러 범주에 속하는 도구도 있습니다.

포매터

코딩을 조금 해 보았다면 이미 포매터를 접해 보았을 것입니다. 포매터는 코드가 코딩 규칙[5]을 따르도록 하는 역할을 합니다. 불필요한 공백을 제거하거나 파일이 정확한 저작권 문구로 시작하는지 확인하는 등의 간단한 작업을 할 수 있습니다.

포매터가 IDE에 내장되어, 파일을 저장할 때 코드의 포맷을 자동으로 맞춰 줄 수 있게 된 지는 오래되었습니다. 포매터를 '프리티 프린터(pretty-printer)' 또는 '뷰티파이어(beautifier)'라고도 합니다.

널리 쓰이는 프로그래밍 언어들은 대부분 전용 포매터를 가지고 있습니다. 대표적인 예로는 웹의 프리티어(Prettier)[6], 고(Go) 언어의 gofmt[7]나 러스트

---

5   코틀린 프로그래밍에 자주 쓰이는 지침으로는 젯브레인의 코딩 규칙(*https://kotlinlang.org/docs/coding-conventions.html*)과 구글의 코틀린 스타일 가이드(*https://developer.android.com/kotlin/style-guide?hl=ko*)가 있습니다.
6   프리티어 홈페이지: *https://prettier.io*
7   gofmt 홈페이지: *https://go.dev/blog/gofmt*

(Rust)의 rustfmt[8] 같은 다양한 *fmt 도구가 있습니다.

다음은 대표적인 코틀린용 포매터들입니다.

- 인텔리제이의 내장 포매터
- ktlint: *https://github.com/pinterest/ktlint*
- ktfmt: *https://github.com/facebook/ktfmt*
- diktat: *https://github.com/saveourtool/diktat*

코딩 규칙을 강제하고 바이크셰딩(bikeshedding)[9]을 줄이는 일은 큰 규모의 개발 팀에게는 흔한 과제입니다.

변경된 코드 전부를 직접 눈으로 읽어가면서 약속된 패턴을 따르는지 일일이 확인하고 싶지는 않을 것입니다. 중괄호를 줄 끝에 둘지 새로운 줄로 나눌지를 논쟁하며 귀중한 시간을 낭비하고 싶지도 않을 것입니다.

포매터는 프로젝트를 처음 시작할 때 결정된 사항과 선호하는 스타일을 모든 코드에 객관적으로 적용함으로써 생산성을 높여 줍니다.

코드 품질 분석 도구

코드 품질 분석 도구는 포매터보다 더 고도화된 검사를 수행합니다. 일반적으로 코드를 트리 형태로 표현한 추상 구문 트리(Abstract Syntax Tree, AST)에서 작업을 진행합니다.

대부분의 분석 도구는 AST의 노드들을 방문하며(방문자 패턴) 특정 유형의 노드가 정해진 규칙을 잘 따르는지 확인하는 검사기를 등록해 둡니다. 예를 들어, 모든 로그 메시지를 지정된 로거를 통해서만 출력하기 위해 println 함수를 사용하지 않기로 했다고 합시다. 그렇다면 해당 검사기는 AST에서 '함수 호출' 유형의 모든 노드를 방문하며 호출자 함수가 println인지 확인하여 보고합니다.[10]

---

8 rustfmt 홈페이지: *https://github.com/rust-lang/rustfmt*
9 (옮긴이) 바이크셰딩이란 중요한 안건을 미뤄둔 채 덜 중요한 일에 대해 깊이 논의하며 시간을 허비하는 걸 말합니다.
10 이 유형의 검사에 대해 자세히 알고 싶다면 디텍트의 ForbiddenMethodCall 규칙을 참고하세요 (*https://detekt.dev/docs/rules/style/#forbiddenmethodcall*).

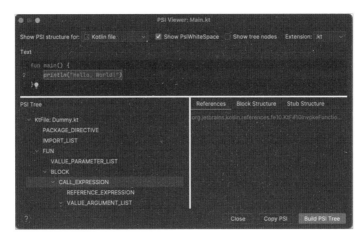

추상 구문 트리의 예입니다. 위쪽에는 간단한 코틀린 파일이 있습니다. 왼쪽 아래에는 PSI 뷰어가 코드의 PSI(Program Structure Interface, 프로그램 구조 인터페이스) 형태를 보여 줍니다. 코드에서 `println` 호출 부분은 PSI 트리의 `CALL_EXPRESSION`에 해당합니다.

AST가 제공해야 하는 정보의 양은 도구의 종류와 실행하고자 하는 검사 유형에 따라 다양합니다. 구문 정보만으로 충분할 수 있지만(예: 매개변수 이름), 더 고차원적인 검사라면 타입 정보도 필요할 수 있습니다(예: 서드파티 라이브러리가 실행하는 함수의 반환 타입).

유명한 코드 품질 분석 도구로는 자바의 Checkstyle[11], 자바스크립트의 ES-Lint[12] 등이 있습니다.

데이터 흐름 분석 도구

데이터 흐름 분석 도구는 특정 지점에서 값이 어디로부터 오고 어떤 값을 만들어낼 수 있는지를 결정할 수 있는 모델을 구축하여 작동합니다.

코드 실행은 비용이 많이 드는 작업입니다. 데이터 흐름 분석 도구는 코드 실행 없이, 코드에서 사용한 표현식을 보는 것만으로 조건과 실행 상태를 추론할 수 있습니다. 다음 코드를 봅시다.

---

11 Checkstyle 홈페이지: *https://checkstyle.org*
12 ESLint 홈페이지: *https://eslint.org*

```
val answer : String? = maybeGetTheAnswer()
if (answer != null) {
    println("The answer is $answer")
}
```

코드를 읽고 나면, if 블록 안에서 answer의 타입이 String으로 스마트 캐스팅
되어 더 이상 String?이 아니라는 것을 알 수 있습니다. != null 확인은 answer
가 가질 수 있는 값을 효과적으로 제한하여 null을 후보에서 제외시킵니다. if
문 다음 코드에서는 (혹은 else 브랜치가 있었다면 else 블록 안에서는) 가능한
값이 null로 한정됩니다.

데이터 흐름 분석 도구는 각 문장에서 가능한 값들을 계산하기 위해 적절한
프로그래밍 언어 규칙을 활용합니다. 이러한 정보를 활용하면 더 고도화된 분
석을 수행할 수 있습니다. 예를 들어, 너무 넓은 범위의 타입을 사용하고 있으
니 범위를 좁히라고 알려 줄 수 있습니다. 예를 들어, 값들이 List로만 제한된
다면 (Map과 Set까지 포함하는) Collection 대신 List를 사용하라고 권할 수 있
습니다.

코틀린 컴파일러는 스마트 캐스팅과 같은 인기 있는 기능을 제공하기 위해
내부적으로 데이터 흐름 분석 도구를 이용합니다.[13]

코드 품질 분석 도구 대부분이 데이터 흐름 분석도 수행하지만, 단지 '정적
분석 도구'라는 이름으로 홍보됩니다. 정적 분석 도구들은 실행할 검사 유형에
맞게 AST 분석과 데이터 흐름 분석을 적절히 혼용하는 게 일반적입니다.

코드 조작 도구

지금까지 소개한 모든 도구는 코드를 검사하여 부적합한 무언가를 발견하면
경고하는 역할을 했습니다. 여기서 한 단계 더 나아가, 부적합한 코드를 발견
하면 적절히 '조작(manipulation)'까지 해 주는 도구도 있습니다.

포매터는 코드의 포맷을 자동으로 바꿔 주기 때문에 코드를 조작한다고 할
수 있습니다.

---

13 '코틀린 언어 명세'의 12장 '제어 및 데이터 흐름 분석'을 읽어보면 재미있습니다(*https://kotlinlang.org/spec/control-and-data-flow-analysis.html*).

코드 품질 분석 도구도 코드를 조작할 수 있지만, 포매터가 조작하는 방식과는 다를 수 있습니다. 예를 들어, 분석 도구는 사용되지 않는 변수를 발견하면 변수를 선언한 줄을 완전히 삭제할 것입니다.

그렇지만 분석 도구에 정의된 모든 규칙을 따르게 하려면 상당량의 코드를 변경해야 하므로 분석 도구가 직접 코드를 조작하는 건 바람직하지 않습니다. 물론 때로는 코드 한 줄 또는 애너테이션 하나를 제거하는 것만으로 충분할 수 있습니다. 하지만 해결 방법이 다양해 사람의 개입 없이는 도구 스스로가 선택할 수 없는 경우도 많습니다. 게다가 새로 생성된 코드가 또 다른 규칙을 위반하거나 적절한 형태를 갖추지 못할 수도 있습니다.

이러한 이유로 정적 분석 도구가 코드를 자동으로 조작하지 않는 게 일반적입니다. 대신 위반을 했다는 경고를 띄우고 해결 방안들을 제시합니다.

내장형 vs 독립형

마지막으로, 개발자가 매일 사용하는 도구에 내장된 정적 분석 도구도 있고 독립된 소프트웨어로 배포되는 도구도 있습니다.

예를 들어, 코틀린 컴파일러는 코드를 컴파일하는 동안 문제점을 찾아 경고해 주는 정적 분석 도구를 내장하고 있습니다. 인텔리제이 IDEA는 코드를 타이핑할 때 실시간으로 동작하는 정적 도구를 내장하고 있어서 컨텍스트 메뉴를 통해 적절한 코드를 제안합니다.

반면 디텍트와 ktlint 같은 도구는 독립형입니다. 독립형 도구들은 주로 콘솔창에서 대상 소스 파일을 명시하는 방식으로 실행할 수 있습니다. 널리 쓰이는 IDE(인텔리제이 IDEA, 비주얼 스튜디오 코드 등)나 빌드 도구(그레이들 등)용 플러그인을 제공하기도 합니다. 지속적 통합 서버와 연동하거나 pre-commit 훅(커밋할 때 가장 먼저 호출되는 훅)에서 호출할 목적이라면 독립형 정적 분석 도구가 더 적합합니다.

코틀린 코드 분석 도구

이제부터는 코틀린에서 이용할 수 있는 다양한 정적 분석 도구를 살펴보겠습니다. 이 도구들이 무엇을 제공하는지 살펴보고, 여러분의 프로젝트에서 어떻게 응용할 수 있을지 고민해 보기 바랍니다.

코틀린 컴파일러

앞 절에서도 말한 것처럼, 코틀린 컴파일러는 코틀린 코드를 분석하는 멋진 시작점이 되는 정적 분석 도구를 내장하고 있습니다.

아쉽게도 코틀린 컴파일러용 커스텀 검사를 추가하기는 쉽지 않아서, 필요하다면 커스텀 코틀린 컴파일러 플러그인에 기댈 수밖에 없습니다. 게다가 특정 검사 항목을 켜고 끄기도 쉽지 않습니다. 그래서 컴파일러가 찾은 모든 경고를 받아 볼 수밖에 없습니다.[14]

코틀린 컴파일러는 포매터를 따로 내장하고 있지 않아서 코드 포매팅에는 다른 도구를 이용해야 합니다.

인텔리제이 IDEA

코틀린 컴파일러와 함께 젯브레인은 인텔리제이 IDEA의 일부로 정적 분석 도구를 제공합니다.

인텔리제이의 정적 분석 도구는 설정 UI를 제공하고 코드를 작성할 때 편집기에서 바로 제안을 하기 때문에 사용자 친화적입니다. 하지만 실행하려면 인텔리제이를 설치해야 하므로 이식하기 어렵고 지속적 통합 서버와 연동하는 용도로는 적합하지 않습니다.

인텔리제이 IDEA는 내장 포매터도 제공하여 코틀린 컴파일러와 함께 사용하기에 아주 좋습니다.

---

14 이 문제는 젯브레인 이슈 트래커에 오픈 이슈로 올라와 있습니다(*https://youtrack.jetbrains.com/issue/ KT-8087*).

ktlint

ktlint[15]는 코틀린 전용의 독립형 오픈 소스 포매터입니다. 다양한 설정이 가능하며 코드의 포맷을 손쉽게 변경할 수 있습니다. ktlint는 코틀린 커뮤니티에서 널리 쓰입니다. 커스텀 규칙을 추가해 확장할 수 있으며, 그레이들, 메이븐, 인텔리제이 등에 통합해 사용할 수 있습니다. 서드파티 플러그인을 통해 빔(Vim)에서도 이용할 수 있습니다.

ktfmt

ktfmt[16]는 코틀린 전용의 또 다른 독립형 포매터지만, 더 독선적이라고 할 수 있습니다. ktfmt는 코드 포맷을 더 엄격하게 제한하려는 의도로 만들어졌기 때문에 설정이 불가능하고 ktlint보다 확장성이 떨어집니다. 서드파티 플러그인을 사용하면 인텔리제이, 그레이들, 메이븐과 쉽게 통합할 수 있습니다.

안드로이드 린트

안드로이드 린트(Android Lint)[17]는 안드로이드 개발용 정적 분석 도구입니다. 안드로이드에 특화된 검사를 수행하기 때문에 자바와 코틀린 파일뿐 아니라 그레이들 파일과 XML 파일 등 다양한 안드로이드 관련 파일들을 검사합니다. 안드로이드 스튜디오에 기본으로 내장되어 있으므로 안드로이드 프로젝트에서 정적 분석을 수행하려는 개발자에게 최선의 선택일 수 있습니다.

안드로이드 스튜디오는 내장된 안드로이드 린트를 코드 조작에도 활용합니다. 바로 퀵 픽스(quick fix)라는 기능입니다. 문제가 있는 코드 위에 작은 툴팁을 보여 주고, 툴팁에 제시된 선택지 중 사용자가 고른 방식대로 코드를 즉시 변경해 줍니다.

안드로이드 린트에도 커스텀 검사기를 추가해 기능을 확장할 수 있으며, 안드로이드 스튜디오를 설치하지 않고도 그레이들과 연동시키거나 독립형 도구로 실행할 수 있습니다.

---

15 ktlint 홈페이지: *https://pinterest.github.io/ktlint/*
16 ktfmt 홈페이지: *https://facebook.github.io/ktfmt/*
17 안드로이드 린트 설명 페이지: *https://developer.android.com/studio/write/lint?hl=ko*

디텍트

디텍트는 코틀린용 독립형 정적 분석 도구입니다. 안드로이드 린트와 달리 코틀린에 집중한 범용 도구입니다. 자바 코드는 검사할 수 없지만, 코틀린 프로젝트라면 어디에든 쉽게 적용할 수 있습니다.

디텍트는 커뮤니티 주도로 만들어지는 오픈 소스 도구이며, 집필 시점 기준으로 약 300개의 검사를 제공하고 있습니다. 기존 프로젝트에 포함할 수 있도록 그레이들 플러그인과 코틀린 컴파일러 플러그인을 우선하여 제공합니다. 인텔리제이 IDEA, 메이븐, 바젤(Bazel) 등과도 쉽게 연동할 수 있습니다.

디텍트의 핵심적인 특징은 커스텀 규칙을 작성하여 원하는 검사를 쉽게 추가할 수 있는 확장성입니다. 다음 절에서는 디텍트에서 규칙을 설정하고 커스터마이즈하는 방법을 자세히 알아보겠습니다.

디텍트 설정하기

지금부터는 여러분의 프로젝트에서 디텍트(detekt)를 활용하는 방법을 구체적인 예와 함께 알아볼 것입니다. 특별히 디텍트를 선정한 이유는 바로 뛰어난 유연성 덕분입니다. 이번 절에서는 설정하는 법을, 다음 절에서는 커스텀 규칙을 작성하는 법을 배울 것입니다.

먼저 그레이들 프로젝트에서 디텍트를 설정해 봅시다. 문제를 단순화하기 위해 그레이들이 이미 하나의 모듈을 정상적으로 빌드하도록 설정되어 있다고 가정합니다.

디텍트를 설정하려면 build.gradle.kts 파일을 다음과 같이 수정해야 합니다.

```
plugins {
    kotlin("jvm") version "..."
    // 다음 줄을 추가하세요.
    id("io.gitlab.arturbosch.detekt") version "..."
}
```

프로젝트에 디텍트 그레이들 플러그인(Detekt Gradle Plugin)을 추가했습니다. 프로젝트의 기본 설정으로 디텍트를 설정하는 건 이 한 줄로 충분합니다.

콘솔 창에서 build 그레이들 태스크를 실행하면 실제 빌드가 되는 것을 확인할 수 있습니다.

```
$ ./gradlew build

BUILD SUCCESSFUL in 549ms
```

./gradlew detekt 명령으로 detekt 태스크를 직접 실행할 수도 있습니다.

다음 코드가 담긴 간단한 파일을 대상으로 디텍트를 실행해 보겠습니다.

```
fun main() {
    println(42)
}
```

결과는 다음과 같습니다.

```
$ ./gradlew build

> Task :example:detekt FAILED
/tmp/example/src/main/java/Main.kt:2:11:
    This expression contains a magic number. Consider
    defining it to a well named constant. [MagicNumber]

[...]
BUILD FAILED in 470ms
```

결과를 보면 디텍트는 숫자 42를 '매직 넘버'라 판단하여 '유의하라'는 메시지를 출력했습니다. 매직 넘버란 값만으로는 의미가 명확하지 않기 때문에 적절한 이름이 있는 상수로 추출해야 하는 숫자입니다.

위반 사항의 ID는 대괄호로 감싸 알려 줍니다. 앞의 예에서는 MagicNumber가 바로 ID입니다. ID는 다음과 같은 이유 때문에 중요합니다.

• 검사를 실행한 규칙의 이름입니다. 디텍트 웹사이트에서 ID로 해당 검사에 대한 자세한 정보를 찾아볼 수 있습니다.
• 규칙을 위반한 문장 바로 위에 @Suppress("MagicNumber") 식으로 애너테이션을 붙여 해당 검사를 수행하지 않을 수 있습니다.
• 설정 파일에서 ID를 사용해 디텍트가 여러분만의 코드 스타일을 반영하도

록 할 수 있습니다.

지금까지는 디텍트가 제공하는 다양한 검사 중 매우 단순한 에 하나만 살짝 맛
보았습니다. 이제부터는 나머지 검사들을 자세하게 살펴봅시다.

디텍트 규칙과 규칙셋

디텍트는 집필 시점 기준으로 200개 가까운 검사를 제공하는데, 이 각각을 규
칙(rule)이라고 합니다. 모든 규칙을 기억하기는 어려우므로, 목적이 같은 규칙
들을 묶어 **규칙셋**(ruleset)으로 묶어 관리합니다.

어떤 규칙셋이 있는지 가볍게 살펴봅시다.

- 주석(comments): 함수와 클래스가 잘 문서화되도록 도와주는 규칙들
- 복잡도(complexity): 불필요한 문장이나 복잡한 코드를 보고하는 규칙들
  (예: 일반적인 범주를 벗어나는 큰 메서드나 인터페이스)
- 코루틴(coroutines): 코루틴 사용 시의 잠재적인 문제를 보고하는 규칙들
  (예: GlobalScope를 이용하는 등의 안티패턴)
- 빈-블록(empty-blocks): 빈 블록이나 빈 함수 본문을 알려 주는 규칙들
- 예외(exceptions): 예외를 던지고 잡는 방식을 검사하는 규칙들
- 라이브러리(libraries): 라이브러리 제작자가 API를 잘 작성할 수 있도록 도
  와주는 규칙들
- 이름(naming): 명명 규칙[18]을 코드 전반에 강제하는 규칙들
- 성능(performance): 코드에 잠재적인 성능 회귀[19]가 있는지 알려 주는 규
  칙들
- 잠재적-버그(potential-bugs): 잠재적인 버그나 비정상 종료로 이어질 수 있
  는 코드를 알려 주는 규칙들
- 규칙작성자(ruleauthors): 디텍트 규칙을 잘 작성할 수 있도록 도와주는 규

---

18 (옮긴이) 명명 규칙(naming convention)이란 프로그래밍에서 변수, 함수, 클래스, 파일 등의 이름을
정하는 규칙이나 관례를 말합니다.
19 (옮긴이) 성능 회귀(performance regression)란 소프트웨어가 여전히 올바르게 작동하지만 이전보
다 더 느리게 수행되거나 더 많은 자원을 사용하는 상황을 말합니다.

칙들

- 스타일(style): 코드 스타일과 형식을 확인하고 불필요한 코드를 알려 주는 규칙들

이중 잠재적-버그는 디텍트에서 규모가 큰 규칙셋에 속하며, 가장 자주 쓰이는 규칙이 다수 포함되어 있습니다. 《코틀린 아카데미: 이펙티브 코틀린》의 '아이템 1: 가변성을 제한하라'에 착안하여 만들어진 `DontDowncastCollectionTypes`가 대표적인 예입니다.[20]

이상의 규칙셋 외에도, 특정 목적을 위해 커뮤니티에서 개발한 다양한 서드파티 규칙들이 디텍트 마켓플레이스[21]에서 공유되고 있습니다. 예를 들어, 젯팩 컴포즈에 특화된 규칙을 모아둔 'Jetpack Compose Rules'라는 규칙셋이 있습니다.

디텍트 설정 바꾸기

대부분의 경우 디텍트를 기본 설정대로 사용해도 충분합니다. 모든 규칙이 켜져 있지는 않으며, 많은 규칙이 다양한 사용자가 이용하기 적합하도록 설정되어 있습니다. 하지만 일부 규칙을 추가로 켜고 끄거나 커스터마이즈하고 싶은 경우가 있습니다. 이럴 때는 여러분이 따로 YAML 설정 파일을 디텍트에 제공해야 합니다.

YAML 설정 파일을 만드는 가장 간단한 방법을 살펴봅시다. 먼저 다음과 같이 그레이들로 `detektGenerateConfig` 태스크를 실행하여 디텍트가 YAML 파일을 생성하게 합니다.

```
$ ./gradlew detektGenerateConfig

> Task :example:detektGenerateConfig
Successfully copied default config to
    /tmp/example/config/detekt/detekt.yml

BUILD SUCCESSFUL in 473ms
```

---

20 DontDowncastCollectionTypes 규칙 상세 정보: *https://detekt.dev/docs/rules/potential-bugs#dont downcastcollectiontypes*
21 디텍트 마켓플레이스: *https://detekt.dev/marketplace/*

```
1 actionable task: 1 executed
```

콘솔 창에서 보이는 경로에 디텍트의 기본 설정을 그대로 복사한 설정 파일이
만들어집니다. 이 파일의 내용은 다음과 같습니다.

```
...
comments:
    active: true
    AbsentOrWrongFileLicense:
        active: false
        licenseTemplateFile: 'license.template'
        licenseTemplateIsRegex: false
style:
    active: true
    MagicNumber:
        ignorePropertyDeclaration: true
        ignoreAnnotation: true
        ignoreEnums: true
        ignoreNumbers:
            - '-1'
            - '0'
            - '1'
...
```

규칙들은 규칙셋으로 그룹화되어 있고, 각각의 active 키로 켜거나 끌 수 있습
니다. 예를 들어, AbsentOrWrongFileLicense 규칙은 기본적으로 꺼져 있는데,
활성화하려면 여러분이 licenseTemplateFile을 제공해야 하기 때문입니다.

점진적 채택

디텍트를 대규모 프로젝트에 처음 적용하면 너무나 많은 위반 사항을 보고하
는 걸 보게 될 것입니다. 모든 것을 한번에 고치기는 비현실적일 수 있으니, 디
텍트의 규칙들을 점진적으로 채택하는 전략을 추천합니다.

설정 파일을 사용해 일부 규칙을 끌 수 있습니다. 하지만 꺼진 규칙은 새로
추가되는 코드에도 적용되지 않는다는 부작용이 있습니다.

다행히 베이스라인(baseline)이라는 더 현명한 방법이 있습니다. 베이스라인
은 디텍트를 실행한 결과의 스냅샷으로, 디텍트를 다음번에 수행할 때 앞서 수

행한 검사들을 무시하도록 합니다. 베이스라인은 두 단계로 사용합니다.

먼저 detektBaseline 태스크로 베이스라인을 생성합니다. 디텍트가 실행되어 검사한 파일 이름, 검사된 코드의 위치, 모든 검사 결과를 XML 형태로 저장한 베이스라인 파일을 만들어 줍니다.

이어서 평상시처럼 detekt 명령을 실행하면 됩니다. 그러면 베이스라인에 포함된 문제들은 제외하고 새로운 문제들만 보고합니다.

다음은 간단한 프로젝트를 검사하여 만든 베이스라인 파일의 예입니다.

```
<SmellBaseline>
    <ManuallySuppressedIssues/>
    <CurrentIssues>
        <ID>ImplicitUnitReturnType:HelloWorld.kt$Hello$fun
            aFunctionWithImplicitUnitReturnType()</ID>
    </CurrentIssues>
</SmellBaseline>
```

베이스라인은 다른 정적 분석 도구에서도 흔하게 사용되며, 여러분의 코드에 규칙들을 점진적으로 도입하도록 도와주는 훌륭한 기법입니다. 레거시 코드를 다루거나 거대한 프로젝트에 참여할 때도 유용합니다.

첫 번째 디텍트 규칙 작성하기

디텍트의 기본적인 사용법을 배웠으니 이번에는 나만의 검사를 실행하는 커스텀 규칙을 작성하는 방법을 알아보겠습니다.

규칙 프로젝트 설정하기

새로운 디텍트 규칙을 빠르게 만들 수 있도록, 커스텀 규칙 작성용 공식 템플릿이 준비되어 있습니다.

• 커스텀 규칙용 템플릿 프로젝트: *https://github.com/detekt/detekt-custom-rule-template*

템플릿 프로젝트에는 새로운 규칙을 만들기 위해 필요한 모든 파일이 담겨 있습니다. 핵심적인 파일은 다음과 같습니다.

- src/main/kotlin/org/example/detekt/MyRule.kt: 규칙을 구현할 코드입니다. 여기서 검사 로직을 수행하게 됩니다.
- src/main/kotlin/org/example/detekt/MyRuleSetProvider.kt: 규칙셋을 작성할 코드입니다. 규칙은 규칙셋에 속해 있어야 사용할 수 있습니다. 규칙셋은 다수의 커스텀 규칙을 담아 함께 배포할 수 있게 합니다.
- src/main/resources/config/config.yml: 규칙의 기본 설정 파일입니다. 커스텀 규칙에 기본 설정을 제공합니다.

참고로, 디텍트는 자바 서비스 프로바이더 API(Java Service Provider API)를 사용합니다. 그래서 규칙셋을 찾아내려면 src/main/resources/META-INF/services 폴더 안의 파일들도 필요합니다. 또한 템플릿 프로젝트에는 작성한 규칙을 검증할 수 있는 테스트도 두 개 포함되어 있습니다.

규칙 구현하기

커스텀 규칙을 작성하는 가장 좋은 전략은 테스트 주도 개발(Test-driven Development, TDD)입니다.

코드에서 System.out.println을 발견하면 코틀린의 println으로 대체하라고 제안하는 규칙을 작성해 봅시다. 다음 코드에 적용하면 함수 본문의 첫 번째 문장은 문제가 있다고 판단하고 두 번째 문장은 통과할 것입니다.

```
fun main() {
    // 규칙을 준수하지 않습니다.
    System.out.println("Hello")

    // 규칙을 준수합니다.
    println("World!")
}
```

src/test/kotlin/org/example/detekt/MyRuleTest.kt 파일을 열고 목적에 맞게 테스트 코드를 구현해 봅시다. 다음처럼 작성하면 됩니다.

```
@KotlinCoreEnvironmentTest
```

```
internal class MyRuleTest(
    private val env: KotlinCoreEnvironment
) {
    @Test
    fun `reports usages of System_out_println`() {
        val code = """
            fun main() {
                System.out.println("Hello")
            }
        """.trimIndent()

        val findings = MyRule(Config.empty)
            .compileAndLintWithContext(env, code)

        findings shouldHaveSize 1
    }

    @Test
    fun `does not report usages Kotlin's println`() {
        val code = """
            fun main() {
                println("Hello")
            }
        """.trimIndent()

        val findings = MyRule(Config.empty)
            .compileAndLintWithContext(env, code)

        findings shouldHaveSize 0
    }
}
```

이처럼 테스트는 규칙의 모든 요구 조건을 선언 방식으로 정의할 수 있도록 해
줍니다. 게다가, 규칙을 문서화하는 멋진 방법이기도 합니다. 다른 개발자가
이 테스트를 보고 검사를 통과하는 코드와 그렇지 못하는 코드를 즉시 파악할
수 있기 때문입니다.

이 테스트들을 수행하면 둘 다 실패할 것입니다. 이제 MyRule.kt 파일을 열
어 규칙을 코드로 작성해 봅시다. 템플릿에 포함된 MyRule.kt 파일의 기본 모
습은 다음과 같습니다.

```
class MyRule(config: Config) : Rule(config) {
```

```
    override val issue = Issue(
        javaClass.simpleName,
        Severity.CodeSmell,
        "Custom Rule",
        Debt.FIVE_MINS,
    )

    override fun visitClass(klass: KtClass) {
        // ...
    }
}
```

코드를 살펴봅시다. 먼저 디텍트가 제공하는 클래스인 Rule을 확장했습니다. 생성자에서 받는 Config 매개변수로 설정 파일에 접근할 수 있습니다.

Rule은 추상 클래스이며, 확장할 때 issue 프로퍼티를 구현해야 합니다. issue는 규칙이 현재 보고하는 사안을 뜻하며, 에러 메시지와 사안의 중대성에 관한 정보가 담겨 있습니다. 각각의 규칙은 사안을 하나 이상 보고할 수 있습니다.

디텍트는 코드를 분석하여 추상 구문 트리를 만들어 줍니다. 추상 구문 트리는 visit* 형태의 메서드를 오버라이딩하여 확인할 수 있습니다. 템플릿에서 기본으로 구현해 둔 visitClass 메서드는 각각의 class 선언문을 검사할 수 있게 합니다.

우리가 만들 규칙은 표현식을 검사하도록 설계되어 있으므로 visitClass 대신 visitDotQualifiedExpression을 구현해야 합니다.[22] 다음 코드처럼 작성하면 됩니다.

```
class MyRule(config: Config) : Rule(config) {
    override val issue = // ...

    override fun visitDotQualifiedExpression(
        expression: KtDotQualifiedExpression
    ) {
        super.visitDotQualifiedExpression(expression)
```

---

22 visitDotQualifiedExpression 메서드의 이름 중 '점 주소 표현식(dot-qualified expression)'은 메서드를 전체 주소 이름으로 호출하는 경우처럼 점(.)을 포함하는 표현식을 의미합니다. 이번 규칙에서 찾고자 하는 System.out.println은 메서드의 전체 주소 이름인 java.lang.System.out.println은 아니지만, AST에서는 점 주소 표현식으로 취급합니다.

```
        if (expression.text.startsWith("System.out.println")) {
            report(CodeSmell(
                issue,
                Entity.from(expression),
                "Use Kotlin stdlib's println instead.",
            ))
        }
    }
}
```

이 메서드는 표현식이 System.out.println으로 시작하는지 확인합니다. 만약 그렇다면, 디텍트의 report 함수를 호출하여 사안을 보고합니다. 이때 에러 메시지는 물론 위반한 코드의 줄 번호와 열 정보도 함께 전달할 수 있습니다.

참고로 메서드 본문 처음의 visit... 문장은 슈퍼클래스가 구현한 메서드를 호출합니다. 방문자 패턴을 유지하기 위해 필요하며, 상속을 이용할 때 일반적으로 권장하는 방식입니다.

테스트를 다시 실행하면 이번에는 통과하는 모습을 볼 수 있습니다. 규칙을 정확하게 구현했다는 뜻입니다.

규칙을 더 작성하다 보면 테스트 주도 개발이 왜 좋은지 느껴질 것입니다. 여러분의 코드 조각에서 검사하려는 사항을 선언하고, 모든 테스트가 초록색이 되도록 규칙을 구현하면 됩니다.

규칙 사용하기

규칙을 작성하고 테스트까지 마쳤으니, 배포하여 다른 사람이 사용할 수 있게 해야 합니다.

메이븐 리포지터리[23]에 규칙을 퍼블리시해야 하며, 다른 그레이들 프로젝트의 의존성처럼 사용할 수 있어야 합니다. 단, implementation 의존성이 아닌 detektPlugin 의존성을 사용해야 합니다.

```
plugins {
    kotlin("jvm") version "..."
```

---

[23] 반드시 메이븐 센트럴(Maven Central) 같은 원격 리포지터리에 퍼블리시할 필요는 없습니다. 테스트할 때는 메이븐 로컬(Maven Local)이나 사내 리포지터리를 이용해도 충분합니다.

```
        id("io.gitlab.arturbosch.detekt") version "..."
}

dependencies {
    detektPlugin("org.example:detekt-custom-rule:...")
}
```

배포된 규칙을 이용하려면 각 사용자가 설정 파일에서 해당 규칙을 활성화해야 합니다.

```
...
MyRuleSet:
    MyRule:
        active: true
...
```

그런 다음 디텍트를 평소처럼 실행하면 다음과 같은 검사 결과를 얻을 수 있습니다.

```
$ ./gradlew build

> Task :example:detekt FAILED
/tmp/example/src/main/java/Main.kt:2:11:
    Use Kotlin stdlib's println instead. [MyRule]

[...]
BUILD FAILED in 470ms
```

타입 분석을 포함하는 규칙

지금까지 만든 규칙은 구문 정보만 이용하여 코드를 단순한 텍스트로 취급했습니다. 규칙을 처음 만들고 활용해 보기에는 이 정도면 훌륭합니다. 하지만 검사를 더 정밀하게 수행하려면 타입 정보를 담고 있는 추상 구문 트리를 이용해야 합니다. 현재의 구현 방식으로는 대상 코드에서 호출한 `System.out.println`이 `java.lang` 패키지의 클래스가 아닌, 프로젝트에 꼭 필요하여 새로 구현한 또 다른 System 클래스의 메서드가 아니라고 보장할 수 없습니다.

추상 구문 트리를 이용하려면 더 고급 규칙을 사용해야 합니다. 고급 규칙은 파일 하나가 아니라, 프로젝트 전체를 대상으로 한 컴파일 타임 정보를 모두 활용할 수 있습니다. 즉, 코틀린 컴파일러가 모든 선언문과 식별자에 대해 만들어 둔 타입 정보를 이용할 수 있습니다. 컴파일러나 PSI API의 상세 내용은 상당히 방대한 주제라서 제대로 다루려면 책 한 권을 별도로 쓸 수 있을 정도입니다. 그래서 아쉽지만 이 책에서는 더 깊이 소개하지 않겠습니다.

디텍트 코드베이스에서 다양한 고급 규칙의 예를 찾을 수 있으니, 여러분만의 멋진 규칙을 작성하기 위한 아이디어를 얻는 원천으로 활용하기 바랍니다.

요약

이번 장에서는 정적 분석 도구가 무엇인지, 그리고 어떤 유형의 분석을 할 수 있는지 살펴봤습니다. 포매터, 코드 품질 분석 도구, 데이터 흐름 분석 도구, 그 외 분석 도구가 어떻게 다른지 보았습니다.

코틀린 생태계에는 온갖 기능을 제공하는 도구가 넘쳐나며, 대다수 프로젝트에서 활용할 수 있습니다. 코틀린 컴파일러와 인텔리제이 IDEA처럼 언어 제작사가 직접 만든 도구도 있으며, 디텍트처럼 커뮤니티에서 개발한 도구도 있습니다.

디텍트를 프로젝트에 통합하는 방법, 디텍트 설정 파일과 베이스라인 기능을 활용해 수많은 규칙을 프로젝트에 점진적으로 채택하는 방법을 배웠습니다.

정적 분석 도구의 강력함은 확장성에서 나오기 때문에 커스텀 디텍트 규칙을 작성하는 방법도 보여 드렸습니다.

마치며

축하합니다! 드디어 이 책의 여정을 모두 마치셨습니다. 정말 감동입니다! 이 책의 리뷰어와 저만 여기까지 읽지 않을까 걱정했지만, 여러분 덕분에 프로그래밍 커뮤니티의 미래가 더욱 밝아질 거라는 기대를 품게 되었습니다. 이제 여러분이 배운 지식을 프로젝트에 적용할 시간입니다. 유용한 라이브러리나 놀라운 애플리케이션을 작성할 수도 있고, 다른 개발자들과 고급 코틀린 지식을 공유할 수도 있습니다. 여러분이 무엇을 하든 행운이 함께 하길 바라며, 재미있게 개발할 수 있기를 바랍니다.

　다음에 읽을 개발 서적을 고민하고 있다면 코틀린의 모범 사례를 담은 《이펙티브 코틀린》을 추천합니다. 잠시 휴식이 필요하다면, 그렇게 하세요. 여러분에게는 휴식을 취할 만한 자격이 있습니다.

연습문제 해답

(1장) 제네릭 타입 사용

컴파일에 실패하는 줄은 X로 표시했습니다.

```kotlin
fun takeIntList(list: List<Int>) {}
takeIntList(listOf<Any>())      X
takeIntList(listOf<Nothing>())

fun takeIntMutableList(list: MutableList<Int>) {}
takeIntMutableList(mutableListOf<Any>())      X
takeIntMutableList(mutableListOf<Nothing>())  X

fun takeAnyList(list: List<Any>) {}
takeAnyList(listOf<Int>())
takeAnyList(listOf<Nothing>())

class BoxOut<out T>
fun takeBoxOutInt(box: BoxOut<Int>) {}
takeBoxOutInt(BoxOut<Int>())
takeBoxOutInt(BoxOut<Number>())  X
takeBoxOutInt(BoxOut<Nothing>())

fun takeBoxOutNumber(box: BoxOut<Number>) {}
takeBoxOutNumber(BoxOut<Int>())
takeBoxOutNumber(BoxOut<Number>())
takeBoxOutNumber(BoxOut<Nothing>())

fun takeBoxOutNothing(box: BoxOut<Nothing>) {}
takeBoxOutNothing(BoxOut<Int>())      X
takeBoxOutNothing(BoxOut<Number>())   X
takeBoxOutNothing(BoxOut<Nothing>())

fun takeBoxOutStar(box: BoxOut<*>) {}
```

```
takeBoxOutStar(BoxOut<Int>())
takeBoxOutStar(BoxOut<Number>())
takeBoxOutStar(BoxOut<Nothing>())

class BoxIn<in T>
fun takeBoxInInt(box: BoxIn<Int>) {}
takeBoxInInt(BoxIn<Int>())
takeBoxInInt(BoxIn<Number>())
takeBoxInInt(BoxIn<Nothing>())   X
takeBoxInInt(BoxIn<Any>())
```

(1장) 제네릭 응답

```
sealed class Response<out R, out E>
class Success<out R>(val value: R) : Response<R, Nothing>()
class Failure<out E>(val error: E) : Response<Nothing, E>()
```

(1장) 제네릭 컨슈머

```
abstract class Consumer<in T> {
    abstract fun consume(elem: T)
}

class Printer<in T> : Consumer<T>() {
    override fun consume(elem: T) {
        // ...
    }
}

class Sender<in T> : Consumer<T>() {
    override fun consume(elem: T) {
        // ...
    }
}
```

(2장) ApplicationScope

```
class ApplicationScope(
    private val scope: CoroutineScope,
```

```
    private val applicationScope: ApplicationControlScope,
    private val loggingScope: LoggingScope,
) : CoroutineScope by scope,
    ApplicationControlScope by applicationScope,
    LoggingScope by loggingScope
```

(3장) Lateinit 위임자 구현

순진하게 생각하면 값이 초기화되지 않았다는 의미로 null을 할당할 수도 있습니다. 하지만 널 가능한 타입에서는 제대로 동작하지 않습니다.

```
// 널 가능한 타입에서는 제대로 동작하지 않는 방법
class Lateinit<T>: ReadWriteProperty<Any?, T> {
    var value: T? = null

    override fun getValue(
        thisRef: Any?,
        property: KProperty<*>
    ): T =
        value ?: error("... property ${property.name}")

    override fun setValue(
        thisRef: Any?,
        property: KProperty<*>,
        value: T
    ) {
        this.value = value
    }
}
```

 '...'를 '초기화되지 않은 lateinit'으로 바꿔야 합니다.

(null 값 대신) 초기화되지 않았음을 표현하는 다른 방법을 사용하는 것이 올바른 해답입니다. 다른 프로퍼티, 특별한 플래그 또는 객체가 될 수 있습니다.

```
class Lateinit<T>: ReadWriteProperty<Any?, T> {
    var value: T? = null
    var isInitialized = false

    override fun getValue(
        thisRef: Any?,
```

```
        property: KProperty<*>
    ): T {
        if (!isInitialized) {
            error("... property ${property.name}" )
        }
        return value as T
    }

    override fun setValue(
        thisRef: Any?,
        property: KProperty<*>,
        value: T
    ) {
        this.value = value
        this.isInitialized = true
    }
}
```

> ✅ 이 해답은 스레드 안전하지 않습니다. 두 스레드가 값을 동시에 설정하려 시도하면 한 스레
> 드가 쓴 값을 다른 스레드가 덮어 쓸 수 있습니다. 스레드 안전하게 만들려면 synchronized
> 블록을 사용하면 됩니다.

```
class Lateinit<T>: ReadWriteProperty<Any?, T> {
    var value: Any? = NOT_INITIALIZED

    override fun getValue(
        thisRef: Any?,
        property: KProperty<*>
    ): T {
        if (value == NOT_INITIALIZED) {
            error("... property ${property.name}" )
        }
        return value as T
    }

    override fun setValue(
        thisRef: Any?,
        property: KProperty<*>,
        value: T
    ) {
        this.value = value
    }
```

```
    companion object {
        val NOT_INITIALIZED = Any()
    }
}

class Lateinit<T> : ReadWriteProperty<Any?, T> {
    var value: ValueHolder<T> = NotInitialized

    override fun getValue(
        thisRef: Any?,
        property: KProperty<*>
    ): T = when (val v = value) {
        NotInitialized ->
            error("... property ${property.name}" )
        is Value -> v.value
    }

    override fun setValue(
        thisRef: Any?,
        property: KProperty<*>,
        value: T
    ) {
        this.value = Value(value)
    }
    sealed interface ValueHolder<out T>
    class Value<T>(val value: T) : ValueHolder<T>
    object NotInitialized : ValueHolder<Nothing>
}
```

(3장) 블로그 포스트 프로퍼티

```
data class BlogPost(
    val title: String,
    val content: String,
    val author: Author,
) {
    // 이 프로퍼티는 블로그 포스트마다 평균 한 번 이상 필요하고
    // 계산 비용이 크지 않기 때문에
    // 값으로 정의하는 것이 가장 좋습니다.
    val authorName: String =
        "${author.name} ${author.surname}"

    // 이 프로퍼티는 블로그 포스트마다 평균 한 번 이상 필요하고
    // 계산 비용이 크기 때문에
```

```
    // lazy로 정의하는 것이 가장 좋습니다.
    val wordCount: Int by lazy {
        content.split("\\s+").size
    }

    // 이 프로퍼티는 블로그 포스트마다 평균 한 번 이하로 필요하고
    // 계산 비용이 크지 않기 때문에
    // 게터로 정의하는 것이 가장 좋습니다.
    val isLongRead: Boolean
        get() = content.length > 1000

    // 계산하는 비용이 아주 큰 프로퍼티이므로
    // lazy로 정의하는 것이 가장 좋습니다.
    val summary: String by lazy {
        generateSummary(content)
    }

    private fun generateSummary(content: String): String =
        content.take(100) + "..."
}
```

(3장) 뮤터블 lazy 위임자

```
fun <T> mutableLazy(
    initializer: () -> T
): ReadWriteProperty<Any?, T> = MutableLazy(initializer)

private class MutableLazy<T>(
    private var initializer: (() -> Any?)? = null,
): ReadWriteProperty<Any?, T> {

    private var value: Any? = null

    override fun getValue(
        thisRef: Any?,
        property: KProperty<*>
    ): T {
        if (initializer != null) {
            value = initializer?.invoke()
            initializer = null
        }
        return value as T
    }
```

```
        override fun setValue(
            thisRef: Any?,
            property: KProperty<*>,
            value: T
        ) {
            this.value = value
            this.initializer = null
        }
}
```

 이 방법은 스레드 안전하지 않습니다. 스레드 안전을 보장하는 가장 간단한 방법은
synchronized 블록을 사용하는 것입니다. AtomicReference와 compareAndSet 함수
를 사용하면 효율을 개선할 수 있습니다.

(4장) 코루틴 시간 측정

```
@OptIn(ExperimentalContracts::class)
suspend fun measureCoroutine(
    body: suspend () -> Unit
): Duration {
    contract {
        callsInPlace(body, InvocationKind.EXACTLY_ONCE)
    }
    val dispatcher = coroutineContext[ContinuationInterceptor]
    return if (dispatcher is TestDispatcher) {
        val before = dispatcher.scheduler.currentTime
        body()
        val after = dispatcher.scheduler.currentTime
        after - before
    } else {
        measureTimeMillis {
            body()
        }
    }.milliseconds
}
```

(5장) 코틀린 코드를 자바에서 이용할 수 있도록 다듬기

```kotlin
@file:JvmName("MoneyUtils")
package advanced.java

import java.math.BigDecimal

data class Money @JvmOverloads constructor(
    val amount: BigDecimal = BigDecimal.ZERO,
    val currency: Currency = Currency.EUR,
) {
    companion object {
        @JvmStatic
        fun eur(amount: String) =
            Money(BigDecimal(amount), Currency.EUR)

        @JvmStatic
        fun usd(amount: String) =
            Money(BigDecimal(amount), Currency.USD)

        @JvmField
        val ZERO_EUR = eur("0.00")
    }
}

@JvmName("sumMoney")
fun List<Money>.sum(): Money? {
    if (isEmpty()) return null
    val currency = this.map { it.currency }.toSet().single()
    return Money(
        amount = sumOf { it.amount },
        currency = currency
    )
}

operator fun Money.plus(other: Money): Money {
    require(currency == other.currency)
    return Money(amount + other.amount, currency)
}

enum class Currency {
    EUR, USD
}
```

(6장) 멀티플랫폼에서의 LocalDateTime

코틀린/JVM 코드:

```
import java.time.LocalDateTime as JavaLocalDateTime

actual typealias LocalDateTime = java.time.LocalDateTime

actual fun now(): LocalDateTime = JavaLocalDateTime.now()

actual fun parseLocalDateTime(str: String): LocalDateTime =
    JavaLocalDateTime.parse(str)
```

코틀린/JS 코드:

```
import kotlin.js.Date

actual class LocalDateTime(
    val date: Date = Date(),
) {
    actual fun getSecond(): Int = date.getSeconds()

    actual fun getMinute(): Int = date.getMinutes()

    actual fun getHour(): Int = date.getHours()

    actual fun plusSeconds(seconds: Long): LocalDateTime =
        LocalDateTime(Date(date.getTime() + seconds * 1000))
}

actual fun now(): LocalDateTime = LocalDateTime()

actual fun parseLocalDateTime(str: String): LocalDateTime =
    LocalDateTime(Date(Date.parse(str)))
```

(7장) 코틀린/JVM 프로젝트를 KMP로 이전하기

먼저 build.gradle.kts 설정 파일을 코틀린 멀티플랫폼으로 변경해야 하므로, kotlin("jvm") 플러그인을 kotlin("multiplatform")으로 바꿔야 합니다. 그런 다음에 대상 플랫폼을 설정합니다. 다음은 설정 파일의 예입니다.

```
plugins {
    kotlin("multiplatform") version "1.8.0"
    application
}

group = "org.example"
version = "1.0-SNAPSHOT"

repositories {
    mavenCentral()
}

kotlin {
    jvm {
        withJava()
    }
    js(IR) {
        moduleName = "sudoku-generator"
        browser()
        binaries.library()
    }
    sourceSets {
        val commonMain by getting {
            dependencies {
                implementation(
                    "org.jetbrains.kotlinx:kotlinx-coroutines-core:1.6.4")
            }
        }
        val commonTest by getting {
            dependencies {
                implementation(kotlin("test"))
            }
        }
        val jvmMain by getting
        val jvmTest by getting
        val jsMain by getting
        val jsTest by getting
    }
}
```

이제 src/main/kotlin 폴더의 모든 코드를 src/commonMain/kotlin 폴더로 옮기고, src/test/kotlin 폴더의 모든 테스트는 src/commonTest/kotlin 폴더로 옮깁니다.

각 테스트에서 테스트 애너테이션을 kotlin-test 라이브러리의 애너테이션으로 바꿉니다.

src/jsMain/kotlin 폴더를 만들고 그 안에 SudokuGeneratorJs.kt 파일을 생성합니다. SudokuGenerator.kt는 다음 코드처럼 구현할 수 있습니다.

```kotlin
@file:OptIn(ExperimentalJsExport::class)

import generator.SudokuGenerator
import solver.SudokuSolver

@JsExport
@JsName("SudokuSolver")
class SudokuSolverJs {
    private val generator = SudokuGenerator()
    private val solver = SudokuSolver()
    fun generateSudoku() = generator
        .generate(solver)
        .let {
            Sudoku(it.solved.toJs(), it.sudoku.toJs())
        }
}

@JsExport
class Sudoku(
    val solved: Array<Array<Int?>>,
    val sudoku: Array<Array<Int?>>
)

fun SudokuState.toJs(): Array<Array<Int?>> = List(9) { row ->
    List(9) { col ->
        val cell = this.cells[SudokuState.Position(row, col)]
        when (cell) {
            is SudokuState.CellState.Filled -> cell.value
            is SudokuState.CellState.Empty, null -> null
        }
    }.toTypedArray()
}.toTypedArray()
```

(8장) 함수 호출자

```
class FunctionCaller {
    private var values: MutableMap<KType, Any?> =
        mutableMapOf()

    inline fun <reified T> setConstant(value: T) {
        setConstant(typeOf<T>(), value)
    }

    fun setConstant(type: KType, value: Any?) {
        values[type] = value
    }

    fun <T> call(function: KFunction<T>): T {
        val args = function.parameters
            .filter { param ->
                values.containsKey(param.type)
            }
            .associateWith { param ->
                val type = param.type
                val value = values[type]
                require(param.isOptional || value != null) {
                    "No value for $type"
                }
                value
            }
        return function.callBy(args)
    }
}
```

(8장) 객체를 JSON으로 직렬화

```
fun serializeToJson(value: Any): String = valueToJson(value)

private fun objectToJson(any: Any): String {
    val reference = any::class
    val classNameMapper = reference
        .findAnnotation<SerializationNameMapper>()
        ?.let(::createMapper)
    val ignoreNulls = reference
        .hasAnnotation<SerializationIgnoreNulls>()
```

```kotlin
    return reference
        .memberProperties
        .filterNot { it.hasAnnotation<SerializationIgnore>() }
        .mapNotNull { prop ->
            val annotationName = prop
                .findAnnotation<SerializationName>()
            val mapper = prop
                .findAnnotation<SerializationNameMapper>()
                ?.let(::createMapper)
            val name = annotationName?.name
                ?: mapper?.map(prop.name)
                ?: classNameMapper?.map(prop.name)
                ?: prop.name
            val value = prop.call(any)
            if (ignoreNulls && value == null) {
                return@mapNotNull null
            }
            "\"${name}\": ${valueToJson(value)}"
        }
        .joinToString(
            prefix = "{",
            postfix = "}",
        )
}

private fun valueToJson(value: Any?): String = when (value) {
    null, is Number, is Boolean -> "$value"
    is String, is Char, is Enum<*> -> "\"$value\""
    is Iterable<*> -> iterableToJson(value)
    is Map<*, *> -> mapToJson(value)
    else -> objectToJson(value)
}

private fun iterableToJson(any: Iterable<*>): String = any
    .joinToString(
        prefix = "[",
        postfix = "]",
        transform = ::valueToJson
    )

private fun mapToJson(any: Map<*, *>) = any.toList()
    .joinToString(
        prefix = "{",
        postfix = "}",
        transform = {
            "\"${it.first}\": ${valueToJson(it.second)}"
```

```
        }
    )

private fun createMapper(
    annotation: SerializationNameMapper
): NameMapper =
    annotation.mapper.objectInstance
        ?: createWithNoargConstructor(annotation)
        ?: error("Cannot create mapper")

private fun createWithNoargConstructor(
    annotation: SerializationNameMapper
): NameMapper? =
    annotation.mapper
        .constructors
        .find { it.parameters.isEmpty() }
        ?.call()
```

(8장) 객체를 XML로 직렬화

```
fun serializeToXml(value: Any): String = valueToXml(value)

private fun objectToXml(any: Any): String {
    val reference = any::class
    val classNameMapper = reference
        .findAnnotation<SerializationNameMapper>()
        ?.let(::createMapper)
    val simpleName = reference.simpleName.orEmpty()
    val className = classNameMapper?.map(simpleName)
        ?: simpleName
    val ignoreNulls = reference
    .hasAnnotation<SerializationIgnoreNulls>()

    return reference
        .memberProperties
        .filterNot { it.hasAnnotation<SerializationIgnore>()}
        .mapNotNull { prop ->
            val annotationName = prop
                .findAnnotation<SerializationName>()
            val mapper = prop
                .findAnnotation<SerializationNameMapper>()
                ?.let(::createMapper)
            val name = annotationName?.name
```

```
                    ?: mapper?.map(prop.name)
                    ?: classNameMapper?.map(prop.name)
                    ?: prop.name
            val value = prop.call(any)
            if (ignoreNulls && value == null) {
                return@mapNotNull null
            }
            "<$name>${valueToXml(value)}</$name>"
        }
        .joinToString(
            separator = "",
            prefix = "<$className>",
            postfix = "</$className>",
        )
}

private fun valueToXml(value: Any?): String = when (value) {
    null, is Number, is Boolean, is String,
        is Char, is Enum<*> -> "$value"
    is Iterable<*> -> iterableToJson(value)
    is Map<*, *> -> mapToJson(value)
    else -> objectToXml(value)
}

private fun iterableToJson(any: Iterable<*>): String = any
    .joinToString(
        separator = "",
        transform = ::valueToXml
    )

private fun mapToJson(any: Map<*, *>) = any.toList()
    .joinToString(
        separator = "",
        transform = { (name, value) ->
            "<$name>${valueToXml(value)}</$name>"
        }
    )

private fun createMapper(
    annotation: SerializationNameMapper
): NameMapper =
    annotation.mapper.objectInstance
        ?: createWithNoargConstructor(annotation)
        ?: error("Cannot create mapper")
```

```
private fun createWithNoargConstructor(
    annotation: SerializationNameMapper
): NameMapper? =
    annotation.mapper
        .constructors
        .find { it.parameters.isEmpty() }
        ?.call()
```

(8장) DSL에 기초한 의존성 주입 라이브러리

```
class Registry {
    private val creatorsRegistry =
        mutableMapOf<KType, () -> Any?>()
    private val instances = mutableMapOf<KType, Any?>()

    inline fun <reified T> singleton(
        noinline creator: Registry.() -> T
    ) {
        singleton(typeOf<T>(), creator)
    }

    fun singleton(type: KType, creator: Registry.() -> Any?){
        creatorsRegistry[type] = {
            instances.getOrPut(type) { creator.invoke(this) }
        }
    }

    inline fun <reified T> register(
        noinline creator: Registry.() -> T
    ) {
        register(typeOf<T>(), creator)
    }

    fun register(type: KType, creator: Registry.() -> Any?) {
        creatorsRegistry[type] = { creator(this) }
    }

    inline fun <reified T> get(): T = get(typeOf<T>()) as T

    fun get(key: KType): Any? {
        require(exists(key)) { "The $key not in registry." }
        return creatorsRegistry[key]?.invoke()
    }
```

```
    fun exists(key: KType) = creatorsRegistry.containsKey(key)

    inline fun <reified T> exists(): Boolean = exists(typeOf<T>())
}

fun registry(init: Registry.() -> Unit) = Registry().apply(init)
```

(9장) 애너테이션 처리로 실행 시간 측정 래퍼 만들기

다음은 해답 예시입니다.

```
package academy.kt

import com.squareup.javapoet.*
import javax.annotation.processing.AbstractProcessor
import javax.annotation.processing.RoundEnvironment
import javax.lang.model.AnnotatedConstruct
import javax.lang.model.SourceVersion
import javax.lang.model.element.*
import javax.lang.model.type.TypeMirror

class GenerateMeasuredWrapperProcessor : AbstractProcessor() {

    override fun getSupportedAnnotationTypes(): Set<String> =
        setOf(Measured::class.qualifiedName!!)

    override fun getSupportedSourceVersion(): SourceVersion =
        SourceVersion.latestSupported()

    override fun process(
        annotations: Set<TypeElement>,
        roundEnv: RoundEnvironment
    ): Boolean {
        roundEnv.getElementsAnnotatedWith(Measured::class.java)
            .filterIsInstance<ExecutableElement>()
            .groupBy { it.enclosingElement!! }
            .forEach { (clazz) -> generateMeasuredClass(clazz) }
        return true
    }

    private fun generateMeasuredClass(classElement: Element) {
        val className = classElement.simpleName.toString()
        val measuredName = "Measured$className"
        val measuredPackage = processingEnv.elementUtils
```

```
            .getPackageOf(classElement)
            .qualifiedName
            .toString()
    val publicMethods = classElement.enclosedElements
            .filter { it.kind == ElementKind.METHOD }
            .filter { it.modifiers.contains(Modifier.PUBLIC) }
            .filterIsInstance<ExecutableElement>()
    val constructorParameters = classElement.enclosedElements
            .filter { it.kind == ElementKind.CONSTRUCTOR }
            .filterIsInstance<ExecutableElement>()
            .flatMap { it.parameters }

    JavaFile.builder(
        measuredPackage,
        TypeSpec
            .classBuilder(measuredName)
            .addField(
                FieldSpec.builder(
                    classElement.asType().toTypeSpec(),
                    "wrapper",
                    Modifier.PRIVATE
                ).build()
            )
            .addMethod(
                MethodSpec.constructorBuilder()
                    .addParameter(
                        classElement.asType().toTypeSpec(),
                        "wrapper"
                    )
                    .addStatement("this.wrapper = wrapper")
                    .build()
            )
            .addMethod(
                MethodSpec.constructorBuilder()
                    .addParameters(constructorParameters
                        .filterIsInstance<VariableElement>()
                        .map {
                            buildMethodParameter(it)
                        })
                    .addStatement(
                        "this.wrapper = new ${
                            classElement.simpleName
                        }(${
                            constructorParameters
                                .joinToString { it.simpleName\.toString() }
                        })"
```

```
                    )
                        .build()
                )
                .addMethods(publicMethods.map {
                    buildInterfaceMethod(className, it)
                }
                )
                .build()
    ).build()
        .writeTo(processingEnv.filer)
}

private fun buildInterfaceMethod(
    className: String,
    method: ExecutableElement
): MethodSpec {
    val methodName = method.simpleName.toString()
    return MethodSpec
        .methodBuilder(methodName)
        .addModifiers(method.modifiers)
        .addParameters(
            method.parameters
                .map(::buildMethodParameter)
        )
        .returns(
            TypeName.get(method.returnType)
                .annotated(
                    method.returnType.getAnnotationSpecs()
                )
        )
        .addAnnotations(method
            .annotationMirrors
            .filter { !isMeasured(it) }
            .map(AnnotationSpec::get))
        .addCode(run {
            val params = method.parameters
                .joinToString { it.simpleName }

            if (method.annotationMirrors.none(::isMeasured))
                "return wrapper.$methodName($params);"
            else {
                val retType = method.returnType
                """
                    long before = System.currentTimeMillis();
                    $retType value = wrapper.$methodName($params);
                    long after = System.currentTimeMillis();
```

```
                        System.out.println("$methodName from $classNa\me took "
                                        + (after - before) + " ms");
                        return value;
                        """.trimIndent()
                }
            })
            .build()
    }

    private fun isMeasured(it: AnnotationMirror) =
        (it.annotationType.asElement() as TypeElement)
            .qualifiedName
            ?.toString() == Measured::class.qualifiedName

    private fun buildMethodParameter(
        variableElement: VariableElement
    ): ParameterSpec {
        val asType = variableElement.asType()
        return ParameterSpec
            .builder(
                TypeName.get(asType)
                    .annotated(asType.getAnnotationSpecs()),
                variableElement.simpleName.toString()
            )
            .addAnnotations(variableElement.getAnnotationSpecs())
            .build()
    }
}

private fun TypeMirror.toTypeSpec() = TypeName.get(this)
    .annotated(this.getAnnotationSpecs())

private fun AnnotatedConstruct.getAnnotationSpecs() =
    annotationMirrors.map(AnnotationSpec::get)
```

(10장) KSP로 실행 시간 측정 래퍼 만들기

다음은 해답 예시입니다.

```
package academy.kt

import com.google.devtools.ksp.closestClassDeclaration
import com.google.devtools.ksp.getDeclaredFunctions
import com.google.devtools.ksp.isConstructor
import com.google.devtools.ksp.isPublic
```

```kotlin
import com.google.devtools.ksp.processing.*
import com.google.devtools.ksp.symbol.*
import com.squareup.kotlinpoet.*
import com.squareup.kotlinpoet.ksp.toAnnotationSpec
import com.squareup.kotlinpoet.ksp.toKModifier
import com.squareup.kotlinpoet.ksp.toTypeName
import java.io.OutputStreamWriter
import java.nio.charset.StandardCharsets

class MeasuredWrapperGenerator(
    private val codeGenerator: CodeGenerator,
    private val logger: KSPLogger,
) : SymbolProcessor {
    private val annotationName = Measured::class.qualifiedName!!

    override fun process(resolver: Resolver): List<KSAnnotated> {
        resolver
            .getSymbolsWithAnnotation(
                annotationName
            )
            .filterIsInstance<KSFunctionDeclaration>()
            .groupBy { it.closestClassDeclaration() }
            .forEach { (classDeclaration, _) ->
                if (classDeclaration != null) {
                    generateMeasuredClass(classDeclaration)
                }
            }

        return emptyList()
    }

    private fun generateMeasuredClass(
        classElement: KSClassDeclaration
    ) {
        val className = classElement.simpleName.getShortName()
        val measuredName = "Measured$className"
        val measuredPackage = classElement.packageName.asString()
        val publicMethods = classElement
            .getDeclaredFunctions()
            .filter { !it.isConstructor() && it.isPublic() }
            .toList()

        val fileSpec = FileSpec.builder(
            measuredPackage,
            "$measuredName.kt"
        )
```

```
.addType(
    TypeSpec.classBuilder(measuredName)
        .primaryConstructor(
            FunSpec.constructorBuilder()
                .addParameter(
                    "wrapper",
                    classElement.asType(emptyList())
                        .toTypeName()
                )
                .build()
        )
        .addFunction(
            FunSpec.constructorBuilder()
                .addParameters(
                    classElement.primaryConstructor!!\.parameters
                        .map { buildInterfaceMethodPa\rameter(it) }
                )
                .callThisConstructor(
                    "$className(${
                        classElement.primaryConstruct\or!!.parameters.
                            joinToString {
                                it.name?.getShortName().o\rEmpty()
                            }
                    })"
                )
                .build()
        )
        .addProperty(
            PropertySpec.builder(
                "wrapper",
                classElement.asType(emptyList())
                    .toTypeName()
            ).initializer("wrapper")
                .build()
        )
        .addFunctions(
            publicMethods
                .map { buildMethod(className, it) }
                .toList()
        )
        .build()
)
.build()

val dependencies = Dependencies(
    aggregating = false,
```

```kotlin
            classElement.containingFile!!
        )
        val file = codeGenerator.createNewFile(
            dependencies, measuredPackage, measuredName
        )
        OutputStreamWriter(file, StandardCharsets.UTF_8)
            .use(fileSpec::writeTo)
}

private fun buildMethod(
    className: String,
    method: KSFunctionDeclaration
): FunSpec {
    val methodName = method.simpleName.getShortName()
    return FunSpec.builder(methodName)
        .addModifiers(
            method.modifiers
                .mapNotNull { it.toKModifier() }.toList()
        )
        .addParameters(
            method.parameters
                .map { buildInterfaceMethodParameter(it) }
        )
        .returns(method.returnType!!.toTypeName())
        .addAnnotations(method
            .annotations
            .filter { !isMeasured(it) }
            .map { it.toAnnotationSpec() }
            .toList())
        .addCode(
            if (method.annotations.none { isMeasured(it) })"
                return wrapper.$methodName(${
                    method.parameters.joinToString {
                        it.name?.getShortName().orEmpty()
                    }
                })"
            else
                """
                val before = System.currentTimeMillis()
                val value = wrapper.$methodName(${
                    method.parameters.joinToString {
                        it.name?.getShortName().orEmpty()
                    }
                })
```

```kotlin
                val after = System.currentTimeMillis()
                println("$methodName from $className took ${'\$'}
                        {after-before} ms")
                return value
                """.trimIndent()
        )
        .build()
}

private fun isMeasured(annotation: KSAnnotation) = annotation
    .annotationType
    .resolve()
    .declaration
    .qualifiedName
    ?.asString() == annotationName

private fun buildInterfaceMethodParameter(
    variableElement: KSValueParameter,
): ParameterSpec = ParameterSpec
    .builder(
        variableElement.name!!.getShortName(),
        variableElement.type.toTypeName(),
    )
    .addAnnotations(
        variableElement.annotations
            .map { it.toAnnotationSpec() }.toList()
    )
    .build()
}
```

찾아보기